HISTOIRE
DE LA
LITTÉRATURE ANGLAISE

TOME TROISIÈME

739 — PARIS, IMPRIMERIE LALOUX Fils et GUILLOT
7, rue des Canettes, 7

HISTOIRE

DE LA

LITTÉRATURE ANGLAISE

PAR H. TAINE

TOME TROISIÈME

QUATRIÈME ÉDITION REVUE ET AUGMENTÉE

PARIS
LIBRAIRIE HACHETTE ET Cie
79, BOULEVARD SAINT-GERMAIN, 79

1878

Tous droits réservés.

HISTOIRE
DE LA
LITTÉRATURE ANGLAISE.

LIVRE III.

L'AGE CLASSIQUE.

CHAPITRE I.

La Restauration.

§ 1. LES VIVEURS.

I. Les excès du puritanisme. — Comment ils amènent les excès du sensualisme.

II. Peinture de ces mœurs par un étranger. — Les Mémoires de Grammont. — Différence de la débauche en France et en Angleterre.

III. L'*Hudibras* de Buttler. — Platitude de son comique et âpreté de sa rancune.

IV. Bassesses, cruautés, brutalités, débauches de la cour. — Rochester, sa vie, ses poëmes, son style, sa morale.

V. Quelle est la philosophie qui convient à ces mœurs. — Hobbes, son esprit et son style. — Ses retranchements et ses découvertes. — Sa méthode mathématique. — En quoi il se rapproche de Des-

cartes. — Sa morale, son esthétique, sa politique, sa logique, sa psychologie, sa métaphysique. — Esprit et objet de sa philosophie
VI. Le théâtre. — Changement dans le goût et dans le public. — L'auditoire avant la Restauration, et l'auditoire après la Restauration.
VII. Dryden. Disparates de ses comédies. — Maladresse de ses indécences. — Comment il traduit l'*Amphitryon* de Molière.
VIII. Wycherley. — Sa vie. — Son caractère. — Sa tristesse, son âpreté et son impudeur. — *L'Amour au bois*, *l'Épouse campagnarde*, *le Maître de danse*. — Peintures licencieuses et détails repoussants — Son énergie et son réalisme. — Rôles d'Olivia et de Manly dans son *Plain dealer*. — Paroles de Milton.

§ 2. LES MONDAINS.

I. Apparition de la vie mondaine en Europe. — Ses conditions et ses causes. — Comment elle s'établit en Angleterre. — Les modes, les amusements, les conversations, les façons et les talents de salon.
II. Avénement de l'esprit classique en Europe. — Ses origines. — Ses caractères. — Différence de la conversation sous Élisabeth et sous Charles II.
III. Sir William Temple. — Sa vie, son caractère, son esprit, son style.
IV. Les écrivains à la mode. — Leur langage correct, leurs façons galantes. — Sir Charles Sedley, le comte de Dorset, Edmund Waller. — Ses sentiments et son style. — En quoi il est poli. — En quoi il n'est pas assez poli. — Culture du style. — Manque de poésie. — Caractère de la poésie et du style classiques et monarchiques.
V. Sir John Denham. — Son poème de *Cooper's Hill*. — Ampleur oratoire de ses vers. — Gravité anglaise de ses préoccupations morales. — Comment les gens du monde et les écrivains se modèlent alors sur la France.
VI. Les comiques. — Comparaison de ce théâtre et de celui de Molière. — L'ordre des idées dans Molière. — Les idées générales dans Molière. — Comment chez Molière l'odieux est dissimulé, quoique la vérité soit peinte. — Comment chez Molière l'honnête

homme reste homme du monde. — Comment l'honnête homme de Molière est un modèle français.

VII. L'action. — Entre-croisement des intrigues. — Frivolité des intentions. — Apreté des caractères. — Grossièreté des mœurs. — En quoi consiste le talent de Wycherley, Congrève, Vanbrugh et Farquhar. — Quels personnages ils peuvent composer.

VIII. Les personnages naturels. — Le mari, sir John Brute, le squire Sullen. — Le père, sir Tunbelly. — La jeune fille, miss Hoyden. — Le jeune garçon, le squire Humphry. — Idée de la nature d'après ce théâtre.

IX. Les personnages artificiels. — Les femmes du monde. — Miss Prue. Lady Wishfort. Lady Pliant. Mistress Millamant. — — Les hommes du monde. Mirabell. — Idée de la société d'après ce théâtre. — Pourquoi cette culture et cette littérature n'ont pas produit d'œuvres durables. — En quoi elles sont opposées au caractère anglais. — Transformation du goût et des mœurs.

X. La prolongation de la comédie. — Sheridan. — Sa vie. — Son talent. — *L'École de médisance*. — Comment la comédie dégénère et s'éteint. — Causes de la décadence du théâtre en Europe et en Angleterre.

§ 1. LES VIVEURS.

Lorsqu'on feuillette tour à tour l'œuvre des peintres de la cour sous Charles Ier, puis sous Charles II, et qu'on quitte les nobles portraits de Van-Dyck pour les figures de Lely, la chute est subite et profonde : on sortait d'un palais, on tombe dans un mauvais lieu.

Au lieu de ces seigneurs fiers et calmes qui restent cavaliers en devenant hommes de cour, de ces grandes dames si simples qui semblent à la fois princesses et jeunes filles, de ce monde généreux et héroïque, élégant et orné, où resplendit encore la flamme de la Renaissance, où reluit déjà la politesse de l'âge moderne, on rencontre des courtisanes dangereuses ou provocantes, à l'air ignoble ou dur, incapables de pudeur ou de pitié [1]. Leurs mains potelées, épanouies, ploient mignardement des doigts à fossettes; des torsades de cheveux lourds roulent sur leurs épaules charnues; les yeux noyés clignent voluptueusement, un fade sourire erre sur les lèvres sensuelles. L'une relève un flot de cheveux dénoués qui coule sur les rondeurs de sa chair rose; celle-ci, languissante, se laisse aller, ouvrant une manche dont la molle profondeur découvre toute la blancheur de son bras. Presque toutes sont en chemise; plusieurs semblent sortir du lit; le peignoir froissé colle sur la gorge, et semble défait par une nuit de débauche; la robe de dessous, toute chiffonnée, tombe sur les hanches; les pieds froissent la soie qui chatoie et luit. Toutes débraillées qu'elles sont, elles se parent insolemment d'un luxe de filles : ceintures de diamants, dentelles bouillonnantes, splendeur brutale des dorures, profusion d'étoffes brodées et bruissantes, coiffures énormes, dont les boucles et les torsades enroulées et débordantes provoquent le regard par l'échafaudage de leur magnificence effrontée. Des draperies tortillées tombent alentour en forme d'alcôve, et les yeux plongent par une échappée sur les allées d'un grand parc dont la solitude sera commode à leurs plaisirs.

[1]. Voyez surtout les portraits de lady Mooreland, de lady Williams, de la comtesse d'Ossory, de la duchesse de Cleveland, de lady Price, etc.

I

Tout cela était venu par contraste : le puritanisme avait amené l'orgie, et les fanatiques avaient décrié la vertu. Pendant de longues années, la sombre imagination anglaise, saisie de terreurs religieuses, avait désolé la vie humaine. La conscience, à l'idée de la mort et de l'obscure éternité, s'était troublée; des anxiétés sourdes y avaient pullulé en secret comme une végétation d'épines, et le cœur malade, tressaillant à chaque mouvement, avait fini par prendre en dégoût tous ses plaisirs et en horreur tous ses instincts. Ainsi empoisonné dans sa source, le divin sentiment de la justice s'était tourné en folie lugubre. L'homme, déclaré pervers et damné, se croyait enfermé dans un cachot de perdition et de vice où nul effort et nul hasard ne pouvaient faire entrer un rayon de lumière, à moins que la main d'en haut, par une faveur gratuite, ne vînt arracher la pierre scellée de ce tombeau. Il avait mené la vie d'un condamné, bourrelée et angoisseuse, opprimée par un désespoir morne, et hantée de spectres. Tel s'était cru souvent sur le point de mourir : tel autre, à l'idée d'une croix, était traversé d'hallucinations douloureuses[1] ; ceux-ci sentaient le frôlement du malin esprit : tous passaient des nuits les yeux fixés sur les histoires sanglantes et

---

1. Carlyle, *Cromwell's speeches and letters*, t. I, p. 48.

les appels passionnés de l'Ancien Testament, écoutant les menaces et les tonnerres du Dieu terrible, jusqu'à renouveler en leur propre cœur la férocité des égorgeurs et l'exaltation des voyants. Sous cet effort, la raison peu à peu défaillait. A force de chercher le Seigneur, on trouvait le rêve. Après de longues heures de sécheresse, l'imagination faussée et surmenée travaillait. Des figures éblouissantes, des idées inconnues se levaient tout d'un coup dans le cerveau échauffé; l'homme était soulevé et traversé de mouvements extraordinaires. Ainsi transformé, il ne se reconnaissait plus lui-même; il ne s'attribuait pas ces inspirations véhémentes et soudaines qui s'imposaient à lui, qui l'entraînaient hors des chemins frayés, que rien ne liait entre elles, qui le secouaient et l'illuminaient sans qu'il pût les prévoir, les arrêter ou les régler : il y voyait l'action d'une puissance surhumaine, et s'y livrait avec l'enthousiasme du délire et la roideur de la foi.

Pour comble, le fanatisme s'était changé en institution : le sectaire avait noté tous les degrés de la transfiguration intérieure, et réduit en théorie l'envahissement du rêve : il travaillait avec méthode à chasser la raison pour introniser l'extase. Fox en faisait l'histoire, Bunyan en donnait les règles, le Parlement en offrait l'exemple, toutes les chaires en exaltaient la pratique. Des ouvriers, des soldats, des femmes en discouraient, y pénétraient, s'animaient par les détails de leur expérience et la publicité de leur émotion. Une nouvelle vie s'était déployée, qui avait flétri et proscrit l'ancienne. Tous les goûts temporels étaient supprimés, toutes les joies sensuelles étaient interdites; l'homme spirituel restait seul debout sur les ruines du reste, et le cœur, exclu de toutes ses issues naturelles, ne pouvait plus regarder ni respirer que du côté de son funeste Dieu. Le puritain passait lentement dans les rues, les yeux au ciel, les traits tirés, jaune et hagard, les cheveux ras, vêtu de brun ou de noir, sans ornements, ne s'habillant que pour se couvrir. Si quelqu'un avait les joues pleines, il passait pour tiède [1]. Le corps entier, l'extérieur, jusqu'au ton de la voix, tout devait porter la marque de la pénitence et de la grâce. Le puritain discourait en paroles traînantes, d'un accent solennel, avec une sorte de nasillement, comme pour détruire la vivacité de la conversation et la mélodie de la voix naturelle. Ses entretiens remplis de citations bibliques, son style imité des prophètes, son nom et le nom de ses enfants, tirés de l'Écriture, témoignaient que sa pensée habitait le monde terrible des prophètes et des exterminateurs. Du dedans, la contagion avait gagné le dehors. Les alarmes de la conscience s'étaient changées en lois d'État. La rigidité personnelle était devenue une tyrannie publique. Le puritain avait proscrit le plaisir comme un ennemi, chez autrui aussi bien que chez lui-même. Le Parlement faisait fermer les maisons de jeu, les théâtres, et fouetter

---

1. Le colonel Hutchinson fut un instant suspect parce qu'il portait les cheveux longs et qu'il s'habillait bien.

les acteurs à la queue d'une charrette; les jurons étaient taxés; les arbres de mai étaient coupés; les ours, dont les combats amusaient le peuple, étaient tués; le plâtre des maçons puritains rendait décentes les nudités des statues; les belles fêtes poétiques étaient interdites. Des amendes et des punitions corporelles interdisaient même aux enfants « les jeux, les danses, les sonneries de cloches, les réjouissances, les régalades, les luttes, la chasse, » tous les exercices et tous les amusements qui pouvaient profaner le dimanche. Les ornements, les tableaux, les statues des églises étaient arrachés ou déchirés. Le seul plaisir qu'on gardât et qu'on souffrît était le nasillement des psaumes, l'édification des sermons prolongés, l'excitation des controverses haineuses, la joie âpre et sombre de la victoire remportée sur le démon et de la tyrannie exercée contre ses fauteurs. En Écosse, pays plus froid et plus dur, l'intolérance allait jusqu'aux derniers confins de la férocité et de la minutie, instituant une surveillance sur les pratiques privées et sur la dévotion intérieure de chaque membre de chaque famille, ôtant aux catholiques leurs enfants, imposant l'abjuration sous peine de prison perpétuelle ou de mort, amenant par troupeaux[1] les sorcières au bûcher[2]. Il semblait qu'un nuage noir se fût appe-

---

1. 1648, trente en un jour. Une d'elles avoua qu'elle avait été à une assemblée où étaient cinq cents sorcières. — *Pictorial history*, t. III, p. 489.

2. In 1652 the kirk-session of Glasgow « brot boyes and servants before them, for breaking the Sabbath and other faults. They had

santi sur la vie humaine, noyant toute lumière, effaçant toute beauté, éteignant toute joie, traversé çà et là par des éclairs d'épée et par des lueurs de torches, sous lesquels on voyait vaciller des figures de despotes moroses, de sectaires malades, d'opprimés silencieux.

II

Le roi rétabli, ce fut une délivrance. Comme un fleuve barré et engorgé, l'esprit public se précipita de tout son poids naturel et de toute sa masse acquise dans le lit qu'on lui avait fermé. L'élan emporta les digues. Le violent retour aux sens noya la morale. La vertu parut puritaine. Le devoir et le fanatisme furent confondus dans un discrédit commun. Dans ce grand

---

clandestine censors, and gave money to some for this end. » (Buckle, *History of Civilisation*, I, 346.)

Even yearly in the 18th century the « most popular divines » in Scotland affirmed that Satan « frequently appears clothed in a corporeal substance. » (*Ibid.*, 367.)

« No husband shall kiss his wife, and no mother shall kiss her child on the Sabbath-day. » (*Ibid.*, 385.)

The quhilk day the Sessioune caused mak this act, that ther sould be no pypers at brydels, etc. (*Ibid.*, 389.)

1719. The presbytery of Edinburgh indignantly declares : « Yea, some have arrived at that height of impiety as not to be ashamed of, washing in water and swimming in rivers upon the holy Sabbath. » (*Ibid.*)

« I think David had never so sweet a time as then, when he was pursued as a partridge by his son Absalom. » (Gray's *Great and Precious Promises.*)

Voir tout le chapitre où Buckle a décrit, d'après les textes, l'état de l'Écosse au dix-septième siècle.

reflux, la dévotion, balayée avec l'honnêteté, laissa l'homme dévasté et fangeux. Les parties supérieures de sa nature disparurent; il n'en resta que l'animal sans frein ni guide, lancé par ses convoitises à travers la justice et la pudeur.

Quand on regarde ces mœurs à travers Hamilton et Saint-Évremond, on les tolère. C'est que leurs façons françaises font illusion. La débauche du Français n'est qu'à demi choquante; si l'animal en lui se déchaîne, c'est sans trop d'excès. Son fonds n'est pas, comme chez l'autre, rude et puissant. Vous pouvez casser la glace brillante qui le recouvre, sans rencontrer le torrent gonflé et bourbeux qui gronde sous son voisin[1]; le ruisseau qui en sortira n'aura que de petites échappées, rentrera de lui-même et vite dans son lit accoutumé. Le Français est doux, naturellement civilisé, peu enclin à la sensualité grande ou grossière, amateur de conversation sobre, aisément prémuni contre les mœurs crapuleuses par sa finesse et son bon goût. Le chevalier de Grammont a trop d'esprit pour aimer l'orgie. C'est qu'en somme l'orgie n'est pas agréable : casser des verres, brailler, dire des ordures, s'emplir jusqu'à la nausée, il n'y a là rien de bien tentant pour des sens un peu délicats; il

---

1. Voyez, dans Richardson, Swift et Fielding, mais surtout dans Hogarth, la peinture de cette débauche brutale. Encore récemment dans un *finish* à Londres, les gentlemen s'amusaient à soûler de belles filles parées en robe de bal; puis quand elles tombaient inertes, à leur faire avaler du poivre, de la moutarde et du vinaigre. (Flora Tristan, 1840, *Promenades dans Londres*, chap. VIII. — Témoin oculaire.)

est né épicurien, et non glouton ou ivrogne. Ce qu'il cherche, c'est l'amusement, non la joie déboutonnée ou le plaisir bestial. Je sais bien qu'il n'est pas sans reproche. Je ne lui confierais pas ma bourse, il oublie trop aisément la distinction du tien et du mien ; surtout je ne lui confierais pas ma femme : il n'est pas net du côté de la délicatesse ; ses escapades au jeu et auprès des dames sentent d'un peu bien près l'aigrefin et le suborneur. Mais j'ai tort d'employer ces grands mots à son endroit ; il sont trop pesants, ils écrasent une aussi fine et aussi jolie créature. Ces lourds habits d'honneur ou de honte ne peuvent être portés que par des gens sérieux, et Grammont ne prend rien au sérieux, ni les autres, ni lui-même, ni le vice, ni la vertu. Passer le temps agréablement, voilà toute son affaire. « On ne s'ennuya plus dans l'armée, dit Hamilton, dès qu'il y fut. » C'est là sa gloire et son objet ; il ne se pique ni ne se soucie d'autre chose. Son valet le vole : un autre eût fait pendre le coquin : mais le vol était joli, il garde son drôle. Il partait oubliant d'épouser sa fiancée, on le rattrape à Douvres ; il revient, épouse ; l'histoire était plaisante : il ne demande rien de mieux. Un jour, étant sans le sou, il détrousse au jeu le comte de Caméran. « Est-ce qu'après la figure qu'il a faite, Grammont peut plier bagage comme un croquant ? Non pas, il a des sentiments, il soutiendra l'honneur de la France. » Le badinage couvre ici la tricherie ; au fond, il n'a pas d'idées bien claires sur la propriété. Il régale Caméran avec l'argent de Caméran ; Caméran eût-il mieux fait, ou autrement? Peu importe que son argent soit dans la poche de Grammont ou dans la sienne : le point important est gagné, puisqu'on s'est amusé à le prendre et qu'on s'amuse à le dépenser. L'odieux et l'ignoble disparaissent de la vie ainsi entendue. S'il fait sa cour aux princes, soyez sûr que ce n'est point à genoux : une âme si vive ne s'affaisse point sous le respect; l'esprit le met de niveau avec les plus grands; sous prétexte d'amuser le roi, il lui dit des vérités vraies[1]. S'il tombe à Londres au milieu des scandales, il n'y enfonce point; il y glisse sur la pointe du pied, si lestement qu'il ne garde pas de boue. On n'aperçoit plus sous ses récits les angoisses et les brutalités que les événements recèlent; le conte file prestement, éveillant un sourire, puis un autre, puis encore un autre, si bien que l'esprit tout entier est emmené, d'un mouvement agile et facile, du côté de la belle humeur. A table, Grammont ne s'empiffrera pas; au jeu, il ne deviendra pas furieux; devant sa maîtresse, il ne lâchera pas de gros mots; dans les duels, il ne haïra pas son adversaire. L'esprit français est comme le vin français : il ne rend les gens ni brutaux, ni méchants, ni tristes. Telle est la source de cet agrément : les soupers ne détruisent ici ni la finesse, ni la bonté, ni le plaisir. Le libertin reste

---

1. Le roi jouait au trictrac : arrive un coup douteux : « Ah! voici Grammont qui nous jugera; Grammont, venez nous juger. — Sire, vous avez perdu. — Comment! vous ne savez pas encore.... — Eh! ne voyez-vous pas, sire, que si le coup eût été seulement douteux, ces messieurs n'auraient pas manqué de vous donner gain de cause? »

sociable, poli et prévenant; sa gaieté n'est complète que par la gaieté des autres[1]; il s'occupe d'eux aussi naturellement que de lui-même, et, par surcroît, il reste alerte et dispos d'intelligence; les saillies, les traits brillants, les mots heureux petillent sur ses lèvres : il pense à table et en compagnie, quelquefois mieux que seul ou à jeun. Vous voyez bien qu'ici le débauché n'opprime pas l'homme; Grammont dirait qu'il l'achève, et que l'esprit, le cœur, les sens ne trouvent leur perfection et leur joie que dans l'élégance et l'entrain d'un souper choisi.

III

Tout au rebours en Angleterre. Si on gratte la morale qui sert d'enveloppe, la brute apparaît dans sa violence et sa laideur. Un de leurs hommes d'État disait que chez nous la populace lâchée se laisserait conduire par les mots d'humanité et d'honneur, mais que chez eux, pour l'apaiser, il faudrait lui jeter de la viande crue. L'injure, le sang, l'orgie, voilà la pâture où se rua cette populace de nobles. Tout ce qui excuse un carnaval y manque, et d'abord l'esprit. Trois ans après le retour du roi, Butler publie son *Hudibras :* avec quels applaudissements ! les contemporains seuls peuvent le dire, et le retentissement s'en est prolongé jusqu'à nous. Si vous saviez comme

---

1. « Il déterrait les malheureux pour les secourir. »

l'esprit en est bas, avec quelle maladresse et dans quelles balourdises il délaye sa farce vindicative ! Çà et là subsiste une image heureuse, débris de la poésie qui vient de périr ; mais tout le tissu de l'œuvre semble d'un Scarron, aussi ignoble que l'autre et plus méchant. Cela est imité, dit-on, de *Don Quichotte*; Hudibras est un chevalier puritain qui va, comme l'autre, redresser les torts et embourser des gourmades. Dites plutôt que cela ressemble à la misérable contrefaçon d'Avellaneda[1]. Le petit vers bouffon trotte indéfiniment de son pas boiteux, clapotant dans la boue qu'il affectionne, aussi sale et aussi plat que dans *l'Énéide travestie*. La peinture d'Hudibras et de son cheval dure un chant presque entier ; quarante vers sont dépensés à décrire sa barbe, quarante autres à décrire ses culottes. D'interminables discussions scolastiques, des disputes aussi prolongées que celles des puritains, étendent leurs landes et leurs épines sur toute une moitié du poëme. Point d'action, point de naturel, partout des satires avortées, de grosses caricatures ; ni art, ni mesure, ni goût ; le style puritain est transformé en un baragouin absurde, et la rancune enfiellée, manquant son but par son excès même, défigure le portrait qu'elle veut tracer. Croiriez-vous qu'un tel écrivain fait le joli, qu'il veut nous égayer, qu'il prétend être agréable ? La belle

---

1. For as Æneas bore his sire
Upon his shoulder through the fire,
Our knight did bear no less a pack
Of his own buttocks on his back.

raillerie que ce trait sur la barbe d'Hudibras ! « Ce
« météore chevelu dénonçait la chute des sceptres
« et des couronnes ; par son symbole lugubre, il figu-
« rait le déclin des gouvernements, et sa bêche¹ hié-
« roglyphique disait que son tombeau et celui de
« l'État étaient creusés². » Il est si content de cette
gaieté insipide, qu'il la prolonge pendant dix vers

1. Cette barbe était taillée en bêche.

2.
>   His tawny beard was th'equal grace
>   Both of his wisdom and his face;
>   In cut and dye so like a tile,
>   A sudden view it would beguile :
>   The upper part whereof was whey,
>   The nether orange, mix'd with grey.
>   The hairy meteor did denounce
>   The fall of sceptres and of crowns :
>   With grisly type did represent
>   Declining age of government,
>   And tell, with hieroglyphic spade,
>   Its own grave and the state's were made :
>   Like Samson's heart-breakers, it grew
>   In time to make a nation rue;
>   Thought it contributed its own fall,
>   To wait upon the public downfall.... —
>   'Twas bound to suffer persecution,
>   And martyrdom, with resolution;
>   T'oppose itself against the hate
>   And vengeance of th' incensed state,
>   In whose defiance it was worn,
>   Still ready to be pull'd and torn,
>   With red-hot irons to be tortur'd,
>   Revild, and spit upon, and martyr'd.
>   Maugre all which, 'twas to stand fast,
>   As long as monarchy should last;
>   But when the state should hap to reel,
>   'Twas to submit to fatal steel,
>   And fall, as it was consecrate,
>   A sacrifice to fall of state,
>   Whose thread of life the fatal sisters
>   Did twist together with his whiskers,
>   And twine so close, that Time should never,
>   In life or death, their fortunes sever :
>   Buth with his rusty sickle mow
>   Both down together at a blow.

encore. La bêtise croît à mesure qu'on avance. Se peut-il qu'on ait trouvé plaisantes des gentillesses comme celles-ci? « Son épée avait pour page une « dague, qui était un peu petite pour son âge, et en conséquence l'accompagnait en la façon dont les « nains suivaient les chevaliers errants. C'était un « poignard de service, bon' pour la corvée et pour le « combat; quand il avait crevé une poitrine ou une « tête, il servait à nettoyer les souliers ou à planter « des oignons[1]. » Tout tourne au trivial; si quelque beauté se présente, le burlesque la salit. A voir ces longs détails de cuisine, ces plaisanteries rampantes et crues, on croit avoir affaire à un amuseur des halles; ainsi parlent les charlatans des ponts quand ils approprient leur imagination et leur langage aux habitudes des tavernes et des taudis. L'ordure s'y trouve; en effet, la canaille rit quand le bateleur fait allusion aux ignominies de la vie privée[2]. Voilà le

---

[1].
  This sword a dagger had his page,
  That was but little for his age,
  And therefore waited on him so
  As Dwarfs upon Knights errants do...
  When it had stabb'd or broke a head,
  It would scrape trenchers or chip bread.
  ...'T would make clean shoes, and in the earth
  Set leeks and onions, and so forth.

[2].
    Quoth Hudibras, I smell a rat.
  Ralpho, thou dost prevaricate.
  For though the thesis which thou lay'st
  Be true adamussim as thou say'st.
  (For that Bear-baiting should appear
  Jure divino lawfuller
  Than Synods are, thou dost deny,
  Totidem verbis, so do I,)
  Yet there is a fallacy in this;
  For, if by thy Homœosis,

grotesque dont les courtisans de la Restauration ont fait leurs délices; leur rancune et leur grossièreté se sont complues au spectacle de ces marionnettes criardes; d'ici à travers deux siècles, on entend le gros rire de cet auditoire de laquais.

IV

Charles II à table faisait orgueilleusement remarquer à Grammont que ses officiers le servaient à genoux. Ils faisaient bien, c'était là leur vraie posture. Le grand chancelier Clarendon, un des hommes les plus honorés et les plus honnêtes de la cour, apprend à l'improviste, en plein conseil, que sa fille Anne est grosse des œuvres du duc d'York, et que ce duc, frère du roi, lui a promis mariage. Voici les paroles de ce tendre père; il a pris soin lui-même de nous les transmettre. « Le chancelier[1] s'emporta avec une exces-
« sive colère contre la perversité de sa fille et dit avec
« toute la véhémence imaginable qu'aussitôt qu'il
« serait chez lui, il la mettrait à la porte comme une
« prostituée, lui déclarant qu'elle eût à se pourvoir
« comme elle pourrait, et qu'il ne la reverrait jamais. »
Remarquez que ce grand homme avait reçu la nou-

Tussis pro crepitu, an art
Under a Cough to slur a Fart,
Thou wouldst sophistically imply,
Both are unlawful, I deny.

1. Mémoires de Clarendon, t. II, p. 65.

velle chez le roi par surprise, et qu'il trouvait du premier coup ces accents généreux et paternels. « Il « ajouta qu'il aimerait beaucoup mieux que sa fille « fût la catin du duc que de la voir sa femme. » N'est-ce pas héroïque ? Mais laissons-le parler. Un cœur si noblement monarchique peut seul se surpasser lui-même. « Il était prêt à donner un avis positif, et il « espérait que leurs seigneuries se joindraient à lui « pour que le roi fît à l'instant envoyer *la femme* à la « Tour, où elle serait jetée dans un cachot, sous une « garde si stricte que nulle personne vivante ne pût « être admise auprès d'elle, qu'aussitôt après on pré- « senterait un acte au Parlement pour lui faire couper « la tête, que non-seulement il y donnerait son con- « sentement, mais qu'il serait le premier à le propo- « ser. » Quelle vertu romaine ! Et de peur de n'être pas cru, il insiste : « Quiconque connaîtra le chance- « lier croira qu'il a dit cela de tout son cœur. » Il n'est pas encore content, il répète son avis, il s'adresse au roi avec toutes sortes de raisons concluantes pour obtenir qu'on tranche la tête à sa fille. « J'aime- « rais mieux me soumettre à son déshonneur et le « supporter en toute humilité que le voir réparé par « son mariage, pensée que j'exècre si fort que je se- « rais bien plus content de la voir morte avec toute « l'infamie qui est due à sa présomption ! » Voilà comment, en cas difficile, un homme garde ses traitements et sa simarre. Sir Charles Berkeley, capitaine des gardes du duc d'York, fit mieux encore ; il jura solennellement « qu'il avait couché » avec la jeune ille, et se dit prêt à l'épouser « pour l'amour du duc, quoique sachant le commerce du duc avec elle. » Puis un peu après il avoua qu'il avait menti, mais en tout bien, tout honneur, afin de sauver la famille royale de cette mésalliance. Ce beau dévouement fut payé ; il eut bientôt une pension sur la cassette et fut créé comte de Falmouth. Dès l'abord, la bassesse des corps publics avait égalé celle des particuliers. La Chambre des communes, tout à l'heure reine, encore pleine de presbytériens, de rebelles et de vainqueurs, vota « que ni elle ni le peuple d'Angleterre ne pou- « vaient être exempts du crime horrible de rébellion « et de sa juste peine, s'ils ne s'appliquaient formelle- « ment la grâce et le pardon accordés par Sa Majesté « dans la déclaration de Breda. » Puis tous ces héros allèrent en corps se jeter avec contrition aux pieds sacrés de leur monarque. Dans cet affaissement universel, il semblait que personne n'avait plus de cœur. Le roi se fait le mercenaire de Louis XIV, et vend son pays pour une pension de 200 000 livres. Des ministres, des membres du Parlement, des ambassadeurs reçoivent l'argent de la France. La contagion gagna jusqu'aux patriotes, jusqu'aux plus purs, jusqu'aux martyrs. Lord Russell intrigua avec la cour de Versailles ; Algernon Sidney accepta 500 guinées. Ils n'ont plus assez de goût pour garder un peu d'esprit, ils n'ont plus assez d'esprit pour garder un peu d'honneur[1].

[1]. « Mr. Evelyn tells me of several of the menial servants of the

Si vous regardez l'homme ainsi découronné, vous y retrouverez d'abord les instincts sanguinaires de la brute primitive. Un membre de la Chambre des communes, sir John Coventry, avait laissé échapper une parole qu'on prit pour un blâme des galanteries royales. Le duc de Monmouth, son ami, le fit assaillir en trahison, sur l'ordre du roi, par d'honnêtes gens dévoués, qui lui fendirent le nez jusqu'à l'os. Un scélérat, Blood, avait tenté d'assassiner le duc d'Osmond et poignardé le gardien de la Tour pour voler les diamants de la couronne. Charles II, jugeant que cet homme était intéressant et distingué dans son genre, lui fit grâce, lui donna un domaine en Irlande, l'admit dans sa familiarité face à face avec le duc d'Osmond, si bien que Blood devint une sorte de héros et fut reçu dans le meilleur monde. Après de si beaux exemples, on pouvait tout oser. Le duc de Buckingham, amant de la comtesse de Shreswsbury, tue le comte en duel; la comtesse, déguisée en page, tenait le cheval de Buckingham, qu'elle embrassa tout sanglant; puis ce couple de meurtriers et d'adultères revint publiquement, et comme en triomphe,

---

Court lacking bread, that have not received a farthing wages sinc the king's coming in. » (1667. Pepys.)

Mr. Povy says that to this day the king do follow the women a much as he ever did.— That the Duke of York hath come out of his wife's bed and gone to others laid in bed for him; that the family (of the duke) is in horrible debt, by spending above 60 000 liv. per annum, when he hath not 40 000 liv.

It is certain that, as it now is, the seamen of England, in my conscience, would, if they could, go over and serve the King of France or Holland, rather than us. (24 juin 1667. *Ibid.*)

à la maison du mort. On ne s'étonne plus d'entendre le comte de Kœnigsmark traiter « de peccadille » un assassinat qu'il avait commis avec guet-apens. Je traduis un duel d'après Pepys, pour faire comprendre ces mœurs de soudards et de coupe-jarrets. « Sir Henri Bellasses et Tom Porter, les deux « plus grands amis du monde, parlaient ensemble, « et sir Henri Bellasses parlait un peu plus haut que « d'ordinaire, lui donnant quelque avis. Quelqu'un de « la compagnie qui était là dit : — Comment! est-ce « qu'ils se querellent qu'ils parlent si haut? — Sir « Henri Bellasses, entendant cela, dit : — Non, et je « veux que vous sachiez que je ne querelle jamais « que je ne frappe. Prenez cela pour une de mes « règles. — Comment, dit Tom Porter, frapper? Je « voudrais bien voir l'homme d'Angleterre qui oserait « me donner un coup. — Là-dessus sir Henri Bellasses « lui donna un soufflet sur l'oreille, et ils allèrent « pour se battre.... Tom Porter apprit que la voiture « de sir Henri Bellasses arrivait; alors il sortit du « café où il attendait les nouvelles, arrêta la voiture, « et dit à sir Henri Bellasses de sortir. — Bien, dit sir « Henri Bellasses, mais *vous ne m'attaquerez pas* pen- « dant que je descendrai, n'est-ce pas? — Non, dit « Tom Porter. Il descendit, et tous deux dégainèrent. « Ils furent blessés tous deux, et sir Henri Bellasses « si fort, qu'il mourut dix jours après. » Ce n'étaient pas ces boule-dogues qui pouvaient avoir pitié de leurs ennemis. La Restauration s'ouvrit par une boucherie. Les lords conduisirent le procès des républicains avec une impudence de cruauté et une franchise de rancune extraordinaires. Un shériff se colleta sur l'échafaud avec sir Henri Vane, fouillant dans ses poches, lui arrachant un papier qu'il essayait de lire. Pendant le procès du major général Harrison, le bourreau fut placé à côté de lui, en habit sinistre, une corde à la main ; on voulait lui donner tout au long l'avant-goût de la mort. Il fut détaché vivant de la potence, éventré ; il vit ses entrailles jetées dans le feu ; puis il fut coupé en quartiers, et son cœur encore palpitant fut arraché et montré au peuple. Les cavaliers par plaisir venaient là. Tel renchérissait ; le colonel Turner, voyant qu'on coupait en quartiers le légiste John Coke, dit aux gens du shériff d'amener plus près Hugh Peters, autre condamné ; l'exécuteur approcha, et, frottant ses mains rouges, demanda au malheureux si la besogne était de son goût. Les corps pourris de Cromwell, d'Ireton, de Bradshaw furent déterrés le soir, et les têtes plantées sur des perches au haut de Westminster-Hall. Les dames allaient voir ces ignominies ; le bon Évelyn y applaudissait ; les courtisans en faisaient des chansons. Ils étaient tombés si bas, qu'ils n'avaient plus même le dégoût physique. Les yeux et l'odorat n'aidaient plus l'humanité de leurs répugnances ; les sens étaient aussi amortis que le cœur

V

Au sortir de ce sang, ils couraient à la débauche. Il faut lire la vie du comte de Rochester[1], homme de cour et poëte, qui fut le héros du temps. Ce sont les mœurs d'un saltimbanque effréné et triste : hanter les tripots, suborner les femmes, écrire des chansons sales et des pamphlets orduriers, voilà ses plaisirs ; des commérages parmi les filles d'honneur, des tracasseries avec les écrivains, des injures reçues, des coups de bâton donnés, voilà ses occupations. Pour faire le galant, avant d'épouser sa femme, il l'enlève. Pour étaler du scepticisme, il finit par refuser un duel et gagner le nom de lâche. Cinq ans durant, dit-on, il resta ivre. La fougue intérieure, manquant d'une issue noble, le roulait dans des aventures d'arlequin. Une fois, avec le duc de Buckingham, il loua sur la route de Newmarket une auberge, se fit aubergiste, régalant les maris et débauchant les femmes. Il s'introduit déguisé en vieille chez un bonhomme avare, lui prend sa femme, qu'il passe à Buckingham. Le mari se pend ; ils trouvent l'affaire plaisante. Une autre fois il s'habille en porteur de chaise, puis en mendiant, et court les amourettes de la canaille. Il finit par se faire charlatan, astrologue, et vend dans

---

1. Voir une *Étude* détaillée sur Rochester, par M. Forgues. (*Revue des Deux-Mondes*, août et septembre 1857.)

les faubourgs des drogues pour faire avorter. C'est le dévergondage d'une imagination véhémente, qui se salit comme une autre se pare, qui se pousse en avant dans l'ordure et dans la folie comme une autre dans la raison et dans la beauté. Qu'est-ce que l'amour pouvait devenir dans des mains pareilles? On ne peut pas copier même les titres de ses poëmes : il n'a écrit que pour les mauvais lieux. Stendahl disait que l'amour ressemble à une branche sèche jetée au fond d'une mine; les cristaux la couvrent, se ramifient en dentelures, et finissent par transformer le bois vulgaire en une aigrette étincelante de diamants purs. Rochester commence par lui arracher toute sa parure; pour être plus sûr de le saisir, il le réduit à un bâton. Tous les fins sentiments, tous les rêves, cet enchantement, cette sereine et sublime lumière qui transfigure en un instant notre misérable monde, cette illusion qui, rassemblant toutes les forces de notre être, nous montre la perfection dans une créature bornée, et le bonheur éternel dans une émotion qui va finir, tout disparaît; il ne reste chez lui qu'un appétit rassasié et des sens éteints; le pis, c'est qu'il écrit sans verve et correctement; l'ardeur animale, la sensualité pittoresque lui manquent; on retrouve dans ses satires un élève de Boileau. Rien de plus choquant que l'obscénité froide. On supporte les priapées de Jules Romain et la volupté vénitienne, parce que le génie y relève l'instinct physique, et que, la beauté de ses draperies éclatantes, transforme l'orgie en une œuvre d'art. On pardonne à Rabelais quand on a senti la séve profonde

de joie et de jeunesse virile qui regorge dans ses ripailles : on en est quitte pour se boucher le nez, et l'on suit avec admiration, même avec sympathie, le torrent d'idées et de fantaisies qui roule à travers sa fange. Mais voir un homme qui tâche d'être élégant en restant sale, qui veut peindre en langage d'homme du monde des sentiments de crocheteur, qui s'applique à trouver pour chaque ordure une métaphore convenable, qui polissonne avec étude et de parti pris, qui, n'ayant pour excuse ni le naturel, ni l'élan, ni la science, ni le génie, dégrade le bon style jusqu'à cet office, c'est voir un goujat qui s'occupe à tremper une parure dans un ruisseau. Après tout viennent le dégoût et la maladie. Tandis que la Fontaine reste jusqu'au dernier jour capable de tendresse et de bonheur, celui-ci à trente ans injurie la femme avec une âcreté lugubre. « Quand elle est jeune, elle se
« prostitue pour son plaisir; quand elle est vieille,
« elle prostitue les autres pour son entretien. Elle
« est un piége, une machine à meurtre, une machine
« à débauche. Ingrate, perfide, envieuse, son naturel
« est si extravagant, qu'il tourne à la haine ou à la
« bonté absurde. Si elle veut être grave, elle a l'air
« d'un démon ; on dirait d'une écervelée ou d'une coureuse quand elle tâche d'être polie : disputeuse,
« perverse, indigne de confiance, et avide pour tout
« dépenser en luxure[1]. » Quelle confession qu'un tel jugement, et quel abrégé de vie! On voit à la fin le

---

1. When she is young, she whores herself for sport:

viveur hébété, desséché comme un squelette, rongé d'ulcères. Parmi les refrains, les satires crues, les souvenirs de projets avortés et de jouissances salies qui s'entassent comme dans un égout dans sa tête lassée, la crainte de la damnation fermente; il meurt dévot à trente-trois ans.

Tout en haut, le roi donne l'exemple. « Ce vieux bouc, » comme l'appellent les courtisans, se croit gai et élégant; quelle gaieté et quelle élégance! L'air français ne va pas aux gens d'outre-Manche. Catholiques, ils tombent dans la superstition étroite; épicuriens, dans la grosse débauche; courtisans, dans la servilité basse; sceptiques, dans l'athéisme débraillé. Cette cour ne sait imiter que nos ameublements et nos costumes. L'extérieur de régularité et de décence que le bon goût public maintient à Versailles est rejeté d'ici comme incommode. Charles et son frère, en robe d'apparat, se mettent à courir comme au carnaval. Le jour où la flotte hollandaise brûla les navires anglais dans la Tamise, il soupait chez la duchesse de Monmouth et s'amusa à poursuivre un phalène. Au con-

> And when she's old, she bawds for her support....
> She is a snare, a shamble, a stews.
> Her meat and sawce she does for lechery chuse,
> And does in laziness delight the more,
> Because by that she is provoked to whore.
> Ungrateful, treacherous, enviously enclined,
> Wild beasts are tamed, floods easier far confined,
> Than is her stubborn and rebellious mind....
> Her temper so extravagant we find,
> She hates or is impertinently kind.
> Would she be grave, she then looks like a devil,
> And like a fool or whore, when she be civil....
> Contentious, wicked, and not fit to trust,
> And covetous to spend it on her lust.

seil, pendant qu'on exposait les affaires, il jouait avec son chien. Rochester et Buckingham l'injuriaient de reparties insolentes ou d'épigrammes dévergondées; il s'emportait et les laissait faire. Il se prenait de gros mots avec sa maîtresse publiquement; elle l'appelait imbécile, et il l'appelait rosse. Il revenait de chez elle le matin, « si bien que les sentinelles elles-mêmes en parlaient[1]. » Il se laissait tromper par elle aux yeux de tous; une fois elle prit deux acteurs, dont un saltimbanque. Au besoin, elle lui chantait pouille. « Le roi a déclaré qu'il n'était pas le père de l'enfant dont elle est grosse en ce moment; mais elle lui a dit : « Le « diable m'emporte! vous le reconnaîtrez. » Là-dessus, il reconnaissait l'enfant, et prenait pour se consoler deux actrices. Quand arriva sa nouvelle épouse, Catherine de Bragance, il la séquestra, chassa ses domestiques, la brutalisa pour lui imposer la familiarité de sa drôlesse, et finit par la dégrader jusqu'à cette amitié. Le bon Pepys, en dépit de son cœur monarchique, finit par dire : « Ayant entendu le duc et « le roi parler, et voyant et observant leurs façons de « s'entretenir, Dieu me pardonne, quoique je les « admire avec toute l'obéissance possible, pourtant « plus on les considère et on les observe, moins on « trouve de différence entre eux et les autres hommes, « quoique, grâce en soit rendue à Dieu, ils soient « tous les deux des princes d'une grande noblesse et « d'un beau naturel! » Il avait vu, un jour de fête,

---

1. Pepys.

Charles II conduire miss Stewart dans une embrasure de croisée¹, « et la dévorer de baisers une demi-heure « durant, à la vue de tous. » Un autre jour, « le capitaine Ferrers lui dit qu'un mois auparavant dans un bal de la cour, une dame en dansant laissa tomber un enfant. » On l'emporta dans un mouchoir ; « le roi l'eut dans son cabinet environ une semaine, et le disséqua, faisant à son endroit de grandes plaisanteries. » Ces gaietés de carabin par-dessus ces aventures de mauvais lieu donnent la nausée. Les courtisans suivaient l'élan. Miss Jennings, qui devint duchesse de Tyrconnel, se déguisa un jour en vendeuse d'oranges, et cria sa marchandise dans les rues. Pepys raconte des fêtes où les seigneurs et les dames se barbouillaient l'un à l'autre le visage avec de la graisse de chandelle et de la suie, « tellement que la plupart d'entre eux ressemblaient à des diables. » La mode était de jurer, de raconter des scandales, de s'enivrer, de déblatérer contre les prêtres et l'Écriture, de jouer. Lady Castlemaine en une nuit perdit 25 000 livres sterling. Le duc de Saint-Albans, aveugle, à quatre-vingts ans, allait au tripot, avec un domestique à côté de lui qui lui nommait chaque carte. Sedley et Buckhurst se déshabillaient pour courir les rues après minuit. Un autre, en plein jour, se mettait nu à la fenêtre pour haranguer la multitude. Je laisse

1. « Je ne sais où ce fou de Crofts avait pris que les Moscovites avaient tous de belles femmes, et que leurs femmes avaient toutes la jambe belle. Le roi soutint qu'il n'y en avait point de si belle que celle de Mlle Stewart. Elle, pour soutenir la gageure, se mit à la montrer jusqu'au-dessus du genou. » (Grammont.)

dans Grammont les accouchements des filles d'honneur et les goûts contre la nature : il faut les montrer ou les cacher, et je n'ai pas le courage de les insinuer joliment à sa manière. Je finis par un récit de Pepys qui donnera la mesure. « Harry Killigrew m'a fait
« comprendre ce que c'est que cette société dont on
« a tant parlé récemment, et qui est désignée sous le
« nom de *balleurs* (*ballers*). Elle s'est formée de quel-
« ques jeunes fous, au nombre desquels il figurait, et
« de lady Bennett (comtesse d'Arlington), avec ses
« dames de compagnie et ses femmes. On s'y livrait
« à tous les débordements imaginables; on y dansait
« à l'état de pure nature. » L'inconcevable, c'est que cette kermesse n'est point gaie : ils sont misanthropes et deviennent moroses; ils citent le lugubre Hobbes et l'ont pour maître. En effet, c'est la philosophie de Hobbes qui va donner de ce monde le dernier mot et le dernier trait.

VI

Celui-ci est un de ces esprits puissants et limités qu'on nomme positifs, si fréquents en Angleterre, de la famille de Swift et de Bentham, efficaces et brutaux comme une machine d'acier. De là chez lui une méthode et un style d'une sécheresse et d'une vigueur extraordinaires, les plus capables de construire et de détruire; de là une philosophie qui, par l'audace de ses dogmes, a mis dans une lumière immortelle une des faces indestructibles de l'esprit humain. Dans chaque objet, dans chaque évènement, il y a quelque fait primitif et constant qui en est comme le noyau solide, autour duquel viennent se grouper les riches développements qui l'achèvent. L'esprit positif s'abat du premier coup sur ce noyau, écrase l'éclatante végétation qui le recouvre, la disperse, l'anéantit, puis, concentrant sur lui tout l'effort de sa prise véhémente, le dégage, le soulève, le taille, et l'érige en un lieu visible d'où il brillera désormais à tous et pour toujours comme un cristal. Tous les ornements, toutes les émotions sont exclus du style de Hobbes; ce n'est qu'un amas de raisons et de faits serrés dans un petit espace, attachés entre eux par la déduction comme par des crampons de fer. Point de nuances, nul mot fin ou recherché. Il ne prend que les plus familiers de l'usage commun et durable; depuis deux cents ans, il n'y en a pas douze chez lui qui aient vieilli; il perce jusqu'au centre du sens radical, écarte l'écorce passagère et brillante, circonscrit la portion solide qui est la matière permanente de toute pensée et l'objet propre du sens commun. Partout, pour affermir, il retranche; il atteint la solidité par les suppressions. De tous les liens qui unissent les idées, il n'en garde qu'un, le plus stable; son style n'est qu'un raisonnement continu et de l'espèce la plus tenace, tout composé d'additions et de soustractions, réduit à la combinaison de quelques notions simples qui, s'ajoutant les unes aux autres ou se retranchant les unes des autres, forment sous des noms divers des totaux ou des différences dont on suit toujours la génération et dont on démêle toujours les éléments. Il a pratiqué d'avance la méthode de Condillac, remontant dès l'abord au fait primordial, tout palpable et sensible, pour suivre de degré en degré la filiation et le parentage des idées dont il est la souche, en sorte que le lecteur, conduit de chiffre en chiffre, peut à chaque moment justifier l'exactitude de son opération et vérifier la valeur de ses produits. Un pareil instrument logique fauche à travers les préjugés avec une roideur et une hardiesse d'automate. Hobbes déblaye la science des mots et des théories scolastiques. Il raille les quiddités, il écarte les espèces sensibles et intelligibles, il rejette l'autorité des citations[1]. Il tranche avec une main de chirurgien dans le cœur des croyances les plus vivantes. Il nie que les livres de Moïse, de Josué et des autres soient de leurs prétendus auteurs. Il déclare que nul raisonnement ne réussit à prouver la divinité de l'Écriture, et qu'il faut à chacun pour y croire une révélation surnaturelle et personnelle. Il renverse en six mots l'autorité de cette révélation et de toute autre : « Dire que Dieu a parlé en rêve à un homme, c'est dire simplement qu'il a rêvé que Dieu lui parlait. Dire qu'il a vu une vision ou entendu une voix, c'est dire qu'il a eu un rêve qui tenait du sommeil et de la veille. Dire qu'il parle par une inspiration surnaturelle, c'est dire qu'il trouve en lui-même un ardent désir de parler, ou quelque forte opinion pour laquelle

---

1. « Si l'on veut respecter l'antiquité, c'est l'âge présent qui est le plus vieux. »

il ne peut alléguer aucune raison naturelle et suffisante[1]. » Il réduit l'homme à n'être qu'un corps, l'âme à n'être qu'une fonction, Dieu à n'être qu'une inconnue. Toutes ses phrases sont des équations ou des réductions mathématiques. En effet, c'est aux mathématiques qu'il emprunte son idée de la science[2]. C'est d'après les mathématiques qu'il veut réformer les sciences morales. C'est le point de départ des mathématiques qu'il donne aux sciences morales, lorsqu'il pose que la sensation est un mouvement interne causé par un choc extérieur, le désir un mouvement interne dirigé vers un corps extérieur, et lorsqu'il fabrique avec ces deux notions combinées tout le monde moral. C'est la méthode des mathématiques qu'il donne aux sciences morales, lorsqu'il démêle comme les géomètres deux idées simples qu'il transforme par degrés en idées plus complexes, et qu'avec la sensation et le désir il compose les passions, les droits et les institutions humaines, comme les géo-

---

1. To say he hath spoken to him in a dream is no more than to say he dreamed that God spoke to him. To say he hath seen a vision or heard a voice, is to say that he has dreamed between sleeping and waking. To say he speaks by supernatural inspiration, is to say he finds an ardent desire to speak or some strong opinion of himself for which he cannot alledge no natural and sufficient reason.

2. From the principal parts of nature, reason and passion, have proceeded two kinds of learning, mathematical and dogmatical. The former is free from controversy and dispute, because it consisteth in comparing figure and motion only, in which things truth and the interest of men oppose not each other. But in the other there is nothing undisputable, because it compares men and meddles with their right and profit.

mètres avec la ligne courbe et la ligne droite composent les polyèdres les plus compliqués. C'est l'aspect des mathématiques qu'il a donné aux sciences morales, lorsqu'il a dressé dans la vie humaine sa construction incomplète et rigide, semblable au réseau de figures idéales que les géomètres instituent au milieu des corps. Pour la première fois, on voyait chez lui comme chez Descartes, mais avec excès et en plus haut relief, la forme d'esprit qui fit par toute l'Europe l'âge classique : non pas l'indépendance de l'inspiration et du génie comme à la Renaissance; non pas la maturité des méthodes expérimentales et des conceptions d'ensemble comme dans l'âge présent; mais l'indépendance de la raison raisonnante, qui, écartant l'imagination, s'affranchissant de la tradition, pratiquant mal l'expérience, trouve dans la logique sa reine, dans les mathématiques son modèle, dans le discours son organe, dans la société polie son auditoire, dans les vérités moyennes son emploi, dans l'homme abstrait sa matière, dans l'idéologie sa formule, dans la révolution française sa gloire et sa condamnation, son triomphe et sa fin.

Mais tandis que Descartes, au milieu d'une société et d'une religion épurées, ennoblies et apaisées, intronisait l'esprit et relevait l'homme, Hobbes, au milieu d'une société bouleversée et d'une religion en délire, dégradait l'homme et intronisait le corps. Par dégoût des puritains, les courtisans réduisaient la vie humaine à la volupté animale; par dégoût des puritains, Hobbes réduisait la nature humaine à la partie animale. Les courtisans étaient athées et brutaux en pratique : il était athée et brutal en spéculation. Ils avaient établi la mode de l'instinct et de l'égoïsme : il écrivait la philosophie de l'égoïsme et de l'instinct. Ils avaient effacé de leurs cœurs tous les sentiments fins et nobles : il effaçait du cœur tous les sentiments nobles et fins. Il érigeait leurs mœurs en théorie, donnait le manuel de leur conduite, et rédigeait d'avance les axiomes[1] qu'ils allaient traduire en actions. Selon lui comme selon eux, « le premier des biens est la conservation de la vie et des membres ; le plus grand des maux est la mort, surtout avec tourment. » Les autres biens et les autres maux ne sont que les moyens de ceux-là. Nul ne recherche ou souhaite que ce qui lui est agréable. « Nul ne donne qu'en vue d'un avantage personnel. » — Pourquoi les amitiés sont-elles des biens ? « Parce qu'elles sont utiles, les amis servant à la défense et encore à d'autres choses. » — Pourquoi avons-nous pitié du malheur d'autrui ? « Parce que nous considérons qu'un malheur semblable pourrait nous arriver. » — Pourquoi est-il beau de pardonner à qui demande pardon ? « Parce que c'est là une preuve de confiance en soi-même. » Voilà le fond du cœur humain. Regardez maintenant ce qu'entre ces mains flétrissantes deviennent les plus précieuses fleurs. « La musique, la peinture, la poésie, sont agréables comme imitations qui rappellent le passé, parce que, si le passé à

---

[1] Ses principaux ouvrages ont été écrits entre 1646 et 1655.

été bon, il est agréable en imitation comme bon, et que, s'il a été mauvais, il est agréable en imitation comme passé. » C'est à ce grossier mécanisme qu'il réduit les beaux-arts; on s'en est aperçu quand il a voulu traduire l'*Iliade*. A ses yeux, la philosophie est du même ordre. « Si la sagesse est utile, c'est qu'elle est de quelque secours; si elle est désirable en soi, c'est qu'elle est agréable. » Ainsi nulle dignité dans la science : c'est un passe-temps ou une aide, bonne au même titre qu'un domestique ou un pantin. L'argent, étant plus utile, vaut mieux. C'est pourquoi « celui qui est sage n'est pas riche, comme disent les stoïciens, mais celui qui est riche est sage[1]. » Pour la religion, elle n'est que la « crainte d'un pouvoir invisible feint par l'esprit ou imaginé d'après des récits publiquement autorisés[2]. » En effet, cela est vrai pour l'âme d'un Rochester ou d'un Charles II; poltrons ou injurieux, crédules ou blasphémateurs, ils n'ont rien

---

1. Nemo dat nisi respiciens ad bonum sibi.
Amicitiæ bonæ, nempe utiles. Nam amicitiæ cùm ad multa alia, tum ad præsidium conferunt.
Sapientia utile. Nam præsidium in se habet nonnullum. Appetibile est per se, id est jucundum. Item pulchrum, quia acquisitio difficilis.
Non enim qui sapiens est, ut dixere stoici, dives est, sed contra qui dives est sapiens est dicendus.
Ignoscere veniam petenti pulchrum. Nam indicium fiduciæ sui.
Imitatio jucundum, revocat enim præterita. Præterita autem si bona fuerint, jucunda sunt repræsentata, quia bona. Si mala, quia præterita. Jucunda igitur musica, pictura, poesis.
2. Metus potentiarum invisibilium, sive fictæ illæ sint, sive ab historiis acceptæ sint publice, religio. Si publice acceptæ non sint, superstitio.

soupçonné au delà. — Nul droit naturel. « Avant que les hommes se fussent liés par des conventions, chacun avait le droit de faire ce qu'il voulait contre qui il voulait. » Nulle amitié naturelle. « Les hommes ne s'associent que par intérêt ou vanité, c'est-à-dire par amour de soi, non par amour des autres. L'origine des grandes sociétés durables n'est pas la bienveillance mutuelle. Tous dans l'état de nature ont la volonté de nuire.... L'homme est un loup pour l'homme.... L'état de nature est la guerre, non pas simple, mais de tous contre tous, et par essence cette guerre est éternelle.[1] » Le déchaînement des sectes, le conflit des ambitions, la chute des gouvernements, le débordement des imaginations aigries et des passions malfaisantes avaient suggéré cette idée de la société et de l'homme. Ils aspiraient tous, philosophes et peuple, à la monarchie et au repos. Hobbes, en logicien inexorable, la veut absolue; la répression en sera plus forte et la paix plus stable. Que nul ne résiste au souverain. Quoi qu'il fasse contre un sujet, quel qu'en soit le prétexte, ce n'est point injustice. C'est lui qui doit décider des livres canoniques. Il est pape et plus que pape. Ses sujets, s'il l'ordonne, doivent

---

1. Omnis societas vel commodi causa vel gloriæ, hoc est, sui, non sociorum amore contrahitur.
   Statuendum originem magnarum et diuturnarum societatum non a mutua benevolentia, sed a mutuo metu exstitisse.
   Voluntas lædendi omnibus inest in statu naturæ.
   Status hominum naturalis antequam in societatem coiretur, bellum. Neque hoc simpliciter, sed bellum omnium in omnes.
   Bellum sua natura sempiternum.

renoncer au Christ, au moins de bouche; le pacte primitif lui a livré sans réserve l'entière possession de tous les actes extérieurs; au moins, de cette façon, les sectaires n'auront pas, pour troubler l'État, le prétexte de leur conscience. C'est dans ces extrémités que l'immense fatigue et l'horreur des guerres civiles avaient précipité un esprit étroit et conséquent. Sur cette prison scellée où il enfermait et resserrait de tout son effort la méchante bête de proie, il appuyait comme un dernier bloc, pour éterniser la captivité humaine, la philosophie entière et toute la théorie, non-seulement de l'homme, mais du reste de l'univers. Il réduisait les jugements à « l'addition de deux noms, » les idées à des états du cerveau, les sensations à des mouvements corporels, les lois générales à de simples mots, toute substance au corps, toute science à la connaissance des corps sensibles, tout l'être humain à un corps capable de mouvement reçu ou rendu[1], en sorte que l'homme, n'apercevant lui-même et la nature que par la face méprisée, et

---

1. Corpus et substantia idem significant, et proinde vox composita substantia incorporea est insignificans æque ac si quis diceret corpus incorporeum.

Quidquid imaginamur finitum est. Nulla ergo est idea neque conceptus qui oriri potest a voce hac, infinitum.

Recidit ratiocinatio omnis ad duas operationes animi, additionem et substractionem.

Genus et universale nominum non rerum nomina sunt.

Veritas in dicto non in re consistit.

Sensio igitur in sentiente nihil aliud esse potest præter motum partium aliquarum intus in sentiente existentium, quæ partes motæ organorum quibus sentimus partes sunt.

rabattu dans sa conception de lui-même et du monde, pût ployer sous le faix de l'autorité nécessaire et subir enfin le joug que sa nature rebelle refuse et doit porter. Tel est en effet le désir que suggère ce spectacle de la restauration anglaise. L'homme méritait alors ce traitement, parce qu'il inspirait alors cette philosophie; il va se montrer sur la scène tel qu'il s'est montré dans la théorie et dans les mœurs.

VII.

Quand les théâtres, fermés par le parlement, rouvrirent, on s'aperçut bientôt que le goût avait changé. Shirley, le dernier de la grande école, n'écrit plus et meurt. Waller, Buckingham, Dryden, sont obligés de refaire les pièces de Shakspeare, de Fletcher, de Beaumont, pour les accommoder à la mode. Pepys, qui va voir *le Songe d'une nuit d'été*[1], déclare « qu'il n'y retournera plus jamais, car c'est la plus insipide et ridicule pièce qu'il ait vue de sa vie. » La comédie se transforme; c'est que le public s'était transformé.

Quels auditeurs que ceux de Shakspeare et de Fletcher! Quelles âmes jeunes et charmantes! Dans cette salle infecte où il fallait brûler du genièvre, devant cette misérable scène à demi éclairée, devant ces décors de cabaret, ces rôles de femmes joués par

1. 1662.

des hommes, l'illusion les prenait. Ils ne s'inquiétaient guère des vraisemblances; on pouvait les promener en un instant sur des forêts et des océans, d'un ciel à l'autre, à travers vingt années, parmi dix batailles et tout le pêle-mêle des aventures. Ils ne se souciaient point de toujours rire; la comédie, après un éclat de bouffonnerie, reprenait son air sérieux ou tendre. Ils venaient moins pour s'égayer que pour rêver. Il y avait dans ces cœurs tout neufs comme un amas de passions et de songes, passions sourdes, songes éclatants, dont l'essaim emprisonné bourdonnait obscurément, attendant que le poëte vînt lui ouvrir la nouveauté et la splendeur du ciel. Des paysages entrevus dans un éclair, la crinière grisonnante d'une longue vague qui surplombe, un coin de forêt humide où les biches lèvent leur tête inquiète, le sourire subit et la joue empourprée d'une jeune fille qui aime, le vol sublime et changeant de tous les sentiments délicats, par-dessus tout l'extase des passions romanesques, voilà les spectacles et les émotions qu'ils venaient chercher. Ils montaient d'eux-mêmes au plus haut du monde idéal; ils voulaient contempler les extrêmes générosités, l'amour absolu; ils ne s'étonnaient point des féeries, ils entraient sans effort dans la région que la poésie transfigure; leurs yeux avaient besoin de sa lumière. Ils comprenaient du premier coup ses excès et ses caprices; ils n'avaient pas besoin d'être préparés; ils suivaient ses écarts, ses bizarreries, le fourmillement de ses inventions regorgeantes, les soudaines prodigalités de ses couleurs surchargées, comme un musicien suit une symphonie. Ils étaient dans cet état passager et extrême où l'imagination adulte et vierge, encombrée de désirs, de curiosités et de forces, développe tout d'un coup l'homme, et dans l'homme ce qu'il y a de plus exalté et de plus exquis.

Des viveurs ont pris leur place. Ils sont riches, ils ont tâché de se polir à la française, ils ont ajouté à la scène des décors mobiles, de la musique, des lumières, de la vraisemblance, de la commodité, toute sorte d'agréments extérieurs; mais le cœur leur manque. Représentez-vous ces fats à demi ivres, qui ne voient dans l'amour que le plaisir, et dans l'homme que les sens : un Rochester au lieu d'un Mercutio. Avec quelle partie de son âme pourrait-il comprendre la poésie et la fantaisie? La comédie romanesque est hors de sa portée; il ne peut saisir que le monde réel, et dans ce monde l'enveloppe palpable et grossière. Donnez-lui une peinture exacte de la vie ordinaire, des événements plats et probables, l'imitation littérale de ce qu'il fait, et de ce qu'il est; mettez la scène à Londres, dans l'année courante; copiez ses gros mots, ses railleries brutales, ses entretiens avec les marchandes d'oranges, ses rendez-vous au parc, ses essais de dissertation française. Qu'il se reconnaisse, qu'il retrouve les gens et les façons qu'il vient de quitter à sa taverne ou dans l'antichambre; que le théâtre et la rue soient de plain-pied. La comédie lui donnera les mêmes plaisirs que la vie; il s'y traînera également dans la vulgarité et dans l'ordure; il n'aura besoin pour y assister ni d'imagination, ni d'esprit; il lui suffira d'avoir des yeux et des souvenirs. Cette exacte imitation lui fournira l'amusement en même temps que l'intelligence. Les vilaines paroles le feront rire par sympathie, les images effrontées le divertiront par réminiscence. L'auteur d'ailleurs prend soin de lui fournir une fable qui le réveille; il s'agit ordinairement d'un père ou d'un mari qu'on trompe. Les beaux gentilshommes prennent comme l'écrivain le parti du galant, s'intéressent à ses progrès, et se croient avec lui en bonne fortune. Joignez à cela des femmes qu'on débauche et qui veulent être débauchées. Ces provocations, ces façons de filles, le chassez-croisez des échanges et des surprises, le carnaval des rendez-vous et des soupers, l'impudence des scènes aventurées jusqu'aux démonstrations physiques, les chansons risquées, les *gueulées*[1] lancées et renvoyées parmi des tableaux vivants, toute cette orgie représentée remue les coureurs d'intrigues par l'endroit sensible. Et par surcroît le théâtre consacre leurs mœurs. A force de ne représenter que des vices, il autorise leurs vices. Les écrivains posent en règle que toutes les femmes sont des drôlesses, et que tous les hommes sont des brutes. La débauche entre leurs mains devient une chose naturelle, bien plus, une chose de bon goût; ils la professent. Rochester et Charles II pouvaient sortir du théâtre édifiés sur eux-mêmes, convaincus comme ils l'étaient déjà que

1. Mot de Le Sage.

la vertu n'est qu'une grimace, la grimace des coquins adroits qui veulent se vendre cher.

VIII

Dryden, qui un des premiers[1] entre dans cette voie, n'y entre pas résolûment. Une sorte de fumée lumineuse, reste de l'âge précédent, plane encore sur son théâtre. Sa riche imagination le retient à demi dans la comédie romanesque. Un jour il arrange le *Paradis* de Milton, *la Tempête* et le *Troilus* de Shakspeare. Un autre jour, dans *l'Amour au Couvent*, dans *le Mariage à la mode*, dans *le Faux Astrologue*, il imite les imbroglios et les surprises espagnoles. Il a tantôt des images éclatantes et des métaphores exaltées comme les vieux poëtes nationaux, tantôt des figures recherchées et de l'esprit pointillé comme Calderon et Lope. Il mêle le tragique et le plaisant, les renversements de trônes et les peintures de mœurs. Mais dans ce compromis maladroit l'âme poétique de l'ancienne comédie a disparu : il n'en reste que le vêtement et la dorure. L'homme nouveau se montre grossier et immoral, avec ses instincts de laquais sous ses habits de grand seigneur, d'autant plus choquant que Dryden en cela contrarie son talent, qu'il est au fond sérieux et poëte, qu'il suit la mode et non sa pensée, qu'il fait le libertin par réflexion, et pour se mettre au goût du jour[2]. Il

1. Son *Wild Galant* est de 1662.
2. « We love to get our mistresses, and purr over them, as cats

polissonne maladroitement et dogmatiquement; il est impie sans élan, en périodes développées. Un de ses galants s'écrie : « Est-ce que l'amour sans le prêtre « et l'autel n'est pas l'amour? Le prêtre est là pour « son salaire et ne s'inquiète pas des cœurs qu'il unit. « L'amour seul fait le mariage[1]. » — « Je voudrais, dit « Hippolyte, qu'il y eût un bal en permanence dans « notre cloître, et que la moitié des jolies nonnes y « fût changée en hommes pour le service des autres[2]. » Nul ménagement, nul tact. Dans son *Moine espagnol*, la reine, assez honnête femme, dit à Torrismond qu'elle va faire tuer le vieux roi détrôné pour l'épouser, lui Torrismond, plus à son aise. Bientôt on leur annonce le meurtre : « Maintenant, dit la reine, ma« rions-nous. Cette nuit, cette heureuse nuit, est à « vous et à moi[3]. » A côté de cette tragédie sensuelle,

do over mice, and then let them get a little way, and all the pleasure is to pat them back again. »

Wildblood dit à sa maîtresse : « I am none of those unreasonable lovers that propose to themselves the loving to eternity. A month is commonly my stint. » — Et Jacintha répond : « Or would not a fortnight serve our turn? » (*Mock Astrologer*.)

Souvent, à la barbarie de ses plaisanteries, on dirait qu'il traduit Hobbes.

1. Is not Love love without a Priest and Altars?
The temples are inanimate, and know not
What vows are made in them; the Priest stands ready
For his hire, and cares not what hearts he couples.
Love alone is marriage....

2. I wished the ball might be kept perpetually in our cloyster, and that half the handsome nuns in it might be turned to men, for the sake of the other.

3. This night, this happy night is yours and mine.

Et tout à côté on rencontre des allusions politiques. Cela peint l'intrigue comique, poussée jusqu'aux familiarités les plus lestes, étale l'amour d'un cavalier pour une femme mariée qui à la fin se trouve être sa sœur. Dryden ne trouve dans ce dénoûment rien qui froisse son cœur. Il a perdu jusqu'aux plus vulgaires répugnances de la pudeur naturelle. Quand il traduit une pièce hasardée, *Amphitryon*, par exemple, il la trouve trop modeste; il en ôte les adoucissements, il en alourdit le scandale. « Le roi et le prêtre, dit Jupiter, « sont en quelque manière contraints par convenance « d'être des hypocrites bien masqués[1]. » Là-dessus, le dieu étale crûment son despotisme. Au fond, ses sophismes et son impudence sont pour Dryden un moyen de décrier par contre-coup les théologiens et leur Dieu arbitraire. « Un pouvoir absolu, dit Jupiter, « ne peut faire de mal. Je n'en puis faire à moi-« même, puisque c'est ma volonté que je fais, ni aux « hommes, puisque tout ce qu'ils ont est à moi. Cette « nuit je jouirai de la femme d'Amphitryon, car lors-« que je la fis, je décrétai que mon bon plaisir serait « de l'aimer. Ainsi je ne fais point de tort à son mari, « car je me suis réservé le droit de l'avoir tant qu'elle « me plairait[2]. » Cette pédanterie ouverte se change

---

temps. Par exemple, Torrismond dit pour s'excuser d'épouser la reine :
>   Power which in one age is tyranny
> Is ripen'd in the next to succession.
> She's in possession.

1. For Kings and Priest are in a manner bound
 For reverence sake, to be close hypocrites.

2.   Fate is what I

en luxure ouverte sitôt qu'il voit Alcmène. Nul détail n'est omis : Jupiter lui dit tout, et devant les suivantes, et le lendemain, quand il sort, elle fait pis que lui, elle s'accroche à lui, elle entre dans des peintures intimes. Toutes les façons royales de la haute galanterie ont été arrachées comme un vêtement incommode; c'est le sans-gêne cynique au lieu de la décence aristocratique; la scène est écrite d'après Charles II et la Castlemaine[1] au lieu d'être écrite d'après Louis XIV et Mme de Montespan.

IX

J'en passe plusieurs : Crowne, l'auteur de *Sir Courtly Nice;* Shadwell, l'imitateur de Ben Jonson; mistress Afra Behn, qui se fit appeler Astrée, espion et courtisane, payée par le gouvernement et par le public. Etheredge est le premier qui, dans son *Homme*

> By virtue of omnipotence have made it.
> And Power omnipotent can do no wrong.
> Not to myself, because I will it so;
> Not yet to men, for what they are is mine.
> This night I will enjoy Amphytrion's wife :
> For when I made her, I decreed her such
> As I shou'd please to love.

1. Lorsque Jupiter sort, alléguant qu'il est jour, Alcmène lui dit :

> But you and I will draw our curtains close,
> Extinguish day-light, and put out the sun.
> Come back, my lord.
> You have not yet laid long enough in bed
> To warm your widowed side.

Comparez la matrone romaine de Plaute et l'honnête dame française de Molière à cette personne expansive.

à la mode, donné l'exemple de la comédie imitative et peigne uniquement les mœurs d'alentour ; du reste franc viveur et contant librement ses habitudes. « Pourchasser les filles, hanter le théâtre, ne songer à rien toute la journée, et toute la nuit aussi, direz-vous : » c'étaient là ses occupations à Londres. Plus tard, à Ratisbonne, « il fait de graves révérences, converse avec les sots, écrit des lettres insipides[1] ; » et se console mal avec les Allemandes. C'est avec ce sérieux qu'il prenait ses fonctions d'ambassadeur. Un jour, ayant trop dîné, il tomba du haut d'un escalier et se cassa le cou ; la perte n'était pas grande. Mais le héros de ce monde fut William Wycherley, le plus brutal des écrivains qui aient sali le théâtre. Envoyé en France pendant la révolution, il s'y fit papiste, puis au retour abjura, puis à la fin, dit Pope, abjura encore. Privées du lest protestant, ces têtes vides allaient de dogme en dogme, de la superstition à l'incrédulité ou à l'indifférence, pour finir par la peur. Il avait appris chez M. de Montausier l'art de bien porter des gants et une perruque ; cela suffisait alors pour faire un *gentleman*. Ce mérite et le succès d'une pièce ignoble, *l'Amour au bois*, attirèrent sur lui les yeux de la duchesse de Cleveland, maîtresse du roi et de tout le monde. Cette femme, qui ramassait

---

1. From hunting whores and haunting play,
And minding nothing all the day,
And all the night too, you will say,...
To make grave legs in formal fetters,
Converse with fools and write dull letters....
(*Lettre à lord Middleton*)

des danseurs de corde, le ramassa un jour au beau milieu du Ring. Elle mit la tête à la portière et lui cria publiquement : « Monsieur, vous êtes un maraud, un drôle, un fils de..... » Touché de ce compliment, il accepta ses bonnes grâces, et obtint par contre-coup celles du roi. Il les perdit, épousa une femme de mauvaises mœurs, se ruina, resta sept ans en prison pour dettes, passa le reste de sa vie dans les embarras d'argent, regrettant sa jeunesse, perdant la mémoire, écrivaillant de mauvais vers qu'il faisait corriger par Pope avec toutes sortes de tiraillements d'amour-propre, rimant des obscénités plates, traînant son corps usé et son cerveau lassé à travers la misanthropie et le libertinage, jouant le misérable rôle de viveur édenté et de polisson en cheveux blancs. Onze jours avant sa mort, il avait épousé une jeune fille qui se trouva une coquine. Il finit comme il avait commencé, par la maladresse et l'inconduite, n'ayant réussi ni à être heureux ni à être honnête, n'ayant employé un esprit viril et un talent vrai que pour son mal et le mal d'autrui.

C'est qu'il n'était pas né épicurien. Son fonds, vraiment anglais, c'est-à-dire énergique et sombre, répugnait à l'insouciance aisée et aimable qui permet de prendre la vie comme une partie de plaisir. Son style est travaillé et pénible. Son ton est virulent et acerbe. Il fausse souvent la comédie pour arriver à la satire haineuse. L'effort et l'animosité se marquent dans tout ce qu'il dit et fait dire. C'est un Hobbes, non pas méditatif et tranquille comme l'autre, mais actif et irrité, qui ne voit que du vice dans l'homme, et se sent homme jusqu'au fond. Le seul travers qu'il repousse, c'est l'hypocrisie ; le seul devoir qu'il prescrive, c'est la franchise. Il veut que les autres avouent leur vice, et il commence par avouer le sien. « Quoi- « que je ne sache pas mentir comme les poëtes, dit- « il, je suis aussi vain qu'eux ; » puis, parlant de sa reconnaissance : « Voilà, madame, la gratitude des « poëtes, qui, en bon anglais, n'est qu'orgueil et am- « bition [1]. » Chez lui, nulle poésie d'expression, nulle conception d'idéal, nul établissement de morale qui puisse consoler, relever ou épurer les hommes. Il les parque dans leur perversité et dans leur ordure, et s'y installe avec eux. Il leur montre les vilenies du bas-fond où il les confine ; il veut qu'ils respirent cette fange ; il les y enfonce, non pour les en dégoûter comme d'une chute accidentelle, mais pour les y accoutumer comme à une assiette naturelle. Il arrache les compartiments et les ornements par lesquels ils essayent de couvrir leur état ou de régler leur désordre. Il s'amuse à les faire battre, il se complaît dans le tapage des instincts déchaînés ; il aime les retours violents du pêle-mêle humain, l'embrouillement des méchancetés, la dureté des meurtrissures. Il déshabille les convoitises, il les fait agir tout au long, il les ressent par contre-coup, et, tout en les jugeant nauséabondes, il les savoure. En fait de plaisir, on prend

1. Though I cannot lie like them, I am as vain as they ; I cannot but publicly give your Grace my humble acknowledgments.... This is the poet's gratitude, which in plain english is only pride and ambition.

ce qu'on trouve : les ivrognes de barrière, à qui l'on demande comment ils peuvent aimer leur vin bleu, répondent qu'il soûle tout de même et qu'ils n'ont que cela d'agrément.

Qu'on puisse oser beaucoup dans un roman, on le comprend. C'est une œuvre de psychologie, voisine de la critique et de l'histoire, ayant des libertés presque égales, parce qu'elle contribue presque également à exposer l'anatomie du cœur[1]. Il faut bien qu'on puisse représenter les maladies morales, surtout lorsqu'on le fait pour compléter la science, froidement, exactement, et en style de dissection. Un tel livre de sa nature est abstrait : il se lit dans un cabinet, sous la lampe. Mais transportez-le sur le théâtre, empirez ces scènes d'alcôve, réchauffez-les par des scènes de mauvais lieux, donnez-leur un corps par les gestes et les paroles vibrantes des actrices ; que les yeux et tous les sens s'en remplissent, non pas les yeux d'un spectateur isolé, mais ceux de mille hommes et femmes confondus dans le parterre, irrités par l'intérêt de la fable, par la précision de l'imitation littérale, par le ruissellement des lumières, par le bruit des applaudissements, par la contagion des impressions qui courent comme un frisson dans tous les nerfs excités et tendus ! Voilà le spectacle qu'a fourni Wycherley et qu'a goûté cette cour. Est-il possible qu'un public, et un public de choix, soit venu écouter de pareilles scènes ? Dans *l'Amour au bois*, à travers les complications des rendez-

---

1. *Madame Bovary*, par G. Flaubert.

vous nocturnes et des viols acceptés ou commencés, on voit un bel esprit, Dapperwitt, qui veut vendre Lucy, sa maîtresse, à un beau gentilhomme du temps, Ranger. Il la vante, avec quels détails ! Il frappe à sa porte ; l'acheteur cependant s'impatiente et le traite comme un nègre. La mère ouvre, veut vendre Lucy pour elle-même et à son profit, les injurie et les renvoie. On amène alors un vieil usurier puritain et hypocrite, Gripe, qui d'abord ne veut pas financer. « Payez donc à dîner ! » Il donne un *groat* pour un gâteau et de l'ale[1]. L'entremetteuse se récrie, il lâche une couronne. « Mais pour les rubans, les pendants « d'oreille, les bas, les gants, la dentelle et tout ce qu'il « faut à la pauvre petite ? » Il se débat. — Allons ! une « demi-guinée. — « Une demi-guinée ! » dit la vieille. — «. Je t'en prie, va-t'en ; prends l'autre guinée aussi, « deux guinées, trois guinées, cinq ; voilà, c'est tout « ce que j'ai. — Il me faut aussi ce grand anneau à « cachet, ou je ne bouge pas[2] ! » Elle s'en va enfin,

---

1. MISTRESS JOYNER.

You must send for something to entertain her.... Upon my life! A groat! what will this purchase ?

GRIPE.

Two black pots of ale and a cake, at the cellar. Come, the wine has arsenic in it.

2. MISTRESS JOYNER.

A treat of a groat! I will not wag.

GRIPE.

Why don't you go? Here, take more money, and fetch what you will; take here, half-a-crown.

MISTRESS JOYNER.

What will half-a-crown do ?

ayant tout extorqué, et Lucy fait l'innocente, semble croire que Gripe est un maître à danser, et lui demande sa leçon. Ici quelles scènes et quelles équivoques ! Enfin elle crie, la mère et des gens apostés enfoncent la porte; Gripe est pris au piége, on le menace d'appeler le constable, on lui escroque cinq cents livres sterling. — Faut-il conter le sujet de *l'Épouse campagnarde ?* On a beau glisser, on appuie trop. Horner, gentilhomme qui revient de France, répand le bruit qu'il ne peut plus faire tort aux maris. Vous devinez ce qu'entre les mains de Wycherley une pareille donnée peut fournir, et il en tire tout ce qu'elle contient. Les femmes causent de son état, et devant lui; elles se font détromper par lui, et s'en vantent. Il y en a trois qui viennent chez lui, font ripaille, boi-

GRIPE.

Take a crown then, an angel, a piece. Begone.

MISTRESS JOYNER.

A treat only will not serve my turn. I must buy the poor wretch there some toys.

GRIPE.

What toys? What? Speak quickly.

MISTRESS JOYNER.

Pendants, necklaces, fans, ribbons, points, laces, stockings, gloves....

GRIPE.

But there, take half a piece for the other things.

MISTRESS JOYNER.

Half a piece !

GRIPE.

Prithee, begone; take t'other piece then — two pieces — three pieces — five — there; 'tis all I have.

MISTRESS JOYNER.

I must have the broad-seal ring, too, or I stir not.

vent, chantent, et quelles chansons ! C'est le débordement de l'orgie qui triomphe, se décerne elle-même la couronne et s'étale en maximes. « Notre vertu, dit « l'une d'elles, est comme la conscience de l'homme « d'État, la parole du quaker, le serment du joueur, « l'honneur du grand seigneur : rien qu'une grimace « pour duper ceux qui se fient à nous. » A la dernière scène, les soupçons éveillés se calment sur une nouvelle déclaration de Horner. Tous les mariages sont salis, et ce carnaval finit par une danse des maris trompés. Pour comble, Horner propose au public son exemple, et l'actrice qui vient dire l'épilogue achève l'ignominie de la pièce en avertissant les faux galants qu'ils aient à se bien tenir, et que s'ils peuvent duper les hommes, « ce n'est pas aux femmes qu'on en peut « donner à garder[1]. »

Mais ce qui est véritablement unique, et le plus extraordinaire des signes de ce temps, c'est qu'au milieu de ces provocations nulle circonstance repoussante n'est omise, et que le conteur semble tenir autant à nous dégoûter qu'à nous dépraver[2]. A chaque instant, les élégants, même les dames, mettent en tiers dans la conversation ce qui, depuis le seizième siècle, accompagne l'amour. Dapperwitt, en offrant Lucy, dit pour excuser les retards : « Laissez-lui le

1. Il faut lire cet épilogue, pour voir quelles paroles et quels détails on osait mettre dans la bouche d'une actrice.

2. « That spark who has his fruitless designs upon the bedridden widow down to the sucking heiress in her pissing clout. »

Mistress Flippant : « Though I had married the fool, I thought to have reserved the witt, as well as other ladies. »

temps de mettre sa longue mouche sous l'œil gauche et de corriger son haleine avec un peu d'écorce de citron[1]. » Lady Flippant, seule dans le parc, s'écrie : « Malheureuse femme que je suis ! j'ai quitté le troupeau pour mettre les chiens à mes trousses, et pas un vagabond ivrogne qui vienne trébucher sur mon chemin ! Les mendiantes en loques, les ramasseuses de cendres ont meilleure chance que moi.[2] » Ce sont là les morceaux les plus doux, jugez des autres ! Il prend à tâche de révolter même les sens ; l'odorat, les yeux, tout souffre devant ses pièces ; il faut que ses auditeurs aient eu des nerfs de matelot. Et c'est de cet abîme que la littérature anglaise est remontée jusqu'à la sévérité morale, jusqu'à la décence excessive qu'elle s'impose aujourd'hui ! Ce théâtre est comme une guerre déclarée à toute beauté, à toute délicatesse. Si Wycherley emprunte à quelque écrivain un personnage, c'est pour le violenter ou le dégrader jusqu'au niveau des siens. S'il imite l'Agnès de Molière[3], il la marie afin de profaner le mariage, lui ôte l'honneur,

Dapperwit : « I will contest with no rival; not with my old rival your coachman. »
She has a complexion like an Holland cheese, and no more teeth left than such as give a haut goust to her breath.
1. Pish! give her but leave to put on.... the long patch under the left eye; awaken the roses on her cheeks with some Spanish wool, and warrant her breath with some lemon-peel.
(Acte III, scène III.)
2. Unfortunate lady that I am! I have left the herd on purpose to be chased. But the park affords not so much as a satyr for me; and no Burgundy man, or drunken scourer, will reel my way. The rag-women, and cinder-women, haver better luck than I. (Acte IV.)
3. Dans *l'Épouse campagnarde*.

bien plus la pudeur, bien plus encore la grâce, change sa tendresse naïve en instinct éhonté et en confessions scandaleuses[1]. S'il prend la Viola de Shakspeare[2], c'est pour la traîner dans des bassesses d'entremetteuse, parmi les brutalités et les coups de main. S'il traduit le rôle de Célimène, il efface d'un trait les façons de grande dame, les finesses de femme, le tact de maîtresse de maison, la politesse, le grand air, la supériorité d'esprit et de savoir-vivre, pour mettre à la place l'impudence et les escroqueries d'une courtisane « forte en gueule. » S'il invente une fille presque honnête, Hippolyta, il commence par lui mettre dans la bouche des paroles telles qu'on n'en peut rien transcrire. Quoi qu'il fasse et quoi qu'il dise, qu'il crée ou qu'il copie, qu'il blâme ou qu'il loue, son théâtre est une diffamation de l'homme, qui rebute en même temps qu'elle attire, et qui écœure quand elle corrompt.

---

1. On connaît la lettre d'Agnès dans Molière : « Je veux vous écrire, et je suis bien en peine par où je m'y prendrai. J'ai des pensées que je désirerais que vous sussiez ; mais je ne sais comment faire pour vous les dire, et je me défie de mes paroles, etc. » Regardez la façon dont Wycherley la traduit : « Dear, sweet Mr Horner, my husband would have me send you a base, rude, unmannerly letter : but I wont't ; and would have forbid you loving me, but I wont ; and would have me say to you, I hate you, poor Mr Horner, but I won't tell a lie for him. For I'm sure if you and I were in the country at cards together, I could not help treading on your toe under the table, or rubbing knees with you, and staring in your face, till you saw me, and then looking down and blushing for an hour together, etc. » — « Why, he put the tip of his tongue between my lips. »

2. Dans le *Plain dealer*.

Un don surnage pourtant, la force, qui ne manque jamais dans ce pays, et y donne un tour propre aux vertus comme aux vices. Quand on a écarté les phrases d'auteur tout oratoires et pesamment composées d'après les Français, on aperçoit le vrai talent anglais, le sentiment poignant de la nature et de la vie. Wycherley a ce lucide et hardi regard qui saisit dans une situation les gestes, l'expression physique, le détail sensible, qui fouille jusqu'au fond des crudités et des bassesses, qui atteint, non pas l'homme en général et la passion telle qu'elle doit être, mais l'individu particulier et la passion telle qu'elle est. Il est réaliste, non pas de parti pris, comme nos modernes, mais par nature. Il plaque violemment son plâtre sur la figure grimaçante et bourgeonnée de ses drôles pour nous porter sous les yeux le masque implacable où s'est collée au passage l'empreinte vivante de leur laideur. Il charge ses pièces d'incidents, il multiplie l'action, il pousse la comédie jusqu'aux situations dramatiques ; il bouscule ses personnages à travers les coups de main et les violences, il va jusqu'à les fausser pour outrer la satire. Voyez dans Olivia, qu'il copie d'après Célimène; la fougue des passions qu'il manie. Elle peint ses amis comme Célimène[1], mais avec quels outrages ! « Milady Automne ? — Un vieux carrosse repeint. — Sa fille ? — Splendidement laide, une mauvaise croûte dans un cadre riche. — Et la dégoûtante vieille au haut bout de sa table.... —

1. NOVEL.
But, as I was saying, madam, I have been treated to-day with

Renouvelle la coutume grecque de servir une tête de mort dans les banquets. » Nos nerfs modernes ne supporteraient pas le portrait qu'elle fait de Manly, son amant; celui-ci l'entend par surprise; à l'instant elle se redresse, le raille en face, se déclare mariée, lui dit qu'elle garde les diamants qu'elle a reçus de lui, et le brave. « Mais, lui dit-on, par quel attrait l'aimiez-vous ? Qu'est-ce qui avait pu vous donner du goût pour lui ? — Ce qui force tout le monde à flatter et à dissimuler, sa bourse; j'avais une vraie passion pour elle[1]. » Son impudence est celle d'une courtisane déclarée. Amoureuse dès la première vue de Fidelio, qu'elle prend pour un jeune homme, elle se pend à

---

all the ceremony and kindness imaginable at my Lady Autumn's But the nauseous old woman at the upper hand of her table....

OLIVIA.

Revives the old Grecian custom of serving in a death's head with their banquets....

I detest her hollow cherry cheeks, she looks like an old coach new painted.

.... She is most splendidly, gallantly ugly, and looks like an ill piece of daubing in a rich frame. (Acte II, scène I.)

La scène est empruntée au *Misanthrope* et à la *Critique de l'École des Femmes*; jugez de la transformation.

1. FIDELIA.

But, madam, what could make you dissemble love to him, when 'twas so hard a thing for you, and flatter his love to you?

OLIVIA.

That which makes all the world flatter and dissemble. 'Twas his money; I had a real passion for it.

.... As soon as I had his money, I hastened his departure like a wife, who, when she has made the most of a dying husband's breath, pulls away his pillow. (Acte IV, scène I.)

Cette dernière phrase est d'un satirique morose plutôt que d'un observateur exact.

son cou, « l'étouffe de baisers ; » puis dans l'obscurité elle tâtonne pour le trouver en disant : « Où sont tes lèvres? » Il y a une sorte de « férocité » animale dans son amour. Elle renvoie son mari par une comédie improvisée ; puis, avec un mouvement de danseuse : « Va-t'en, mon mari, et viens, mon ami. Justement les seaux dans le puits : l'un descendant fait monter l'autre. » Elle éclate d'un rire mordant : « Pourvu qu'ils n'aillent pas comme eux se heurter en route et se casser l'un l'autre[1]! » Surprise en flagrant délit et ayant tout avoué à sa cousine, dès qu'elle entrevoit une espérance de salut, elle revient sur son aveu avec une effronterie d'actrice : « Eh bien! cousine, lui dit l'autre, je le confesse, c'était là de l'hypocrisie raisonnable. — Quelle hypocrisie? — Je veux dire, ce conte que vous avez fait à votre mari; il était permis, puisque c'était pour votre défense. — Quel conte? Je vous prie de savoir que je n'ai jamais fait de conte à mon mari. — Vous ne me comprenez pas, bien sûr : je dis que c'était une bonne manière d'en sortir, et honnête, de faire passer votre galant pour une femme. — Qu'est-ce que vous voulez dire, encore une fois, avec mon galant, et qui est-ce qui a passé pour une femme? — Comment! vous voyez bien que votre mari l'a pris pour une femme! — Qui? — Mon Dieu! mais l'homme qu'il a trouvé avec vous! — Seigneur! vous êtes folle à coup sûr. — Oh! ce jeu-là est trop insipide,

---

1. Go, husband, and come up, friend; just the buckets in the well; the absence of one brings the other. But I hope, like them too, they will not meet in the way, jostle and clash together.

Il en est blessant. — Et se jouer de mon honneur est encore plus blessant. — Quelle impudence admirable! — De l'impudence, moi! à moi un tel langage! Oh bien! je ne reverrai plus votre visage. Lettice, où êtes-vous? Venez, laissons là cette méchante femme médisante. — Un mot d'abord, madame, je vous prie; pourriez-vous jurer que votre mari ne vous a pas trouvée avec.... — Jurer! Oui, que quiconque est monté dans ma chambre, inconnu, dans l'obscurité, homme ou femme, je ne le connais pas, et par le ciel, et par tout ce qui est bon; et si je meurs, puissé-je n'avoir jamais une seule joie dans ce monde ni dans l'autre! Oui, et je veux être éternellement... — Damnée! et vous l'êtes; mais vous n'avez plus besoin de vous parjurer : autant jouer franc jeu. — O horrible! horrible avis! Sortons, ne l'entendons pas; viens, Lettice, elle nous corromprait[1]. » Voilà de la verve, et si j'osais conter les audaces et les vérifications de l'action nocturne, on verrait que Mme Marneffe a une sœur et Balzac un devancier.

1.
ELIZA.
Well, cousin, this, I confess, was reasonable hypocrisy; you were the better for 't.
OLIVIA.
What hypocrisy?
ELIZA.
Why, this last deceit of your husband was lawful, since in your own defence.
OLIVIA.
What deceit? I 'd have you to know i never deceived my husband.
ELIZA.
You do not understand me, sure. I say, this was an honest

Il est un personnage qui montre en abrégé son talent et sa morale, tout composé d'énergie et d'indélicatesse, Manly, le *plain dealer*, si visiblement son favori, que les contemporains ont donné à l'auteur en surnom le nom de son héros. Manly est peint d'après Alceste, et l'énormité des différences mesure la dif-

come-off and a good one. But it was a sign your gallant had enough of your conversation, since he could so dexterously cheat your husband in passing for a woman.

OLIVIA.

What d'ye mean, once more, with my gallant, and passing for a woman?

ELIZA.

What do you mean? You see your husband took him for a woman?

OLIVIA.

Whom?

ELIZA.

Heyday! Why, the man he found you with....

OLIVIA.

Lord, you rave, sure!

ELIZA.

Why, did not you tell me last night.... Fy, this fooling is so insipid, 'tis offensive.

OLIVIA.

And fooling with my honour will be more offensive....

ELIZA.

O admirable confidence!....

OLIVIA.

Confidence, to me! To me such language! Nay, then I'll never see your face again.... Lettice, where are you? Let us be gone from this censorious ill woman.

ELIZA.

One word first, pray, madam. Can you swear that whom your husband found you with....

OLIVIA.

Swear! Ay, that whosoever 'twas that stole up, unknown, into my room, when 'twas dark, I know not, whether man or woman,

férence des deux mondes et des deux pays[1]. Il n'est pas gentilhomme de cour, mais capitaine de vaisseau, avec les allures des marins du temps, la casaque tachée de goudron et sentant l'eau-de-vie[2], prompt aux voies de fait et aux jurons sales, appelant les gens chiens et esclaves, et, quand ils lui déplaisent, les jetant à coups de pied dans l'escalier. « Mylord, dit-il
« à un seigneur avec un grondement de dogue, les
« gens de votre espèce sont comme les prostituées et
« les filous, dangereux seulement pour ceux que vous
« embrassez. » Puis, quand le pauvre homme essaye
« de lui parler à l'oreille : « Mylord, tout ce que vous
« m'avez appris en me chuchotant ce que je savais
« d'avance, c'est que vous avez l'haleine puante ;

by heavens, by all that's good ; or, may I never more have joys here, or the other world. Nay, may I eternally....

ELIZA.

Be damned.... So, so you are damned enough already by your oaths. Yet take this advice with you, in this plain-dealing age : to leave off forswearing yourself....

OLIVIA.

O hideous, hideous advice! Let us go out of the hearing of it. She will spoil us, Lettice. (Acte V, scène I.)

1. Comparez au rôle d'Alceste des tirades comme celle-ci :
Such as you, like common whores and pickpockets, are only dangerous to those you embrace.
Comparez au rôle de Philinte des tirades comme celle-ci ;
But, faith, could you think I was a friend to those I hugged, kissed, flattered, bowed to? When their backs were turned, did not I tell you they were rogues, villains, rascals, whom I despised and hated?

2. I shall not have again my alcove smell like a cabin, my chamber perfumed with his tarpaulin Brandenburgh, hear vollies of brandy sighs, enough to make a fog in one's room

« voilà un secret pour votre secret[1]. » Quand il est dans le salon d'Olivia avec « ces perroquets bavards, ces singes, ces échos d'hommes, » il vocifère comme sur son gaillard d'arrière : « Silence, bouffons de foire! » et il les prend au collet. « Pas de caquetage, babouins! dehors tout de suite, ou bien[2].... » Et il les met à la porte. Voilà ses façons d'homme sincère.— Il a été ruiné par Olivia qu'il aime et qui le renvoie. La pauvre Fidelia, déguisée en homme et qu'il prend pour un adolescent timide, vient le trouver pendant qu'il ronge sa colère : « Je puis vous servir, monsieur; « au pis, j'irais mendier ou voler pour vous. — Bah! « encore des vanteries.... Tu dis que tu irais mendier « pour moi ? — De tout mon cœur, monsieur. — Eh « bien! tu iras faire l'entremetteur pour moi ? — « Comment, monsieur ? — Oui, auprès d'Olivia. Va, « flatte, mens, agenouille-toi, promets n'importe quoi « pour me l'avoir. Je ne peux pas vivre sans l'avoir[3]. »

---

1. My lord, all that you have made me known by your whispering which I knew not before, is that you have a stinking breat. There is a secret for your heart.

2. Peace, you Bartholomew-fair buffoons!... Why, you impudent, effeminate wretches,... you are in all things so like women, that you may think it in me a kind of cowardice to beat you. Begone, I say.... No chattering, baboons, instantly begone, or....

3.
FIDELIA.
I warrant you, sir; for, at worst, I would beg or steal for you.
MANLY.
Nay, more bragging.... You said, you'd beg for me.
FIDELIA.
I did, sir.
MANLY.
Then, you shall beg for me.

Et lorsque Fidelia revient lui disant qu'Olivia l'a embrassée, de force, avec un emportement d'amour : « Son amour!... l'amour d'une prostituée, d'une « sorcière! Ah! ah! n'est-ce pas qu'elle embrasse « bien, monsieur? Bien sûr, je me figurais que ses « lèvres.... Mais je ne dois plus me les figurer. Et « pourtant elles sont si belles que je voudrais les « baiser encore, — m'y coller, — puis les arracher « avec mes dents, les mâcher en morceaux et les cra- « cher à la face de son entreteneur[1] !... » Ces cris de sauvage annoncent des actions de sauvage. Il va la nuit avec Fidelia pour entrer sous son nom chez Olivia, et Fidelia, par jalousie, résiste. Son sang s'émeut alors, un flot de fureur lui monte à la face, et il lui crie tout bas d'une voix sifflante : « Ah! tu es donc mon rival? Eh bien! alors tu vas rester ici et garder la porte à ma place, pendant que j'entre à ta place. Puis, quand je serai dedans, si tu oses bouger de cette planche ou

FIDELIA.

With all my heart, sir.

MANLY.

That is, pimp for me.

FIDELIA.

How, sir?

MANLY.

D'ye start.... No more dissembling. Here, I say, you must go use your cunning for me to Olivia.... Go, flatter, lie, kneel, promise anything to get her for me. I cannot live unless I have her..

1. Her love — a whore's, a witch's love! — But what, did she not kiss well, sir? I'm sure, I thought her lips.... But I must not think of them more..... But yet they are such I could still kiss, grow so, — and then tear off with my teeth, grind them into mammocks, and spit them into her cuckold's face.

souffler un mot, je lui couperai la gorge, à elle d'abord ; et si tu l'aimes, tu ne risqueras pas sa vie. Et la tienne aussi, je sais que la tienne, au moins, tu l'aimes. Pas un mot, où je commence par toi[1] ! » Il renverse le mari, autre traître, reprend à Olivia la cassette de bijoux qu'il lui avait donnée, lui en jette quelques-uns, disant « qu'il n'a jamais quitté une fille sans la payer[2], » et donne cette même cassette à Fidelia, qu'il épouse. Toutes ces actions paraissaient alors convenables. Wycherley prenait dans sa dédicace le titre de son héros, *Plain dealer*; il croyait avoir tracé le portrait d'un franc honnête homme, et s'applaudissait d'avoir donné un bon exemple au public ; il n'avait donné que le modèle d'une brute déclarée et énergique. C'est là tout ce qui restait de l'homme dans ce triste monde. Wycherley lui ôtait son manteau mal ajusté de politesse française, et le montrait avec la charpente de ses muscles et l'impudence de sa nudité.

A côté d'eux, un grand poëte aveugle et tombé, l'âme remplie des misères présentes, peignait ainsi le tumulte de l'orgie infernale : « Bélial vint le dernier, « le plus impur des esprits tombés du ciel, le plus « grossier dans l'amour du vice pour lui-même....

---

1. What, you are my rival, then! And therefore you shall stay and keep the door for me, whilst I go in for you ; but when I 'm gone, if you dare to stir off from this very board, or breath the least murmuring accent, I'll cut her throat first; and if you love her, you will not venture her life. Nay, then I 'll cut your throat too, and I know you love your own life at least.... Not a word more, lest I begin my revenge on her by killing you.

2. Here, madam, I never left yet my wench unpaid.

« Nul n'est plus souvent dans les temples et aux
« autels, quand le prêtre devient athée, comme les
« fils d'Éli qui remplirent de leurs débauches et de
« leurs violences la maison de Dieu. Il règne aussi
« dans les cours et dans les palais, dans les cités
« luxurieuses, où le bruit de l'orgie monte au-dessus
« des plus hautes tours, avec l'injure et l'outrage,
« quand la nuit obscurcit les rues, et que ses fils se
« répandent au dehors, gorgés d'insolence et de vin[1]. »

---

1. Belial came last, than whom a spirit more lewd
Fell not from heaven or more gross to love
Vice for itself.
       Who more oft than he
In temples and at altars, when the priest
Turns atheist, as did Eli's sons who fill'd
With lust and violence the house of God :
In court and palaces he also reigns,
And in luxurious cities, when the noise
Of riot ascends above their loftiest towers,
And injury and outrage; and when night
Darkens the streets, then wander forth the sons
Of Belial, flown with insolence and wine.
                     (Milton, liv. I.)

§ 2. LES MONDAINS.

I

Au dix-septième siècle s'ouvre en Europe un genre de vie nouveau, la vie mondaine, qui bientôt prime et façonne les autres. C'est en France surtout et en Angleterre qu'elle paraît et qu'elle règne, pour les mêmes causes et dans le même temps.

Pour remplir les salons, il faut un certain état politique, et cet état, qui est la suprématie du roi jointe à la régularité de la police, s'établissait à la même époque des deux côtés du détroit. La police régulière met la paix entre les hommes, les tire de l'isolement et de l'indépendance féodale et campagnarde, multiplie et facilite les communications, la confiance, les réunions, les commodités et les plaisirs. La suprématie du roi institue une cour, centre des conversations, source des grâces, théâtre des jouissances et des splendeurs. Ainsi attirés l'un vers l'autre et vers le trône par la sécurité, la curiosité, l'amusement et l'intérêt, les grands seigneurs s'assemblent, et du même coup ils deviennent gens du monde et gens de cour. Ce ne sont plus les barons du siècle précédent, debout dans la haute salle, armés et sombres, occupés de l'idée qu'ils pourront bien au sortir du palais se tailler en pièces, et que, s'ils se frappent dans le palais, le bourreau est là pour leur couper la main et boucher leurs veines avec un fer rouge; sachant de plus que le roi leur fera peut-être demain trancher la tête, partant prompts à s'agenouiller pour se répandre en protestations de fidélité soumise, mais comptant tout bas les épées qui prendront leur querelle et les hommes sûrs qui font sentinelle derrière le pont-levis de leur château [1]. Les droits, les pouvoirs, les contraintes et les attraits de la vie féodale ont disparu. Ils n'ont plus besoin que leur manoir soit une forteresse. Ils n'ont plus le plaisir d'y régner comme dans un État. Ils s'y ennuient, et ils en sortent. N'ayant plus rien à disputer au roi, ils vont chez lui. Sa cour est un salon, le plus agréable à voir et le plus utile à fréquenter. On y trouve des fêtes, des ameublements splendides, une compagnie parée et choisie, des nouvelles et des commérages: on y rencontre des pensions, des titres, des places pour soi et pour les siens; on s'y divertit et on y profite : c'est tout gain et tout plaisir. Les voilà donc qui vont au lever, assistent au dîner, reviennent pour le bal, s'assoient pour le jeu, sont là au coucher. Ils y font belle figure avec leurs habits demi-français, leurs perruques, leurs chapeaux chargés de plumes, leurs hauts-de-chausses en étages, leurs canons, et les larges rosettes de rubans qui couvrent leurs souliers. Les dames se fardent [2], se mettent des mouches [3], étalent des robes de satin et de velours magnifiques, toutes galonnées d'argent et traînantes,

---

1. Voir toutes les pièces historiques de Shakspeare.
2. 1654. — 3. 1660.

au-dessus desquelles paraît la blancheur de leur poitrine, dont l'éclatante nudité se continue sur toute l'épaule et jusqu'au bras. On les regarde, on salue et on approche. Le roi monte à cheval pour sa promenade à Hyde-Park; à ses côtés courent la reine, et avec elle les deux maîtresses, lady Castlemaine et mistress Stewart : « la reine[1] en gilet blanc galonné, en jupon court cramoisi, et coiffée *à la négligence*; mistress Stewart avec son chapeau à cornes, sa plume rouge, ses yeux doux, son petit nez romain, sa taille parfaite. » On rentre à White-Hall, « les dames vont, viennent, causant, jouant avec leurs chapeaux et leurs plumes, les échangeant, chacune essayant tour à tour ceux des autres et riant. » En si belle compagnie la galanterie ne manque pas. « Les gants parfumés, les miroirs de poche, les étuis garnis, les pâtes d'abricot, les essences, et autres menues denrées d'amour arrivent de Paris chaque semaine. » Londres fournit « des présents plus solides, comme vous diriez boucles d'oreilles, diamants, brillants et belles guinées de Dieu; les belles s'en accommodaient, comme si cela fût venu de plus loin[2]. » Les intrigues trottent, Dieu sait combien et lesquelles. Naturellement aussi la conversation va son train. On développe tout haut les aventures de Mlle Warmestré la dédaigneuse, « qui, surprise apparemment pour avoir mal compté, prend la liberté d'accoucher au milieu de la cour. » On se répète tout bas les tentatives de Mlle Hobart, l'heureux

---

1. Pepys, 1663. — 2. Grammont.

malheur de Mlle Churchill, qui, étant fort laide, mais ayant eu l'esprit de tomber de cheval, toucha les yeux et le cœur du duc d'York. Le chevalier de Grammont conte au roi l'histoire de Termes ou de l'aumônier Poussatin; tout le monde quitte le bal pour venir l'écouter, et, le conte fait, chacun rit à se tenir les côtes. Vous voyez que si ce monde n'est pas celui de Louis XIV, c'est néanmoins le monde, et que, s'il a plus d'écume, il va du même courant. Le grand objet y est aussi de s'amuser et de paraître. On veut être homme à la mode; un habit rend célèbre : Grammont est tout désolé quand la coquinerie de son valet l'oblige à porter deux fois le même. Tel autre se pique de faire des chansons, de bien jouer de la guitare. « Russell avait un recueil de deux ou trois cents contredanses en tablature, qu'il dansait toutes à livre ouvert. » Jermyn est connu pour ses bonnes fortunes. « Un gentilhomme, dit Etheredge, doit s'habiller bien, danser bien, faire bien des armes, avoir du talent pour les lettres d'amour, une voix de chambre agréable, être très-amoureux, assez discret, mais point trop constant. » Voilà déjà l'air de cour tel qu'il dura chez nous jusque sous Louis XVI. Avec de pareilles mœurs, la parole remplace l'action. La vie se passe en visites, en entretiens. L'art de causer devient le premier de tous; bien entendu, il s'agit de causer agréablement, pour employer une heure, sur vingt sujets en une heure, toujours en glissant, sans jamais enfoncer, de telle façon que la conversation ne soit pas un travail, mais une promenade. Au retour, elle continue par des lettres qu'on écrit le soir, par des madrigaux ou des épigrammes qu'on lira le matin, par des tragédies de salon ou des parodies de société. Ainsi naît une littérature nouvelle, œuvre et portrait du monde qu'elle a pour public et pour modèle, qui en sort et y aboutit.

II

Encore faut-il qu'ils sachent causer, et ils commencent à l'apprendre. Une révolution s'est faite dans l'esprit comme dans les mœurs. En même temps que les situations reçoivent un nouveau tour, la pensée prend une nouvelle forme. La Renaissance finit, l'âge classique s'ouvre, et l'artiste fait place à l'écrivain. L'homme revient de son premier voyage autour des choses ; l'enthousiasme, le trouble de l'imagination soulevée, le fourmillement tumultueux des idées neuves, toutes les facultés qu'éveille une première découverte se sont contentées, puis affaissées. Leur aiguillon s'est émoussé parce que leur œuvre s'est faite. Les bizarreries, les profondes percées, l'originalité sans frein, les irruptions toutes-puissantes du génie lancé au centre de la vérité à travers les extrêmes folies, tous les traits de la grande invention ont disparu. L'imagination se tempère ; l'esprit se discipline : il revient sur ses pas ; il parcourt une seconde fois son domaine avec une curiosité calmée, avec une expérience acquise. Il se déjuge et se corrige. Il trouve une religion, un art, une philosophie à reformer ou à réformer. Il n'est plus propre à l'intuition inspirée, mais à la décomposition régulière. Il n'a plus le sentiment ou la vue de l'ensemble ; il a le tact et l'observation des parties. Il choisit et il classe ; il épure et il ordonne. Il cesse d'être créateur, il devient discoureur. Il sort de l'invention, il s'assoit dans la critique. Il entre dans cet amas magnifique et confus de dogmes et de formes où l'âge précédent a entassé pêle-mêle les rêveries et les découvertes ; il en retire des idées qu'il adoucit et qu'il vérifie. Il les range en longues chaînes de raisonnements aisés qui descendent anneau par anneau jusqu'à l'intelligence du public. Il les exprime en mots exacts, qui offrent leur série graduée, échelon par échelon, à la réflexion du public. Il institue dans tout le champ de la pensée une suite de compartiments et un réseau de routes qui, empêchant toute erreur et tout écart, mènent insensiblement tout esprit vers tout objet. Il atteint la clarté, la commodité, l'agrément. Et le monde l'y aide ; les circonstances rencontrées achèvent la révolution naturelle ; le goût change par sa propre pente, mais aussi par l'ascendant de la cour. Quand la conversation devient la première affaire de la vie, elle façonne le style à son image et selon ses besoins. Elle en chasse les écarts, les images excessives, les cris passionnés, toutes les allures décousues et violentes. On ne peut pas crier, gesticuler, rêver tout haut dans un salon : on s'y contient ; les gens s'y critiquent et s'y observent ; le temps s'y passe à conter et à discuter ; il y faut des expressions nettes, un langage exact, des raisonnements clairs et suivis ;

sinon, on ne peut escarmoucher ni s'entendre. Le style correct, la bonne langue, le discours y naissent d'eux-mêmes, et ils s'y perfectionnent bien vite; car le raffinement est le but de la vie mondaine; on s'étudie à rendre toutes les choses plus jolies et plus commodes, les meubles comme les mots, les périodes comme les ajustements. L'art et l'artifice y sont la grande marque. On se pique de savoir parfaitement sa langue, de ne jamais manquer au sens exact des termes, d'écarter les expressions roturières, d'aligner les antithèses, d'employer les développements de pratiquer la rhétorique. Rien de plus fort que le contraste des conversations de Shakspeare et de Fletcher, mises en regard de celles de Wycherley et de Congreve. Chez Shakspeare, les entretiens ressemblent à des assauts; vous croiriez voir des artistes qui s'escriment de mots et de gestes dans une salle d'armes. Ils bouffonnent, ils chantent, ils songent tout haut, ils éclatent en rires, en calembours, en paroles de poissardes et de poëtes, en bizarreries recherchées; ils ont le goût des choses saugrenues, éclatantes; tel danse en parlant; volontiers ils marcheraient sur leurs mains; il n'y a pas un grain de calcul et il y a plus de trois grains de folie dans leurs têtes. Ici les gens sont posés; ils dissertent ou disputent; le raisonnement est le fond de leur style; ils sont si bien écrivains qu'ils le sont trop, et qu'on voit à travers eux l'auteur occupé à combiner des phrases. Ils arrangent des portraits, ils redoublent les comparaisons ingénieuses, ils balancent les périodes symétriques. Tel personnage débite une satire, tel autre compose un petit essai de morale. On tirerait des comédies du temps un volume de sentences; elles sont pleines de morceaux littéraires qui annoncent déjà le *Spectator*[1]. Ils recherchent l'expression adroite et heureuse, ils habillent les choses hasardées avec des mots convenables, ils glissent prestement sur la glace fragile des bienséances et la rayent sans la briser. Je vois des gentilshommes, assis sur des fauteuils dorés, fort calmes d'esprit, fort étudiés dans leurs paroles, observateurs froids, sceptiques diserts, experts en matière de façons, amateurs d'élégance, curieux du beau langage autant par vanité que par goût, et qui, occupés à discourir entre un compliment et une révérence, n'oublieront pas plus leur bon style que leurs gants fins ou leur chapeau.

III

Parmi les meilleurs et les plus agréables modèles de cette urbanité naissante, paraît sir William Temple, un diplomate et un homme de monde, avisé, prudent et poli, doué de tact dans la conversation et dans les affaires, expert dans la connaissance des temps et dans l'art de ne pas se compromettre, adroit à s'avancer et à s'écarter, qui sut attirer sur soi la faveur et les espérances de l'Angleterre, obtenir les

---

1. Voyez, par exemple, dans le *Beaux Stratagem* (Farquhar), act. II, sc. II, le Beau à l'Église.

éloges des lettrés, des savants, des politiques et du peuple, gagner une réputation européenne, obtenir toutes les couronnes réservées à la science, au patriotisme, à la vertu et au génie, sans avoir beaucoup de science, de patriotisme, de génie ou de vertu. Une pareille vie est le chef-d'œuvre d'un pareil monde ; des dehors très-beaux et un fond moins beau : en voilà l'abrégé. Ses façons d'écrivain sont conformes à ses maximes de politique. Principes et style, tout se tient en lui ; c'est le véritable diplomate, tel qu'on le rencontre dans les salons, ayant sondé l'Europe et touché partout le fond des choses, revenu de tout, particulièrement de l'enthousiasme, admirable dans un fauteuil ou dans une réception, bon conteur, plaisant au besoin, mais avec discrétion, accompli dans l'art de représenter et de jouir. Celui-ci, dans sa retraite à Sheen, puis à Moor-Park, s'amuse à écrire ; et il écrit comme parle un homme de son état, c'est-à-dire fort bien, avec dignité et avec aisance, surtout lorsqu'il parle des pays qu'il a visités, des événements qu'il a vus, des divertissements nobles qui occupent ses heures [1]. Il a quinze cents livres sterling de rente, et une belle sinécure en Irlande. Il a quitté les affaires au moment des violents débats, sans vouloir s'engager pour le roi, ni contre le roi, décidé, comme il le dit lui-même, à ne « point se mettre en travers du courant, » quand le courant est irrésistible. Il vit pa-

---

1. Voir surtout *An Account of the United Provinces, Memoirs of Gardening*.

cifiquement à la campagne avec sa femme, sa sœur, son secrétaire, ses gens, recevant les visites des étrangers qui veulent voir le négociateur de la Triple Alliance, et quelquefois celles du nouveau roi Guillaume, qui, ne pouvant obtenir ses services, vient parfois rechercher ses conseils. Il plante et jardine, sur un sol fertile, dans un pays dont l'air lui convient, parmi des plates-bandes régulières, au bord d'un canal bien droit et flanqué d'une terrasse bien correcte, et il se loue en bons termes, avec toute la discrétion convenable, du caractère qu'il possède et du parti qu'il a pris. « Je me suis souvent étonné, « dit-il, qu'Épicure ait trouvé tant d'âpres et amers « censeurs dans les âges qui l'ont suivi, lorsque la « beauté de son esprit, l'excellence de son naturel, le « bonheur de sa diction, l'agrément de son entre- « tien, la tempérance de sa vie et la constance de sa « mort l'ont fait tant aimer de ses amis, admirer de « ses disciples et honorer par les Athéniens[1]. » Il a raison de défendre Épicure, car il a suivi ses préceptes, évitant les grands bouleversements d'esprit, et s'installant comme un des dieux de Lucrèce dans un des interstices des mondes. « Quand les philo- « sophes ont vu les passions entrer et s'enraciner « dans l'État, ils ont cru que c'était folie pour les

---

1. I have often wondered how such sharp and violent invectives came to be made so generally against Epicurus, by the ages that followed him, whose admirable wit, felicity of expression, excellence of nature, sweetness of conversation, temperance of life, and constancy of death, made him so beloved by his friends, admired by his scholars, and honoured by the Athenians.

« honnêtes gens que de se mêler des affaires pu-
« bliques[1].... Le vrai service du public est une entre-
« prise d'un si grand labeur et d'un si grand souci,
« qu'un homme bon et sage, quoiqu'il puisse ne point
« la refuser s'il y est appelé par son prince ou par son
« pays, et s'il croit pouvoir y rendre des services plus
« qu'ordinaires, doit pourtant ne la rechercher que
« rarement ou jamais, et la laisser le plus communé-
« ment à ces hommes, qui, sous le couvert du bien
« public, poursuivent leurs propres visées de ri-
« chesse, de pouvoir et d'honneurs illégitimes[2]. »
Voilà de quel air il s'annonce. Sa personne ainsi pré-
sentée, il en vient à parler du jardinage qu'il pratique,
et d'abord des six grands Épicuriens qui ont illustré
la doctrine de leur maître, César, Atticus, Lucrèce,
Horace, Mécène, Virgile; puis des diverses espèces
de jardins qui ont un nom dans le monde, depuis le
paradis terrestre et le jardin d'Alcinoüs jusqu'à ceux
de Hollande et d'Italie, tout cela un peu longuement,
en homme qui s'écoute et qu'on écoute, qui fait un
peu amplement à ses hôtes les honneurs de sa maison

---

1. But, where factions were once entered and rooted in a state, they thought it madness for good men to meddle with public affairs (P. 203, 206, 191, t. III.)

2. But the true service of the public is a business of so much labour and so much care, that though a good and wise man may not refuse it, if he be called to it by his prince or his country, and thinks he can be of more than vulgar use, yet he will seldom or never seek it, but leaves it commonly to men who, under the disguise of public good, pursue their own designs of wealth, power, and such bastard honours as usually attend them, not that which is the true, and only true reward of virtue.

et de son esprit, mais qui fait tout cela avec agrément et dignité, sans air doctoral, ni morgue, en tons variés, et en modulant comme il faut ses gestes et sa voix. Il conte qu'il a importé quatre espèces de raisins en Angleterre, il avoue qu'il a trop dépensé; cependant il ne le regrette pas; depuis cinq ans il n'a pas eu envie une seule fois d'aller à Londres. Il mêle les anecdotes aux conseils techniques; il y en a une sur le roi Charles II, qui a loué le climat de l'Angleterre par-dessus tous les autres, disant que c'est celui où l'on peut rester en plein air sans malaise le plus de jours dans l'année; sur l'évêque de Munster, qui, ne pouvant avoir dans son verger que des cerises, en avait rassemblé toutes les espèces et si bien perfectionné les plants qu'il pouvait en manger depuis mai jusqu'en septembre. Le lecteur se réjouit intérieurement quand il entend un témoin oculaire conter des détails intimes sur de si grands personnages. Notre attention s'éveille à l'instant; nous nous croyons, par contre-coup, gens de cour, et nous sourions avec complaisance; peu importe que ces détails soient minces; ils font bien, ils sont comme un geste aristocratique, comme une façon noble de prendre du tabac ou secouer la dentelle de sa manchette. Voilà l'intérêt de la belle conversation de cour; elle peut rouler sur des riens; l'excellence des façons donne à ces riens un charme unique; on écoute le son de la voix; on est amusé par des demi-sourires; on se laisse aller au courant facile; on oublie que ces idées sont ordinaires; on regarde le conteur, sa rhingrave, sa canne dont il joue, ses souliers à rubans, sa démarche aisée sur le sable nivelé de ses allées, entre ses charmilles irréprochables ; l'oreille, l'esprit lui-même sont flattés, séduits par la justesse de la diction, par l'abondance des périodes ornées, par la dignité et l'ampleur d'un style dont la régularité est devenue involontaire, et qui, artificiel d'abord comme le savoir-vivre, finit, comme le vrai savoir-vivre, par se changer en besoin sincère et en talent naturel.

Par malheur, ce talent conduit parfois aux balourdises ; quand on parle bien de tout, on se croit le droit de parler de tout. On s'érige en philosophe, en critique, même en érudit ; et on l'est en effet, au moins pour les dames. On écrit, comme sir William, des *Essais sur le gouvernement*, sur la *Vertu héroïque*[1], sur la poésie, c'est-à-dire de petits traités sur la société, sur le beau, sur la philosophie de l'histoire. On est un Locke, un Herder, un Bentley de salon, rien autre chose. Parfois, sans doute, l'esprit naturel rencontre de bons jugements neufs : Temple, le premier, trouve un souffle pindarique dans le vieux chant de Regnard Lodbrog, et met le *Don Quichotte* au premier rang parmi les grandes œuvres de l'invention moderne ; de même encore lorsqu'il touche un sujet de sa compétence, par exemple les causes de la puissance et de la décadence des Turcs, il raisonne à merveille. Mais pour le reste il est écolier ; même, chez lui, le pédant

1. Comparez cet essai à l'ouvrage de Carlyle ; c'est le même titre et le même sujet, et il est curieux d'y voir la différence des deux siècles.

perce, le pire des pédants, celui qui, ne sachant pas, veut paraître savoir, qui cite l'histoire de tous les pays, allègue Jupiter, Saturne, Osiris, Fo-hi, Confucius, Manco-Capac, Mahomet, et disserte sur toutes ces civilisations si mal débrouillées, si inconnues, comme s'il les avait étudiées solidement, dans les sources, lui-même, et non pas sur des extraits de son secrétaire ou dans les livres de seconde main. Un jour l'entreprise tourna mal; ayant voulu prendre part à une querelle littéraire, et réclamer la supériorité pour les anciens contre les modernes, il se crut helléniste, antiquaire, raconta les voyages de Pythagore et l'éducation d'Orphée, fit remarquer que les anciens sages de la Grèce « étaient communément d'excellents poëtes
« et de grands médecins ; si versés dans la philoso-
« phie naturelle, qu'ils prédisaient non-seulement les
« éclipses dans le ciel, mais les tremblements de terre
« et les tempêtes, les grandes sécheresses et les
« grandes pestes, l'abondance ou la rareté de telles
« sortes de fruits ou de grains[1], » talents admirables et que nous ne possédons plus aujourd'hui. Outre cela il regretta la décadence de la musique « qui autrefois
« enchantait les hommes, les bêtes, les oiseaux, les
« serpents, au point que leur nature même en était

---

1. They were commonly excellent poets, and great physicians : they were so learned in natural philosophy, that they foretold not only eclipses in the heavens, but earthquakes at land, and storms at sea, great droughts, and great plagues, much plenty or much scarcity of certain sorts of fruits or grain ; not to mention the magical powers attributed to several of them, to allay storms, to raise gales, to appease commotions of people, to make plagues cease.

« changée[1]. » Il voulut énumérer les plus grands écrivains modernes et oublia dans son catalogue, « parmi
« les Italiens[2], Dante, Pétrarque, l'Arioste et le Tasse ;
« parmi les Français, Pascal, Bossuet, Molière, Cor-
« neille, Racine et Boileau ; parmi les Espagnols, Lope
« et Calderon ; parmi les Anglais, Chaucer, Spencer,
« Shakspeare et Milton ; » en revanche il y inséra
Paolo Sarpi, Guevara, sir Philip Sidney, Selden,
Voiture et Bussy-Rabutin, « auteur des *Amours de
Gaul.* » Pour tout combler, il déclara authentiques et
admirables les fables d'Ésope, cette pesante rédaction
byzantine, et les lettres de Phalaris, cette méchante
fabrication sophistique ; deux ouvrages, selon lui,
« qui, étant les plus anciens dans leur genre, sont
« aussi les meilleurs dans leur genre. » Enfin, pour
s'enferrer lui-même sans remède, il remarqua gravement que « sans doute quelques savants, du moins
« de ceux qui passent pour tels sous le nom de cri-
« tiques, n'avaient point estimé ces lettres authen-
« tiques ; mais qu'il fallait être un bien médiocre
« peintre pour ne point y reconnaître une peinture
« originale. Une telle diversité de passions dans une
« telle variété d'actions et de circonstances de la vie

---

1. What are become of the charms of music, by which men and beasts, fishes, fowls and serpents, were so frequently enchanted, and their very natures changed ; by which the passions of men were raised to the greatest height and violence, and then as suddenly appeased, so as they might be justly said to be turned into lions or lambs, into wolves or into harts, by the powers and charms of this admirable art ?

2. Macaulay, *Essai sur William Temple.*

« et du gouvernement, une telle liberté de pensée,
« une telle hardiesse d'expression, une telle libéra-
« lité envers ses amis, un tel dédain de ses ennemis,
« une telle considération pour les hommes savants,
« une telle estime pour les gens de bien, une telle
« connaissance de la vie, un tel mépris de la mort, en
« même temps qu'une telle âpreté de naturel et une
« telle cruauté dans la vengeance, n'ont pu être ja-
« mais manifestés que par celui qui les a possédés ;
« et j'estime Lucien auquel on les attribue aussi in-
« capable de les écrire que de faire ce que Phalaris a
« osé [1]. » Très-belle rhétorique; il est fâcheux qu'une

[1]. It may, perhaps, be further affirmed, in favour of the ancients, that the oldest books we have are still in their kind the best. The two most ancient that I know of in prose, among those we call profane authors, are still Esop's Fables and Phalaris's Epistles, both living near the same time, which was that of Cyrus and Pythagoras. As the first has been agreed by all ages since for the greatest master in his kind, and all others of that sort have been but imitations of his original, so I think the Epistles of Phalaris to have more race, more spirit, more force of wit and genius, than any others I have ever seen, either ancient or modern. I know several learned men (or that usually pass for such, under the name of critics) have not esteemed them genuine, and Politian, with some others, have attributed them to Lucian ; but I think he must have little skill in painting, that cannot find out this to be an original ; such diversity of passions, upon such variety of actions and passages of life and government, such freedom of thought, such boldness of expression, such bounty to his friends, such scorn of his enemies, such honour of learned men, such esteem of good, such knowledge of life, such contempt of death, with such fierceness of nature and cruelty of revenge, could never be represented but by him that possessed them; and I esteem Lucian to have been no more capable of writing than of acting what Phalaris did. In all one writ, you find the scholar or the sophist ; and in all the other, the tyrant and the commander. (*Of ancient and modern learning*, 469.)

phrase si bien faite couvre de telles sottises. Telle que la voilà, elle parut triomphante, et l'applaudissement universel dont fut accueilli ce beau bavardage oratoire, montre les goûts et la culture, l'insuffisance et la politesse de ce monde élégant dont Temple était la merveille, et qui, comme Temple, n'aimait de la vérité que le vernis.

IV

Ce sont là les mœurs oratoires et polies qui peu à peu, à travers l'orgie, percent et prennent l'ascendant. Insensiblement le courant se nettoie et marque sa voie, comme il arrive à un fleuve qui, entrant violemment dans un nouveau lit, clapote d'abord dans une tempête de bourbe, puis pousse en avant ses eaux encore fangeuses qui par degrés vont s'épurer. Ces débauchés tâchent d'être gens du monde et parfois y réussissent. Wycherley écrit bien, très-clairement, sans la moindre trace d'euphuïsme, presque à la française. Son Dapperwitt dit de Lucy, en périodes balancées : « Elle est belle sans affectation, folâtre sans grossièreté, amoureuse sans impertinence. » Au besoin il est ingénieux, ses *gentlemen* échangent des comparaisons heureuses. « Les maîtresses, dit l'un, sont comme les livres : si « vous vous y appliquez trop, ils vous alourdissent, « et vous rendent impropre au monde ; mais si vous « en usez avec discrétion, vous n'en êtes que plus pro-« pre à la conversation. — Oui, dit un autre, une

« maîtresse devrait être comme une petite retraite à la
« campagne, près de la ville, non pour y demeurer
« constamment, mais pour y passer la nuit de temps
« en temps. Et vite dehors, afin de mieux goûter la
« ville au retour [1]! » Ces gens font du style, même
à contre-temps, et en dépit de la situation ou de la
condition des personnages. Un cordonnier dit dans
Etheredge : « Il n'y a personne dans la ville qui vive
« plus en gentilhomme que moi avec sa femme. Je ne
« m'inquiète jamais de ses sorties, elle ne s'informe
« jamais des miennes; nous nous parlons civilement
« et nous nous haïssons cordialement [2]. » L'art est
parfait dans ce petit discours : tout y est, jusqu'à
l'antithèse symétrique de mots, d'idées et de sons;
quel beau diseur que ce cordonnier satirique ! —
Après la satire, le madrigal. Tel personnage, au beau
milieu du dialogue et en pleine prose, décrit « de
« jolies lèvres boudeuses avec une petite moiteur qui
« s'y pose, pareilles à une rose de Provins fraîche
« sur la branche, avant que le soleil du matin en ait
« séché toute la rosée [3]. » Ne voilà-t-il pas les gra-

---

[1]. Mistresses are like books; if you pore upon them too much, they doze you, and make you unfit for company; but if used discretly, you are the fitter for conversation by them.

A mistress should be like a little country retreat near the town; not to dwell in constantly, but only so a night, and away, to taste the town the better when a man returns.

[2]. There is never a man in the town lives more like a gentleman with his wife than I do. I never mind her motions; she never enquires into mine. We speak to one another civilly, hate one another heartily.

[3]. Pretty pouting lips, with a little moisture hanging on them,

cieuses galanteries de la cour ? Rochester lui-même, parfois, en rencontre. Deux ou trois de ses chansons sont encore dans les recueils expurgés à l'usage des jeunes filles pudiques. Ils ont beau polissonner de fait ; à chaque instant il faut qu'ils complimentent et saluent; devant les femmes qu'ils veulent séduire, ils sont bien obligés de roucouler des tendresses et des fadeurs; s'ils n'ont plus qu'un frein, l'obligation de paraître bien élevés, ce frein les retient encore. Rochester est correct même au milieu des immondices ; il ne dit d'ordures que dans le style habile et solide de Boileau. Tous ces viveurs veulent être gens d'esprit et du monde. Sir Charles Sedley se ruine et se salit, mais Charles II l'appelle « le viceroi d'Apollon. » Buckingham exalte « la magie de son style. » Il est le plus charmant, le plus recherché des causeurs ; il fait des mots, et aussi des vers, toujours agréables, quelquefois délicats; il manie avec dextérité le joli jargon mythologique ; il insinue en légères chansons coulantes toutes ces douceurs un peu apprêtées qui sont comme les friandises des salons. « Ma passion, dit-il à Chloris, croissait avec « votre beauté; et l'Amour, pendant que sa mère « vous favorisait, lançait à mon cœur un nouveau dard « de flamme. » Puis il ajoute en manière de chute : « Ils employaient tout leur art amoureux, lui pour « faire un amant, elle pour faire une beauté[1]. »

that look like the Province rose fresh on the bush, ere the morning sun has quite drawn up the dew.

1.   My passion with your beauty grew,

Il n'y a point du tout d'amour dans ces gentillesses; on les accepte comme on les offre, avec un sourire; elles font partie du langage obligé, des petits soins que les cavaliers rendent aux dames : j'imagine qu'on les envoyait le matin avec le bouquet ou la boîte de cédrats confits. Roscommon compose une pièce sur un petit chien mort, sur le rhume d'une jeune fille; ce méchant rhume l'empêche de chanter : maudit hiver! Et là-dessus il prend l'hiver à partie, l'apostrophe longuement. Vous reconnaissez les amusements littéraires de la vie mondaine. On y prend tout légèrement, gaiement, l'amour d'abord, et aussi le danger. La veille d'une bataille navale, Dorset, en mer, au roulis du vaisseau, adresse aux dames une chanson célèbre. Rien n'y est sérieux, ni le sentiment ni l'esprit; ce sont des couplets qu'on fredonne en passant; il en part un éclair de gaieté; un instant après, on n'y pense plus. « Surtout, leur dit Dorset, pas d'inconstance! Nous en avons assez ici en mer. » Et ailleurs : « Si les Hollandais savaient notre état, ils arriveraient bien vite, quelle résistance leur feraient des gens qui ont laissé leurs cœurs au logis? » Puis viennent des plaisanteries trop anglaises : « Ne nous croyez pas infidèles si nous ne vous écrivons point à chaque poste. Nos larmes prendront une voie

> While Cupid at my heart,
> Still as his mother favour'd you,
> Threw a new flaming dart.
> Each gloried in their wanton part ;
> To make a lover, he
> Employ'd the utmost of his art —
> To make a beauty, she.

plus courte; la marée vous les apportera deux fois par jour¹. » Voilà des larmes qui ne sont guère tristes; la dame les regarde comme l'amant les verse, de bonne humeur; elle est dans sa loge (il s'en doute et l'écrit), offrant sa main blanche à un autre qui la baise, et se donnant une contenance avec le frou-frou de son éventail. Dorset ne s'en afflige guère, continue à jouer avec la poésie, sans excès ni assiduité, au courant de la plume, écrivant aujourd'hui un couplet contre Dorinda, demain une satire contre M. Howard,

1. Then, if we write not by each post,
       Think not we are unkind;
    Nor yet conclude our ships are lost
       By Dutchmen or by wind:
    Our tears we'll send a speedier way;
    The tide shall bring them twice a-day.
         With a fa, etc.

    To pass our tedious hours away;
       We throw a merry main;
    Or else at serious ombre play;
       But why should we in vain
    Each other's ruin thus pursue?
    We were undone when we left you.
         With a fa, etc.

    But now our fears tempestuous grow,
       And cast our hopes away;
    Whilst you, regardless of our wo,
       Sit careless at a play:
    Perhaps permit some happier man
    To kiss your hand, or flirt your fan.
         With a fa, etc.

    And now we've told you all our loves,
       And likewise all our fears,
    In hopes this declaration moves
       Some pity for our tears;
    Let's hear of no inconstancy,
    We have too much of that at sea.
         With a fa la, la, la, la.

toujours facilement et sans étude, en véritable gentilhomme. Il est comte, chambellan, riche; il pensionne et patronne les poëtes comme il ferait des coquettes, c'est-à-dire pour se divertir sans s'attacher. Le duc de Buckingham fait la même chose et le contraire, caresse l'un, parodie l'autre, est adulé, moqué, et finit par attraper son portrait, qui est un chef-d'œuvre, mais point flatté, de la main de Dryden. On a vu en France ces passe-temps et ces tracasseries; on trouve ici les mêmes façons et la même littérature, parce qu'on y rencontre la même société et le même esprit.

Entre ces poëtes, au premier rang, est Edmund Waller, qui vécut et écrivit ainsi jusqu'à quatre-vingt-deux ans : homme d'esprit et à la mode, bien élevé, familier dès l'abord avec les grands, ayant du tact et de la prévoyance, prompt aux reparties, difficile à décontenancer, du reste personnel, de sensibilité médiocre, ayant changé plusieurs fois de parti, et portant fort bien le souvenir de ses volte-faces; bref, le véritable modèle du mondain et du courtisan. C'est lui qui, ayant loué Cromwell, puis Charles II, mais celui-ci moins bien que l'autre, répondait pour s'excuser : « Les poëtes, sire, réussissent mieux dans la fiction que dans la vérité. » Dans cette sorte de vie, les trois quarts des vers sont de circonstance : ils font la menue monnaie de la conversation ou de la flatterie; ils ressemblent aux petits événements et aux petits sentiments d'où ils sont nés. Telle pièce est sur le thé, telle autre sur un portrait de la reine : il faut

bien faire sa cour; d'ailleurs « Sa Majesté a commandé les vers. » Une dame lui fait cadeau d'une plume d'argent, vite un remercîment rimé; une autre peut dormir à volonté, vite un couplet enjoué; un faux bruit se répand qu'elle vient de se faire peindre, vite des stances sur cette grosse affaire. Un peu plus loin, il y aura des vers à la comtesse de Carlisle sur sa chambre, des condoléances à lord Northumberland sur la mort de sa femme, un joli mot sur une dame qui a été pressée dans la foule, une réponse, couplet pour couplet, à des vers de sir John Suckling. Il prend au vol les frivolités, les nouvelles, les bienséances, et sa poésie n'est qu'une conversation écrite, j'entends la conversation qu'on fait au bal, quand on parle pour parler, en relevant une boucle de perruque ou en tortillant un gant glacé. La galanterie, comme il convient, en a la plus grande part, et on se doute bien que l'amour n'y est pas trop sincère. Au fond, Waller soupire avec réflexion (Sacharissa avait une belle dot), à tout le moins par convenance; ce qu'il y a de plus visible dans ses poëmes tendres, c'est qu'il souhaite écrire coulamment et bien rimer. Il est affecté, il exagère, il fait de l'esprit, il est auteur. Il s'adresse à la suivante, « sa compagne de servage, » n'osant s'adresser à Sacharissa elle-même. « Ainsi, dans les na-
« tions qui adorent le soleil, un Persan modeste, un
« Maure aux yeux affaiblis n'ose point élever ses re-
« gards éblouis au delà du nuage doré qui, sous la
« lumière du dieu triomphant, orne le ciel oriental,
« et, honoré de ses rayons, dépasse en splendeur tout

« le reste ¹. » Bonne comparaison! Voilà une révérence bien faite : j'espère que Sacharissa répond par une révérence aussi correcte. Ses désespoirs sont du même goût; il perce de ses cris les allées de Penshurst, « raconte sa flamme aux hêtres; » et les hêtres bien appris « inclinent leurs têtes par compassion. » Il est probable que dans ces promenades douloureuses son plus grand soin était de ne pas mouiller ses souliers à talons. Ces transports d'amour amènent les machines classiques, Apollon, les Muses; Apollon est fâché qu'on maltraite un de ses serviteurs, lui dit de s'en aller, et il s'en va en effet, disant à Sacharissa qu'elle est plus dure qu'un chêne, et que certainement elle est née d'un rocher ².

Ce qu'il y a de bien réel en tout cela, c'est la sensualité, non pas ardente, mais leste et gaie; il y a telle pièce *sur une chute* qu'un abbé de cour sous

1. So in those nations which the Sun adore
    Some modest Persian or weak-eyed Moor
    No higher dares advance his dazzled sight
    Than to some gilded cloud, which near the light
    Of their ascending God adorns the East,
    And graced with his beam, outshines the rest.

2. While in this park I sing, the list'ning deer
    Attend my passion and forget to fear;
    When to the beeches I report my flame,
    They bow their heads, as if they felt the same.
    To Gods appealing when I reach their bow'rs
    With loud complaint, they answer me in show'rs.
    To thee a wild and cruel soul is giv'n,
    More deaf than trees and prouder than the heav'n.
            The rock
    .... That cloven rock produc'd thee.
    This last complaint th'indulgent ears did pierce
    Of just Apollo, president of verse,
    Highly concerned that the Muse should bring
    Damage to one whom he had taught to sing, etc.

Louis XV eût pu écrire : « Ne rougissez pas, belle, ne
« prenez pas l'air sévère ; que pouvait faire l'amant,
« hélas ! sinon fléchir quand tout son ciel sur lui
« s'appuyait ? Son tort unique, s'il en eut un, fut de
« vous laisser vous relever trop tôt[1]. » D'autres mots
se sentent de l'entourage et ne sont point assez polis.
« Amoret, s'écrie-t-il, vous aussi douce, aussi bonne,
« que le mets le plus délicieux, qui, à peine goûté,
« verse dans le cœur la vie et la joie[2]. » Je ne serais
pas satisfait, si j'étais femme, d'être comparée à un
beefsteak, même appétissant ; je n'aimerais pas davantage à me voir, comme Sacharissa, mise au niveau du
bon vin qui porte à la tête[3] : c'est trop d'honneur
pour le porto et pour la viande. Le fond anglais perçait ici et ailleurs ; par exemple, la belle Sacharissa,
qui n'était plus belle, ayant demandé à Waller s'il
ferait encore des vers pour elle : « Oui, madame, répondit-il, quand vous serez aussi jeune et aussi belle
qu'autrefois. » Voilà de quoi scandaliser un Français.
Néanmoins Waller est d'ordinaire aimable ; une sorte

---

1. Then blush not, Fair! or on him frown :
  How could the youth, alas! but bend
  When his whole Heav'n upon him lean'd;
  If ought by him amiss was done,
  'T was to let you rise so soon.

2. Amoret! as sweet and good
  As the most delicious food,
  Which but tasted does impart
  Life and gladness to the heart.

3. Sacharissa's beauty's wine,
  Which to madness doth incline;
  Such a liquor as no brain
  That is mortal can sustain.

de lumière brillante flotte comme une gaze autour de ses vers ; il est toujours élégant, souvent gracieux. Cette grâce est comme le parfum qui s'exhale du monde ; les fraîches toilettes, les salons parés, l'abondance et la recherche de toutes les commodités délicates mettent dans l'âme une sorte de douceur qui se répand au dehors en complaisances et en sourires ; Waller en a, et des plus caressants, à propos d'un bouton, d'une ceinture, d'une rose. Ces sortes de bouquets conviennent à sa main et à son art. Il y a une galanterie exquise dans ses stances à la petite lady Lucy Sidney sur son âge. Et quoi de plus attrayant pour un homme de salon, que ce frais bouton de jeunesse encore fermé, mais qui déjà rougit et va s'ouvrir ? « Pourtant, charmante fleur, ne dédaignez pas
« cet âge que vous allez connaître si tôt ; le matin
« rose laisse sa lumière se perdre dans l'éclat plus
« riche du midi[1]. » Tous ses vers coulent avec une harmonie, une limpidité, une aisance continues, sans que jamais sa voix s'élève, ou détonne, ou éclate, ou manque au juste accent, sinon par l'affectation mondaine qui altère uniformément tous les tons pour les assouplir. Sa poésie ressemble à une de ces jolies femmes maniérées, attifées, occupées à pencher la tête, à murmurer d'une voix flûtée des choses communes qu'elles ne pensent guère, agréables pourtant

---

1. Yet, fairest blossom, do not slight
The age which you may know so soon.
The rosy morn resigns her light
And milder glory to the noon.

dans leur parure trop enrubannée, et qui plairaient tout à fait si elles ne songeaient pas à plaire toujours.

Ce n'est pas qu'ils ne puissent toucher les sujets graves; mais ils les touchent à leur façon, sans sérieux ni profondeur. Ce qui manque le plus à l'homme de cour, c'est l'émotion vraie de l'idée inventée et personnelle. Ce qui intéresse le plus l'homme de cour, c'est la justesse de la décoration et la perfection de l'apparence extérieure. Ils s'attachent médiocrement au fond, et beaucoup à la forme. En effet, c'est la forme qu'ils prennent pour sujet dans presque toutes leurs poésies sérieuses; ils sont critiques, ils posent des préceptes, ils font des *arts poétiques*. Denham, puis Roscommon, dans un poëme complet, enseignent l'art de bien traduire les vers. Le duc de Buckingham versifie un *Essai sur la poésie* et un *Essai sur la satire*. Dryden est au premier rang parmi ces pédagogues. Comme Dryden encore, ils se font traducteurs, amplificateurs. Roscommon traduit l'*Art poétique* d'Horace, Waller le premier acte de *Pompée*, Denham des fragments d'Homère, de Virgile, un poëme italien sur *la justice et la tempérance*. Rochester compose un poëme sur *l'homme* dans le goût de Boileau, une épître sur *le rien*; Waller, l'amoureux, fabrique un poëme didactique sur *la crainte de Dieu*, un autre en six chants sur *l'amour divin*. Ce sont des exercices de style. Ces gens prennent une thèse de théologie, un lieu commun de philosophie, un précepte de poésie, et le développent en prose mesurée, munie de rimes;

ils n'inventent rien, ne sentent pas grand'chose, et ne s'occupent qu'à faire de bons raisonnements avec des métaphores classiques, en termes nobles, sur un patron convenu. La plupart des vers consistent en deux substantifs munis de leurs épithètes et liés par un verbe, à la façon des vers latins de collège. L'épithète est bonne : il a fallu feuilleter le *Gradus* pour la trouver, ou, comme le veut Boileau, emporter le vers inachevé dans sa tête, et rêver une heure en plein champ, jusqu'à ce que, au coin d'un bois, on ait trouvé le mot qui avait fui. — Je bâille, mais j'applaudis. C'est à ce prix qu'une génération finit par former le style soutenu qui est nécessaire pour porter, publier et prouver les grandes choses. En attendant, avec leur diction ornée, officielle, et leur pensées d'emprunt, ils sont comme des chambellans brodés, compassés, qui assistent à un mariage royal ou à un baptême auguste, l'esprit vide, l'air grave, admirables de dignité et de manières, ayant la correction et les idées d'un mannequin.

V

Un d'eux (Dryden toujours à part) s'est élevé jusqu'au talent, sir John Denham, secrétaire de Charles I er, employé aux affaires publiques, qui, après une jeunesse dissolue, revint aux habitudes graves et, laissant derrière lui des chansons satiriques et des polissonneries de parti, atteignit dans un âge plus mûr le haut

CHAPITRE I. LA RESTAURATION.

style oratoire. Son meilleur poëme, *Cooper's Hill*, est la description d'une colline et de ses alentours, jointe aux souvenirs historiques que cette vue réveille et aux réflexions morales que cet aspect peut suggérer. Tous ces sujets sont appropriés à la noblesse et aux limites de l'esprit classique, et déploient ses forces sans révéler ses faiblesses; le poëte peut montrer tout son talent, sans rien forcer dans son talent. Le beau langage rencontre alors toute sa beauté, parce qu'il est sincère. On a du plaisir à suivre le déroulement régulier de ces phrases abondantes, où les idées opposées ou redoublées atteignent pour la première fois leur assiette définitive et leur clarté complète, où la symétrie ne fait que préciser le raisonnement, où le développement ne fait qu'achever la pensée, où l'antithèse et la répétition n'apportent pas leurs badinages et leurs afféteries, où la musique des vers, ajoutant l'ampleur du son à la plénitude du sens, conduit le cortége des idées, sans effort et sans désordre, sur un rhythme approprié à leur bel ordre et à leur mouvement. L'agrément s'y joint à la solidité; l'auteur de *Cooper's Hill* sait plaire autant qu'imposer. Son poëme est comme un parc monarchique, digne et nivelé sans doute, mais arrangé pour le plaisir des yeux et rempli de points de vue choisis. Il nous promène en détours aisés à travers une multitude d'idées variées. Il rencontre ici une montagne, là-bas un souvenir des nymphes, souvenir classique qui ressemble à un portique de statues, plus loin le large cours d'un fleuve, et à côté les débris d'une abbaye :

chaque page du poëme est comme une allée distincte qui a sa perspective distincte. Un peu après, la pensée se reporte vers les superstitions du moyen âge ignorant et vers les excès de la révolution récente; puis vient l'idée d'une chasse royale ; on voit le cerf inquiet arrêté au milieu du feuillage. « Il se rappelle sa force, « puis sa vitesse; ses pieds ailés, puis sa tête armée, « les uns pour fuir son destin, l'autre pour l'affronter[1];» il fuit pourtant, et les chiens aboyants le pressent. Ce sont là les spectacles nobles et la diversité étudiée des promenades aristocratiques. Chaque objet d'ailleurs reçoit ici, comme en une résidence royale, tout l'ornement qu'on peut lui donner; les épithètes d'embellissement viennent recouvrir les substantifs trop maigres : les décorations de l'art transforment la vulgarité de la nature : les vaisseaux sont des « tours flottantes; » la Tamise est la fille bien-aimée de l'Océan; la montagne cache sa tête altière au sein des nues, pendant qu'un manteau de verdure flotte sur ses flancs. Entre les diverses sortes d'imaginations, il y en a une monarchique, toute pleine de cérémonies officielles et magnifiques, de gestes contenus et d'apparat, de figures correctes et commandantes, uniforme et imposante comme l'ameublement d'un palais : c'est d'elle que les classiques et Denham tirent toutes

---

1. He calls to mind his strength, and then his speed,
His winged heels, and then his armed head:
With these t' avoid, with that his fate to meet :
But fear prevails and bids him trust his feet.
So fast he flies, that his reviewing eye.
Has lost the chasers, and his ear the cry.

leurs couleurs poétiques; les objets, les événements prennent sa teinte, parce qu'ils sont contraints de la traverser. Ici les objets et les événements sont contraints de traverser encore autre chose. Denham n'est pas seulement courtisan, il est Anglais, c'est-à-dire préoccupé d'émotions morales. Souvent il quitte son paysage pour entrer dans quelque réflexion grave ; la politique, la religion viennent déranger le plaisir de ses yeux ; à propos d'une colline ou d'une forêt, il médite sur l'homme : le dehors le ramène au dedans, et l'impression des sens aux contemplations de l'âme. Les gens de cette race sont par nature et par habitude des hommes intérieurs. Lorsqu'il voit la Tamise se jeter dans la mer, il la compare « à la vie mortelle qui court à la rencontre de l'éternité. » Le front d'une montagne battue par les tempêtes lui rappelle « la commune destinée de tout ce qui est haut et grand. » Le cours du fleuve lui suggère des idées de réformation intérieure. « Ah ! si ma vie pouvait couler comme ton
« onde, si je pouvais prendre ton cours pour modèle
« comme je l'ai pris pour sujet, limpide, quoique
« profond, doux et non endormi, puissant sans fu-
« reur, plein sans débordements[1] ! » Il y a dans ces

---

1. My eye, descending from the hill, surveys
    Where Thames among the wanton valleys strays :
    Thames, the most lov'd of all the Ocean's sons
    By his old sire, to his embraces runs ;
    Hasting to pay his tribute to the sea,
    Like mortal life to meet eternity.
    Nor with a sudden and impetuous wave,
    Like profuse kings, resumes the wealth he gave.
    No unexpected inundations spoil
    The mower's hopes, or mock the ploughman's toil,

âmes un fonds indestructible d'instincts moraux et de mélancolie grandiose, et c'en est la plus grande marque que de retrouver ce fonds à la cour de Charles II.

Ce ne sont là pourtant que des percées rares, et comme des affleurements de la roche primitive. Les habitudes mondaines font une couche épaisse qui partout la recouvre ici. Les mœurs, la conversation, le style, le théâtre, le goût, tout est français ou tâche de l'être ; ils nous imitent comme ils peuvent et vont se former en France. Beaucoup de cavaliers y vinrent, chassés par Cromwell. Denham, Waller, Roscommon et Rochester y résidèrent; la duchesse de Newcastle, poëte du temps, se maria à Paris ; le duc de Buckingham fit une campagne sous Turenne ; Wycherley fut envoyé en France par son père, qui voulait le dérober à la contagion des opinions puritaines ; Vanbrugh, un des meilleurs comiques, alla s'y polir. Les deux cours étaient alliées presque toujours de fait et toujours de cœur, par la communauté d'intérêts et de principes religieux et monarchiques. Charles II recevait de Louis XIV une pension, une maîtresse, des

> But godlike his unweary'd bounty flows ;
> First loves to do, then loves the good he does.
> O, could I flow like thee, and make thy stream
> My great example, as it is my theme !
> Though deep, yet clear; though gentle, yet not dull :
> Strong without rage, without o'erflowing full....
> But his proud head the airy mountain hides
> Among the clouds; his shoulders and his sides
> A shady mantle clothes; his curled brows
> Frown on the gentle stream, which calmly flows;
> While winds and storms his lofty forehead beat,
> The common fate of all that's high or great.

conseils et des exemples; les seigneurs suivaient le prince, et la France était le modèle de la cour. Sa littérature et ses mœurs, les plus belles de l'âge classique, faisaient la mode. On voit dans les écrits anglais que les auteurs français sont leurs maîtres, et se trouvent entre les mains de tous les gens bien élevés. On consulte Bossuet, on traduit Corneille, on imite Molière, on respecte Boileau. Cela va si loin, que les plus galants tâchent d'être tout à fait Français, de mêler dans toutes leurs phrases des bribes de phrases françaises. « Parler en bon anglais, dit Wycherley, est maintenant une marque de mauvaise éducation, comme écrire en bon anglais, avoir le sens droit ou la main brave. » Ces fats francisés[1] sont des complimenteurs, toujours poudrés, parfumés, « éminents pour être bien gantés[2]. » Ils affectent la délicatesse, font les dégoûtés, trouvent les Anglais brutaux, tristes et roides, essayent d'être évaporés, étourdis, rient, bavardent à tort et à travers, et mettent la gloire de l'homme dans la perfection de la perruque et des saluts. Le théâtre, qui raille ces imitateurs, est imitateur à leur manière. La comédie française devient un modèle comme la politesse française. On les copie l'une et l'autre en les altérant, sans les égaler ; car la France monarchique et classique se trouve entre toutes les nations la mieux disposée par ses instincts et sa

1. Etheredge dans *Sir Fopling Flutter*, Wycherley dans *Monsieur de Paris*.
2. « I was always eminent for being bien ganté. » (Etheredge, *Sir Fopling Flutter*.)

constitution pour les façons de la vie mondaine et les œuvres de l'esprit oratoire. L'Angleterre la suit dans cette voie, emportée par le courant universel du siècle, mais à distance, et tirée de côté par ses inclinaisons nationales. C'est cette direction commune et cette déviation particulière que le monde et sa poésie ont annoncées, que le théâtre et ses personnages vont manifester.

VI

Quatre écrivains principaux établissent cette comédie ; Wycherley, Congreve, Vanbrugh, Farquhar[1], le premier grossier et dans la première irruption du vice, les autres plus rassis, ayant le goût de l'urbanité plutôt que du libertinage, tous du reste hommes du monde et se piquant de savoir vivre, de passer leur temps à la cour ou dans les belles compagnies, d'avoir les goûts et la carrière des gentilshommes. « Je ne suis pas un écrivain, disait Congreve à Voltaire, je suis un *gentleman*. » En effet, dit Pope, « il vécut plus comme un homme de qualité que comme un homme de lettres, fut célèbre pour ses bonnes fortunes, et passa ses dernières années dans la maison de la duchesse de Marlborough. » J'ai dit que Wycherley, sous Charles II, était un des courtisans les plus à la mode. Il servit à l'armée quelque temps, comme aussi

---

1. De 1672 à 1726.

Vanbrugh et Farquhar; rien de plus galant que le nom « de capitaine » qu'ils prenaient, les récits militaires qu'ils rapportaient, et la plume qu'ils mettaient à leur chapeau. Ils écrivirent tous des comédies du même genre mondain et classique, composées d'actions probables, telles que nous en voyons autour de nous et tous les jours, de personnages bien élevés, tels qu'on en rencontre ordinairement dans un salon, de conversations correctes ou élégantes, telles que les gens bien élevés peuvent en tenir. Ce théâtre, dépourvu de poésie, de fantaisie et d'aventures, imitatif et discoureur, se forme en même temps que celui de Molière, par les mêmes causes, et d'après lui, en sorte que, pour le comprendre, c'est à celui de Molière qu'il faut le comparer.

« Molière n'est d'aucune nation, disait un grand acteur anglais ; un jour le dieu de la comédie, ayant voulu écrire, se fit homme, et par hasard tomba en France. » Je le veux bien ; mais en devenant homme il se trouva du même coup homme du dix-septième siècle et Français, et c'est pour cela qu'il fut le dieu de la comédie. « Divertir les honnêtes gens, disait Molière, quelle entreprise étrange! » Il n'y a que l'art français du dix-septième siècle qui pouvait y réussir ; car il consiste à conduire aux idées générales par un chemin agréable, et le goût de ces idées est, comme l'habitude de ce chemin, la marque propre des honnêtes gens. Molière, comme Racine, développe et compose. Ouvrez la première venue de ses pièces à la première scène venue ; au bout de trois réponses, vous êtes entraîné ou plutôt emmené. La seconde continue la première, la troisième achève la seconde, la quatrième complète le tout ; un courant s'est formé qui nous porte, nous emporte et ne nous lâche plus. Nul arrêt, nul écart ; point de hors-d'œuvre qui viennent nous distraire. Pour empêcher les échappées de l'esprit distrait, un personnage secondaire, le laquais, la suivante, l'épouse, viennent, couplet par couplet, doubler en style différent la réponse du principal personnage, et à force de symétrie et de contraste nous maintenir dans la voie tracée. Arrivés au terme, un second courant nous prend et fait de même. Il est composé comme le premier et en vue du premier. Il le rend visible par son opposition ou le fortifie par sa ressemblance. Ici les valets répètent la dispute, puis la réconciliation des maîtres. Là-bas Alceste, tiré d'un côté pendant trois pages par la colère, est ramené du côté contraire et pendant trois pages par l'amour. Plus loin, les fournisseurs, les professeurs, les proches, les domestiques se relayent, scène sur scène, pour mieux mettre en lumière la prétention et la duperie de M. Jourdain. Chaque scène, chaque acte relève, termine ou prépare l'autre. Tout est lié et tout est simple ; l'action marche et ne marche que pour porter l'idée ; nulle complication, point d'incidents. Un événement comique suffit à la fable. Une douzaine de conversations composent *le Misanthrope*. La même situation cinq ou six fois renouvelée est toute *l'Ecole des Femmes*. Ces pièces sont « faites avec rien. » Elles n'ont pas besoin d'événements, elles se trouvent au large dans l'enceinte d'une chambre et d'une journée, sans coups de main, sans décoration, avec une tapisserie et quatre fauteuils. Ce peu de matière laisse l'idée percer plus nettement et plus vite ; en effet, tout leur objet est de mettre cette idée en lumière : la simplicité du sujet, le progrès de l'action, la liaison des scènes, tout aboutit là. A chaque pas, la clarté croît, l'impression s'approfondit, le vice fait saillie ; le ridicule s'amoncelle, jusqu'à ce que, sous ces sollicitations appropriées et combinées, le rire parte et fasse éclat. Et ce rire n'est pas une simple convulsion de gaieté physique ; un jugement l'a provoqué. L'écrivain est un philosophe qui nous fait toucher dans un exemple particulier une vérité universelle. Nous comprenons par lui, comme par La Bruyère ou Nicole, la force de la prévention, l'entêtement du système, l'aveuglement de l'amour. Les couplets de son dialogue, comme les arguments de leurs traités, ne sont que les preuves suivies et la justification logique d'une conclusion préconçue. Nous philosophons avec lui sur la nature humaine, et nous pensons, parce qu'il a pensé. Et il n'a pensé ainsi qu'à titre de Français, pour un auditoire de Français gens du monde. Nous goûtons chez lui notre plaisir national. Notre esprit fin et ordonnateur, le plus exact à saisir la filiation des idées, le plus prompt à dégager les idées de leur matière, le plus curieux d'idées nettes et accessibles, trouve ici son aliment avec son image. Aucun de ceux qui ont voulu nous montrer l'homme ne nous a conduits par une voie plus droite et plus commode vers un portrait mieux éclairé et plus parlant.

J'ajoute : vers un portrait plus agréable, et c'est là le grand talent comique; il consiste à effacer l'odieux, et remarquez que dans le monde l'odieux foisonne. Sitôt que vous voulez le peindre avec vérité, en philosophe, vous rencontrez le vice, l'injustice et partout l'indignation; le divertissement périt sous la colère et la morale. Regardez au fond du *Tartufe*; un sale cuistre, un paillard rougeaud de sacristie qui, faufilé dans une honnête et délicate famille, veut chasser le fils, épouser la fille, suborner la femme, ruiner et emprisonner le père, y réussit presque, non par des ruses fines, mais avec des momeries de carrefour et par l'audace brutale de son tempérament de cocher : quoi de plus repoussant? et comment tirer de l'amusement d'une telle matière, où Beaumarchais et La Bruyère[1] vont échouer? Pareillement, dans *le Misanthrope*, le spectacle d'un honnête homme loyalement sincère, profondément amoureux, que sa vertu finit par combler de ridicules et chasser du monde, n'est-il pas triste à voir? Rousseau s'est irrité qu'on y ait ri, et si nous regardions la chose, non dans Molière, mais en elle-même, nous y trouverions de quoi révolter notre générosité native. Parcourez les autres sujets : c'est Georges Dandin qu'on mystifie, Géronte qu'on bat, Arnolphe qu'on dupe, Harpagon qu'on vole, Sganarelle qu'on marie, des filles qu'on séduit,

---

1. Ornuphre, Begears.

des maladroits qu'on rosse, des niais qu'on fait financer. Il y a des douleurs en tout cela, et de très-grandes ; bien des gens ont plus d'envie d'en pleurer que d'en rire : Arnolphe, Dandin, Harpagon, approchent de bien près des personnages tragiques, et quand on les regarde dans le monde, non au théâtre, on n'est pas disposé au sarcasme, mais à la pitié. Faites-vous décrire les originaux d'après lesquels Molière compose ses médecins. Allez voir cet expérimentateur hasardeux qui, dans l'intérêt de la science, essaye une nouvelle scie ou inocule un virus ; pensez aux longues nuits d'hôpital, au patient hâve qu'on porte sur un matelas vers la table d'opérations et qui étend la jambe, ou bien encore au grabat du paysan, dans la chaumière humide où suffoque la vieille mère hydropique[1], pendant que ses enfants comptent, en grommelant, les écus qu'elle a déjà coûtés. Vous en sortez le cœur gros, tout gonflé par le sentiment de la misère humaine ; vous découvrez que la vie, vue de près et face à face, est un amas de crudités triviales et de passions douloureuses ; vous êtes tenté, si vous voulez la peindre, d'entrer dans la fange lugubre où bâtissent Balzac et Shakspeare ; vous n'y voyez d'autre poésie que l'audacieuse logique qui, dans ce pêle-mêle, dégage les forces maîtresses, ou l'illumination du génie qui flamboie sur le fourmillement et sur les chutes de tant de malheureux salis et meurtris. Comme tout change aux mains de nos légers Fran-

---

1. Consultations de Sganarelle dans *le Médecin malgré lui*.

çais ! comme toute laideur s'efface ! comme il est amusant le spectacle que Molière vient d'arranger pour nous ! comme nous savons gré au grand artiste d'avoir si bien transformé les choses ! Enfin nous avons un monde riant, en peinture il est vrai ; on ne peut l'avoir autrement, mais nous l'avons. Qu'il est doux d'oublier la vérité ! quel art que celui qui nous dérobe à nous-mêmes ! quelle perspective que celle qui transforme en grimaces comiques les contorsions de la souffrance ! La gaieté est venue ; c'est le plus clair de notre avoir à nous gens de France : les soldats de Villars dansaient pour oublier qu'ils n'avaient plus de pain. De tous les avoirs, c'est aussi le meilleur. Ce don-là ne détruit pas la pensée, il la recouvre. Chez Molière, la vérité est au fond, mais elle est cachée ; il a entendu les sanglots de la tragédie humaine, mais il aime mieux ne pas leur faire écho. C'est bien assez de sentir nos plaies ; n'allons pas les revoir au théâtre. La philosophie, qui nous les montre, nous conseille de n'y pas trop penser. Égayons notre condition, comme une chambre de malade, de conversation libre et de bonne plaisanterie. Affublons Tartufe, Harpagon, les médecins, de gros ridicules ; le ridicule fera oublier le vice : ils feront plaisir au lieu de faire horreur. Qu'Alceste soit bourru et maladroit, cela est vrai d'abord, car nos plus vaillantes vertus ne sont que les heurts d'un tempérament mal ajusté aux circonstances ; mais par surcroît cela sera agréable. Ses mésaventures ne seront plus le martyre de la justice, mais les désagréments d'un caractère grognon.

Quant aux mystifications des maris, des tuteurs et des pères, j'imagine que vous n'y voyez point d'attaques en règle contre la société ou la morale. Ce soir, nous nous divertissons, rien de plus. Les lavements et les coups de bâtons, les mascarades et les ballets montrent qu'il s'agit de bouffonneries. Ne craignez pas de voir la philosophie périr sous les pantalonnades ; elle subsiste même dans *le Mariage forcé*, même dans *le Malade imaginaire*. Le propre du Français et de l'homme du monde est d'envelopper tout, même le sérieux, sous le rire. Quand il pense, il ne veut pas en avoir l'air : il reste aux plus violents moments maître de maison, hôte aimable ; il vous fait les honneurs de sa réflexion ou de sa souffrance. Mirabeau à l'agonie disait en souriant à un de ses amis : « Approchez donc, monsieur l'amateur des belles morts, vous verrez la mienne ! » C'est dans ce style que nous causons quand nous nous montrons la vie ; il n'y a pas d'autres nations où l'on sache philosopher lestement et mourir avec bon goût.

C'est pour cela qu'il n'y en a pas d'autre où la comédie, en restant comique, offre une morale ; Molière est le seul qui nous donne des modèles sans tomber dans la pédanterie, sans toucher au tragique, sans entrer dans la solennité. Ce modèle est « l'honnête homme, » comme on disait alors, Philinte, Ariste, Clitandre, Éraste[1] ; il n'y en a point d'autre qui puisse nous instruire et en même temps nous amuser. Son

---

[1]. Parmi les femmes, Éliante, Henriette, Élise, Uranie, Elmire.

esprit est un fonds de réflexion, mais cultivé par le monde. Son caractère est un fonds d'honnêteté, mais accommodé au monde. Vous pouvez l'imiter sans manquer à la raison ni au devoir ; ce n'est ni un freluquet ni un viveur. Vous pouvez l'imiter sans négliger vos intérêts et sans encourir le ridicule ; ce n'est ni un niais ni un malappris. Il a lu, il comprend le jargon de Trissotin et de M. Lycidas, mais c'est pour les percer à jour, les battre avec leurs règles et égayer à leurs dépens toute la galerie. Il disserte même de morale, même de religion, mais en style si naturel, en preuves si claires, avec une chaleur si vraie, qu'il intéresse les femmes et que les plus mondains l'écoutent. Il connaît l'homme et il en raisonne, mais en sentences si courtes, en portraits si vivants, en moqueries si piquantes, que sa philosophie est le meilleur des divertissements. Il est fidèle à sa maîtresse ruinée, à son ami calomnié, mais sans fracas, avec grâce. Toutes ses actions, même les belles, ont un tour aisé qui les orne ; il ne fait rien sans agrément. Son grand talent est le savoir-vivre ; ce n'est pas seulement dans les petites formalités de la vie courante qu'il le porte, c'est dans les circonstances violentes, au fort des pires embarras. Un bretteur de qualité veut le prendre pour témoin de son duel ; il réfléchit un instant, prononce vingt phrases qui le dégagent, et, « sans faire le capitan, » laisse les spectateurs persuadés qu'il n'est pas lâche. Armande l'injurie, puis se jette à sa tête ; il essuie poliment l'orage, écarte l'offre avec la plus loyale franchise, et, sans essayer un seul mensonge, laisse les spectateurs persuadés qu'il n'est pas grossier ¹. Quand il aime Éliante, qui préfère Alceste et qu'Alceste un jour peut épouser, il se propose avec une délicatesse et une dignité entières, sans s'abaisser, sans récriminer, sans faire tort à lui-même ou à son ami. Quand Oronte vient lui lire un sonnet, au lieu d'exiger d'un fat le naturel qu'il ne peut avoir, il le loue de ses vers convenus en phrases convenues, et n'a pas la maladresse d'étaler une poétique hors de propos. Il prend dès l'abord le ton des circonstances; il sent du premier coup ce qu'il faut dire ou taire, dans quelle mesure et avec quelles nuances, quel biais précis accommodera la vérité et la mode, jusqu'où il faut transiger ou résister, quelle fine limite sépare les bienséances et la flatterie, la véracité et la maladresse. Sur cette ligne étroite, il avance exempt d'embarras et de méprises, sans être jamais dérouté par les heurts ou les changements du contour, sans permettre au fin sourire de la politesse de quitter jamais ses lèvres, sans manquer une occasion d'accueillir par le rire de la belle humeur les balourdises de son voisin. C'est cette dextérité toute française qui concilie en lui l'honnêteté foncière et l'éducation mondaine; sans elle, il irait tout d'un côté ou tout de l'autre. C'est par elle qu'entre les roués et les prêcheurs la comédie trouve son héros.

Un tel théâtre peint une race et un siècle. Ce mélange de solidité et d'élégance appartient au dix-sep-

---

1. Voyez l'admirable tact et le sang-froid d'Éliante, d'Henriette et d'Elmire.

tième siècle et nous appartient. Le monde ne nous déprave point, il nous développe ; ce n'étaient pas seulement les manières et l'intérieur qu'il polissait alors, mais encore les sentiments et les idées. La conversation provoquait la pensée ; elle n'était pas un bavardage, mais un examen ; avec l'échange des nouvelles, elle provoquait le commerce des réflexions. La théologie y entrait, et aussi la philosophie ; la morale et l'observation du cœur en faisaient l'aliment quotidien. La science gardait sa séve et n'y perdait que ses épines. L'agrément recouvrait la raison sans l'étouffer. Nulle part nous ne pensons mieux qu'en société : le jeu des physionomies nous excite ; nos idées si promptes naissent en éclairs au choc des idées d'autrui. L'allure inconstante des entretiens s'accommode de nos soubresauts ; le fréquent changement de sujets renouvelle notre invention ; la finesse des mots piquants réduit les vérités en monnaie menue et précieuse, appropriée à la légèreté de notre main. Et le cœur ne s'y gâte pas plus que l'esprit. Le Français est de tempérament sobre, peu enclin aux brutalités d'ivrognes, à la jovialité violente, au tapage des soupers sales ; il est doux d'ailleurs, prévenant, toujours disposé à faire plaisir ; il a besoin, pour être à l'aise, de ce courant de bienveillance et d'élégance que le monde forme et nourrit. Et là-dessus il érige en maximes ses inclinations tempérées et aimables ; il se fait un point d'honneur d'être serviable et délicat. Voilà l'honnête homme, œuvre de la société dans une race sociable. Il n'en était pas ainsi en Angleterre. Les idées n'y naissent point dans l'élan de la causerie improvisée, mais dans la concentration des méditations solitaires; c'est pourquoi alors les idées manquaient. L'honnêteté n'y est pas le fruit des instincts sociables, mais le produit de la réflexion personnelle; c'est pourquoi alors l'honnêteté était absente. Le fonds brutal était resté, l'écorce seule était unie. Les façons étaient douces et les sentiments étaient durs; le langage était étudié, les idées étaient frivoles. La pensée et la délicatesse d'âme étaient rares, les talents et l'esprit disert étaient fréquents. On y rencontrait la politesse des formes, non celle du cœur; ils n'avaient du monde que la convention et les convenances, l'étourderie et l'étourdissement.

VII

Les comiques anglais peignent ces vices et les ont Quelque chose s'en répand sur leur talent et sur leur théâtre. L'art y manque, et la philosophie aussi. Les écrivains ne vont pas vers une idée générale, et ils ne vont pas par le chemin le plus droit. Ils composent mal; et s'embarrassent de matériaux. Leurs pièces ont communément deux intrigues entre-croisées, visiblement distinctes[1], réunies pour amonceler les événements, et parce que le public a besoin d'un surcroît de personnages et de faits. Il faut un gros courant d'ac-

1. Dryden s'en vante. Il y a toujours chez lui une comédie complète amalgamée grossièrement avec une tragédie complète.

tions tumultueuses pour remuer leurs sens épais ; ils font comme les Romains, qui fondaient en une seule plusieurs pièces attiques. Ils s'ennuient de la simplicité de l'action française, parce qu'ils n'ont pas la finesse du goût français. Leurs deux séries d'actions se confondent et se heurtent. On ne sait où l'on va ; à chaque instant, on est détourné de son chemin. Les scènes sont mal liées ; elles changent vingt fois de lieu. Quand l'une commence à se développer, un déluge d'incidents vient l'interrompre. Les conversations parasites traînent entre les événements. On dirait d'un livre où les notes sont pêle-mêle entrées dans le texte. Il n'y a pas de plan véritablement calculé et rigoureusement suivi ; ils se sont donné un canevas, et en écrivent les scènes au fur et à mesure, à peu près comme elles leur viennent. La vraisemblance n'est pas bien gardée ; il y a des déguisements mal arrangés, des folies mal simulées, des mariages de paravent, des attaques de brigands dignes de l'opéra-comique. C'est que pour atteindre l'enchaînement et la vraisemblance, il faut partir de quelque idée générale. Une conception de l'avarice, de l'hypocrisie, de l'éducation des femmes, de la disproportion en fait de mariage, arrange et lie par sa vertu propre les événements qui peuvent la manifester. Ici cette conception manque. Congrève, Farquhar, Vanbrugh ne sont que des gens d'esprit et non des penseurs. Ils glissent à la surface des choses, ils n'y pénètrent pas. Ils jouent avec les personnages. Ils visent au succès, à l'amusement. Ils esquissent des caricatures, ils filent vivement la conversation futile et frondeuse; ils heurtent les répliques, ils lancent les paradoxes; leurs doigts agiles manient et escamotent les événements en cent façons ingénieuses et imprévues. Ils ont de l'entrain, ils abondent en gestes, en ripostes; le va-et-vient du théâtre et la verve animale font autour d'eux comme un petillement. Néanmoins tout ce plaisir reste à fleur de peau; on n'a rien vu du fonds éternel et de la vraie nature de l'homme; on n'emporte aucune pensée; on a passé une heure, et voilà tout; le divertissement vous laisse vide, et n'est bon que pour occuper des soirées de coquettes et de fats.

Ajoutez que ce plaisir n'est pas franc; il ne ressemble point au bon rire de Molière. Dans le comique anglais, il y a toujours un fonds d'âcreté. On l'a vu, et de reste, chez Wycherley; les autres, quoique moins cruels, raillent âprement. Leurs personnages, par plaisanterie, échangent des duretés; ils s'amusent à se blesser; un Français souffre d'entendre ce commerce de prétendues politesses; nous n'allons point par gaieté à des assauts de pugilat. Leur dialogue tourne naturellement à la satire haineuse; au lieu de couvrir le vice, il le met en saillie; au lieu de le rendre risible, il le rend odieux. « A quoi avez-vous passé la « nuit? dit une dame à son amie. — A chercher tous « les moyens de faire enrager mon mari. — Rien d'é- « tonnant que vous paraissiez si fraîche ce matin « après une nuit de rêveries si agréables[1]! » Ces

1.   CLARISSA.
Prithee, tell me how you have passed the night?

femmes sont vraiment méchantes et trop ouvertement. Partout ici le vice est cru, poussé à ses extrêmes, présenté avec ses accompagnements physiques. « Quand « j'appris que mon père avait reçu une balle dans la « tête, dit un héritier, mon cœur fit une cabriole jus- « qu'à mon gosier. — Consultez les veuves de la ville, « dit une jeune dame qui ne veut pas se remarier, « elles vous diront qu'il ne faut pas prendre à bail fixe « une maison qu'on peut louer pour trois mois[1]. » Les *gentlemen* se collettent sur la scène, brusquent les femmes aux yeux du public, achèvent l'adultère à deux pas, dans la coulisse. Les rôles ignobles ou féroces abondent. Il y a des furies comme mistress Loveit et lady Touchwood. Il y a des pourceaux comme le chapelain Bull et l'entremetteur Coupler. Lady Touchwood, sur la scène, veut poignarder son amant[2];

ARAMINTA.
Why, I have been studying all the ways my brain could produce to plague my husband.

CLARISSA.
No wonder, indeed, you look so fresh this morning, after the satisfaction of such pleasant ideas all night. (Vanbrugh, *Confederacy*, II, 1.)

1. Lady Fidget dit :
Our virtue is like the statesman's religion, the Quaker's word, the gamester's oath, and the great man's honour, but to cheat those that trust us. (Wycherley, *Love in a Wood*.)
If you consult the widows of the town, they'll tell you, you should never take a lease of a house you can hire for a quarter's warning. (Vanbrugh, *Relapse*, acte II, fin.)
My heart cut a caper up to my mouth when I heard my father was shot through the head. (*Ibid.*)

2.   LADY TOUCHWOOD (à *Maskwell*).
You want but leisure to invent fresh falsehood, and sooth me to a

Coupler, sur la scène, a des gestes qui rappellent la cour de notre Henri III. Les scélérats comme Fainall et Maskwell restent entiers, sans que leur odieux soit dissimulé par le grotesque. Les femmes même honnêtes, comme Silvia et mistress Sullen, sont aventurées jusqu'aux situations les plus choquantes. Rien ne choque ce public; il n'a de l'éducation que le vernis.

Il y a une correspondance forcée entre l'esprit d'un écrivain, le monde qui l'entoure et les personnages qu'il produit; car c'est dans ce monde qu'il prend les matériaux dont il les fait. Les sentiments qu'il contemple en autrui et qu'il éprouve en lui-même s'organisent peu à peu en caractères; il ne peut inventer que d'après sa structure donnée et son expérience acquise, et ses personnages ne font que manifester ce qu'il est, ou abréger ce qu'il a vu. Deux traits dominent dans ce monde; ils dominent aussi dans ce théâtre. Tous les personnages réussis s'y ramènent à deux groupes : les êtres naturels d'un côté, les êtres artificiels de l'autre; les uns avec la grossièreté et l'impudeur des inclinations primitives, les autres avec la frivolité et les vices des habitudes mondaines; les uns incultes, sans que leur simplicité révèle autre chose que leur bassesse native; les autres cultivés, sans que leur raffinement leur imprime autre chose qu'une corruption nouvelle. Et le talent des écrivains

fond belief of all your fictions. But I'll stab the lie that is forming in your heart, and save a sin, in pity of your soul. (Congreve, *Double Dealer*.)

est propre à la peinture de ces deux groupes : ils ont la grande faculté anglaise, qui est la connaissance du détail précis et des sentiments réels; ils voient les gestes, les alentours, les habits, ils entendent les sons de voix; ils osent les montrer; ils ont hérité bien peu, de bien loin, et malgré eux, mais enfin ils ont hérité de Shakspeare; ils manient franchement, et sans l'adoucir, le gros rouge cru qui seul peut rendre la figure de leurs brutes. D'autre part, ils ont la verve et le bon style; ils peuvent exprimer le caquetage étourdi, les affectations folâtres, l'intarissable et capricieuse abondance des fatuités de salon; ils ont autant d'entrain que les plus fous, et en même temps ils parlent aussi bien que les mieux appris; ils peuvent donner le modèle des conversations ingénieuses; ils ont la légèreté de touche, le brillant, et aussi la facilité, la correction, sans lesquelles on ne fait pas le portrait des gens du monde. Ils trouvent naturellement sur leur palette les fortes couleurs qui conviennent à leurs barbares et les jolies enluminures qui conviennent à leurs élégants.

VIII

Il y a d'abord le butor, le squire Sullen[1], ou sir John Brute[2], sorte d'ivrogne ignoble « qui, le soir,

---

1. Farquhar, *The Beaux Stratagem*
2. Vanbrugh, *Provoked Wife*.

« roule dans la chambre de sa femme en trébuchant
« comme un passager qui a le mal de mer, entre bru-
« talement au lit, les pieds froids comme de la glace,
« l'haleine chaude comme une fournaise, les mains et
« la face aussi grasses que son bonnet de flanelle,
« renverse les matelas, retrousse le drap par-dessus
« ses épaules et ronfle[1]. » — On lui demande pourquoi
il s'est marié? — « Je me suis marié parce que j'avais
« l'idée de coucher avec elle, et qu'elle ne voulait
« pas me laisser faire[2]. » Il fait de son salon une
écurie, fume jusqu'à l'empester pour en chasser les
femmes, leur jette sa pipe à la tête, boit, jure et sa-
cre. Les gros mots, les malédictions coulent dans sa
conversation comme les ordures dans un ruisseau. Il
se soûle au cabaret et hurle : « Au diable la morale,
« au diable la garde! et que le constable soit ma-
« rié! » Il crie qu'il est Anglais, homme libre; il veut
sortir et tout casser[3]. « Laissez-moi donc tranquille
avec ma femme et votre maîtresse, je les donne au

---

1. After his man and he had rolled about the room, like sick passengers in a storm, he comes flounce in the bed, dead as a salmon, into a fishmonger's basket; his feet cold as ice, his breath hot as a furnace, and his hands and his face as greasy as his flannel nightcap. O matrimony! He tosses up the clothes with a barbarous swing over his shoulders, disorders the whole economy of my bed, bares me half naked, and my whole night's comfort is the tunable serenade of that wakeful nightingale, his nose!
2. Why did I marry! I married because I had a mind to lie with her, and she would not let me....
3. Ay, damn morality! — and damn the watch! and let the constable be married!... Liberty and property, and Old England, huzza!...
So, now, Mr. Constable, shall you and I go pick up a whore toge-

diable toutes les deux de tout mon cœur, et toutes les jambes qui traînent une jupe, excepté quatre braves drôlesses, et Betty Sands en tête, qui se grisent avec lord Rake et moi cinq fois par semaine[1]. » Il sort de l'auberge avec des chenapans avinés, et court sus aux femmes à travers les rues. Il détrousse un tailleur qui portait une soutane, s'en habille, rosse la garde. On l'empoigne et on le mène au constable ; il déblatère en chemin, et finit, au milieu de ses hoquets et de ses rabâchages d'ivrogne, par proposer au constable d'aller pêcher quelque part ensemble une bouteille et une fille. Il rentre enfin « couvert de sang et de boue, » grondant comme un dogue, les yeux gonflés, rouge, appelant sa nièce salope et sa femme menteuse. Il va à elle, l'embrasse de force, et comme elle se détourne : « Ah ! ah ! je vois que cela vous fait mal au cœur. Eh bien ! justement à cause de cela, embrassez-moi encore une fois. » Là-dessus il la chiffonne et la bouscule : « Bon ; maintenant que vous voilà aussi sale et aussi torchonnée que moi, les deux

---

ther? — No? — Then I'll go by myself, and you and your wife may be damned!...

Whom do you call a drunken fellow, you slut you? I'm a man of quality; the king has made me a knight.... I'll devil you, you jade you! I'll demolish your ugly face!...

I'll warrant you, it is some such squeamish minx as my wife, that is grown so dainty of late, that she finds fault even with a dirty shirt.

1. Let us hear no more of my wife nor your mistress. Damn them both with all my heart, and every thing else that dangles a petticoat, except four generous whores, with Betty Sands at the head of them, who are drunk with my Lord Rake and I ten times in a fortnight.

cochons font la paire[1]. » Il veut prendre la théière dans une armoire, enfonce la porte d'un coup de pied, et découvre le galant de sa femme avec celui de sa nièce. Il tempête, vocifère de sa langue pâteuse un radotage d'imbécile, puis tout d'un coup tombe endormi. Son valet arrive et charge sur son dos cette carcasse inerte[2]. C'est le portrait du pur animal, et je trouve qu'il n'est pas beau.

Voilà le mari ; voyons le père, sir Tunbelly, un gentilhomme campagnard, élégant s'il en fut. Tom Fashion frappe à la porte du château, qui a l'air d'un poulailler, et où on le reçoit comme dans une ville de guerre. Un domestique paraît à la fenêtre, l'arquebuse à la main ; à grand'peine, à la fin, il se laisse persuader qu'il doit avertir son maître : « Vas-y, « Ralph, mais écoute ; appelle la nourrice pour qu'elle « enferme miss Hoyden avant que la porte soit ou-« verte[3]. » Vous remarquez que dans cette maison on prend des précautions à l'endroit des filles.—Sir Tunbelly arrive avec ses gens munis de fourches, de faux et de gourdins, d'un air peu aimable, et veut savoir

---

1. Come, kiss me, then.
                LADY BRUTE (*kissing him*).
There; now go. (*Aside.*) He stinks like poison.
                SIR JOHN.
I see it goes damnably against your stomach, and therefore kiss me again. (*Kisses and tumbles her.*)
So now, you being as dirty and as nasty as myself, we may go pig together.

2. Come to your kennel, you cuckoldy drunken sot you.

3. Ralph, go thy ways, and ask Sir Tunbelly, if he pleases to be waited upon. And dost hear? Call to nurse that she may lock up Miss Hoyden before the gate's open.

le nom du visiteur : « car tant que je ne saurai pas « votre nom, je ne vous demanderai pas d'entrer chez « moi, et quand je saurai votre nom, il y a six à pa- « rier contre quatre que je ne vous le demanderai pas « non plus[1]. » Il a l'air d'un chien de garde qui gronde et regarde les mollets d'un intrus. Mais bientôt il apprend que cet intrus est son futur gendre : il s'exclame, il s'excuse, il crie à ses domestiques d'aller mettre en place les chaises de tapisserie, de tirer de l'armoire les grands chandeliers de cuivre, de « lâcher » miss Hoyden, de lui faire passer une gorgerette propre, « si ce n'a pas été aujourd'hui le jour « du changement de linge[2]. » Le faux gendre veut épouser Hoyden tout de suite : « Oh ! non, sa robe de « noces n'est pas encore arrivée.— Si, tout de suite, « sans cérémonie, cela épargnera de l'argent. — De « l'argent, épargner de l'argent, quand c'est la noce « d'Hoyden ! Vertudieu ! je donnerai à ma donzelle « un dîner de noces, quand je devrais aller brouter « l'herbe à cause de cela comme le roi d'Assyrie, et « un fameux dîner, qu'on ne pourra pas cuire dans « le temps de pocher un œuf. Ah ! pauvre fille, comme

---

1. Till I know your name, I shall not ask you to come into my house; and when I know your name, 'tis six to four I don't ask you neither.
2. Cod's my life! I ask your Lordship's pardon ten thousand times. (*To a servant.*) Here, run in a-doors quickly. Get a Scotch-coal fire in the great parlour; set all the Turkey-work chairs in their places; get the great brass candlesticks out, and be sure stick the sockets full of laurel. Run! And do you hear, run away to nurse; bid her let Miss Hoyden loose again, and, if it is not shifting day, let her put on a clean tucker, quick!

« elle sera effarouchée la nuit des noces! car, révé-
« rence parler, elle ne reconnaîtrait pas un homme
« d'une femme, sauf par la barbe et les culottes[1]. » Il
se frotte les mains, fait l'égrillard. Plus tard il se
grise, il embrasse les dames, il chante, il essaye de
danser. « Voilà ma fille; prenez, tâtez, je la garantis,
« elle pondra comme une lapine apprivoisée[2]. » Arrive Foppington, le vrai gendre. Sir Tunbelly, le
prenant pour un imposteur, l'appelle chien; Hoyden
propose qu'on le traîne dans l'abreuvoir; on lui lie
les pieds et les mains, et on le fourre dans le chenil;
sir Tunbelly lui met le poing sous le nez, voudrait
lui enfoncer les dents jusque dans le gosier. Plus
tard, ayant reconnu l'imposteur : « Mylord, dit-il du
« premier coup, lui couperai-je la gorge, ou sera-ce
« vous[3]? » Il se démène, il veut tomber dessus à
grands coups de poing. Tel est le gentilhomme de
campagne, seigneur et fermier, boxeur et buveur,
braillard et bête. Il sort de toutes ces scènes un fu-

---

1. Ah! poor girl, she will be scared out of her wits on her wedding night.
Udswoon, I'll give my wench a wedding-dinner, though I go to grass with the King of Assyria for it.
Not so soon. That is knocking my girl, before you bid her stand. Besides, my wench's wedding-gown is not come home yet.
2. Ha! there is my wench, I' faith. Touch and take, I'll warrant her; she'll breed like a tame rabbit.
3. My lord, will you cut his throat, or shall I?
Here, give my dog-whip.
Here, here, here, let me beat out his brains, and that will decide it.
Ha! they bill like turtles. Udsookers, they set my old blood afire. I shall cuckold somebody before morning.

met de mangeaille, un bruit de bousculades, une odeur de fumier.

Tel père, telle fille. Quelle ingénue que miss Hoyden! Elle gronde toute seule « d'être enfermée comme la « bière dans le cellier. Heureusement qu'il me vient « un mari, ou, par ma foi! j'épouserais le boulanger, « oui, je l'épouserais [1]! » Quand la nourrice annonce l'arrivée du futur, elle saute de joie, elle embrasse la vieille : « O bon Dieu! je vais mettre une chemise à dentelles, quand je devrais pour cela être fouettée jusqu'au sang [2]. » Tom vient lui-même et lui demande si elle veut être sa femme. « Monsieur, je ne désobéis « jamais à mon père, excepté pour manger des gro- « seilles vertes [3]. — Mais votre père veut attendre « une semaine? — Oh! une semaine! je serai une « vieille femme après tant de temps que cela [4]! » Je ne puis pas traduire toutes ses réponses. Il y a un tempérament de chèvre sous ses phrases de servante. Elle épouse Tom en secret, à l'instant, et le chapelain leur souhaite beaucoup d'enfants [5]. « Par ma foi! dit- « elle, de tout mon cœur! plus il y en aura, plus

---

1. It's well I have a husband a-coming, or, ecod, I'd marry the baker; I would so. Nobody can knock at the gate, but presently I must be locked up; and here's the young grey-hound bitch can run loose about the house all the day long, she can. 'Tis very well.

2. O Lord, I'll go put on my laced smock, though I'm whipped till the blood run down my heels for it.

3. Sir, I never disobey my father in anything but eating of green gooseberries....

4. A week! Why, I shall be an old woman by that time!

5. Ecod, with all my heart! The more the merrier, I 'say; ha! nurse!

« nous serons gais, je vous le promets, hé! nour-
« rice.¹. » Mais le vrai futur se présente, et Tom se
sauve. A l'instant son parti est pris, elle dit à la nourrice et au chapelain de tenir leurs langues : « J'épou-
« serai celui-là aussi, voilà la fin de l'histoire². » Elle
s'en dégoûte pourtant, et assez vite ; il n'est pas bien
bâti, il ne lui donne guère d'argent de poche ; elle
hésite entre les deux, calcule : « Comment est-ce que
« je m'appellerais avec l'autre? mistress, mistress, mis-
« tress quoi? Comment appelle-t-on cet homme que
« j'ai épousé, nourrice? — *Squire* Fashion. — *Squire*
« Fashion! Oh bien! squire, cela vaut mieux que
« rien³. Mais mylady, cela vaut mieux encore. Est-ce
« que vous croyez que je l'aime, nourrice? Par ma
« foi! je ne me soucierai guère qu'il soit pendu quand
« je l'aurai épousé une bonne fois. Non, ce qui me

---

1. Le caractère de la nourrice est excellent. Fashion la remercie de l'éducation qu'elle a donnée à Hoyden :

« Alas, all I can boast of is, I gave her pure good milk, and so your honour would have said, an you had seen how the poor thing sucked it! Eh! God's blessing on the sweet face on it, how it used to hang at this poor teat, and suck and squeeze, and kick, and sprawl it would, till the belly on't was so full, it would drop off like a leech! »

Cela est vrai, même après la nourrice de Juliette dans Shakspeare.

2. Why, if you two you be sure to hold your tongues, and not say a word of what's past, I'll even marry this lord too.
NURSE.
What, two husbands, my dear?
HOYDEN.
Why, you had three, good nurse ; you may hold your tongue ...

3. But if I leave my lord, I must leave my lady too ; and when I rattle about the streets in my coach, they'll only say : There goes

« plaît, c'est de penser au fracas que je ferai une fois
« à Londres; car quand je serai les deux choses,
« épousée et dame, par ma foi! nourrice, je me pa-
« vanerai avec les meilleures d'entre elles toutes [1]. »
Elle est prudente pourtant, elle sait que son père a
« son fouet de chiens à la ceinture, » et « qu'il la se-
« couera ferme. » Elle prend ses précautions en conséquence : « Dites donc, nourrice, faites attention de
vous mettre entre moi et mon père, car vous savez
ses tours, il me jetterait par terre d'un coup de
poing [2]. » Voilà la vraie sanction morale; pour un si
beau naturel, il n'y en a pas d'autre, et sir Tunbelly
fait bien de la tenir à l'attache, avec un régime suivi
de coups de pied quotidiens [3].

Mistress — Mistress — Mistress what? What is this man's name have married, nurse?

NURSE.

'Squire Fashion.

HOYDEN.

'Squire Fashion is it? Well, 'squire, that's better than nothing.

1. Love him! Why, do you think I love him, nurse? Ecod, I would not care if he were hanged, so I were but once married to him. No; that which pleases me is to think what work I'll make when I get to London; for when I am a wife and a lady both, nurse, ecod, I'll flaunt it with the best of 'em.

2. But, d'ye hear? Pray, take care of one thing : when the business comes to break out, be sure you get between me and my father; for you know his tricks; he will knock me down.

3. Voir aussi le caractère du jeune garçon lourdaud et bête, squire Humphrey (*A Journey to London*, Vanbrugh). Il n'a qu'une idée, manger toujours.

IX

Conduisons à la ville cette personne modeste, mettons-la avec ses pareilles dans la société des beaux. Toutes ces ingénues y font merveille, d'actions et de maximes. *L'Épouse campagnarde* de Wycherley a donné le ton. Quand par hasard une d'elles se trouve presque à demi honnête[1], elle a les façons et l'audace d'un hussard en robe. Les autres naissent avec des âmes de courtisanes et de procureuses. « Si j'épouse « mylord Aimwell, dit Dorinda, j'aurai titre, rang, « préséance, le parc, l'antichambre, de la splendeur, « un équipage, du bruit, des flambeaux. — Holà ! ici « les gens de milady Aimwell ! — Des lumières, des « lumières sur l'escalier ! — Faites avancer le carrosse « de milady Aimwell ! — Otez-vous de là, faites place « à Sa Seigneurie. — Est-ce que tout cela n'a pas son « prix[2] ? » Elle est franche, et les autres aussi, Corinna, miss Betty, Belinda par exemple. Belinda dit à sa tante, dont la vertu chancelle : « Plus tôt vous « capitulerez, mieux cela vaudra. » Un peu plus tard, quand elle se décide à épouser Heartfree, pour sau-

---

1. L'Hippolyta de Wycherley, la Silvia de Farquhar.
2. If I marry my Lord Aimwell, there will be title, place, and precedence, the park, the play, and the drawing-room, splendour, equipage, noise, and flambeaux. « Hey, my Lady Aimwell's servants there ! — Light, light to the stairs — my Lady Aimwell's coach put forward — stand by, make room for her ladyship. » — Are not those things moving ?

ver sa tante compromise, elle fait une profession de foi qui pronostique bien l'avenir du nouvel époux :
« Si votre affaire n'était pas dans la balance, je son-
« gerais plutôt à pêcher quelque odieux mari, homme
« de qualité pourtant, et je prendrais le pauvre
« Heartfree seulement pour galant[1]. » Ces demoiselles sont savantes, et en tout cas très-disposées à suivre les bonnes leçons. Écoutons plutôt miss Prue :
« Regardez cela, madame, regardez ce que M. Tattle
« m'a donné. Regardez, ma cousine, une tabatière !
« Et il y a du tabac dedans ; tenez, en voulez-vous ?
« Oh ! Dieu ! que cela sent bon ! M. Tattle sent bon
« partout, sa perruque sent bon, et ses gants sentent
« bon, et son mouchoir sent bon, très-bon, meilleur
« que les roses. Sentez, maman, madame, veux-je
« dire. Il m'a donné cette bague pour un baiser. (A
« Tattle.) Je vous prie, prêtez-moi votre mouchoir.
« Sentez, cousine. Il dit qu'il me donnera quelque
« chose qui fera que mes chemises sentiront aussi
« bon ; cela vaut mieux que la lavande ; je ne veux
« plus que nourrice mette de lavande dans mes
« chemises[2]. » C'est le caquetage étourdissant d'une

---

[1]. Were it not for your affair in the balance, I should go near to pick up some odious man of quality yet, and only take poor Heartfree for a gallant.

[2]. Look you here, madam, then, what Mr. Tattle has given me. — Look you here, cousin ; here's a snuff-box ; nay, there's snuff in 't. Here, will you have any ? — Oh God, how sweet it is ! Mr. Tattle is all over sweet ; his peruke is sweet, and his gloves are sweet, and his handkerchief is sweet, pure sweet, sweeter than roses. — Smell him, mother, madam, I mean. — He gave me this ring for a kiss.... Smell, cousin ; he says he'll give me something that will make my

CHAPITRE I. LA RESTAURATION.

jeune pie qui pour la première fois prend sa volée. Tattle, resté seul avec elle, lui dit qu'il va lui faire l'amour. « Bien, et de quelle façon me ferez-vous
« l'amour? Allez, je suis impatiente que vous com-
« menciez. Dois-je faire l'amour aussi? Il faut que
« vous me disiez comment. — Il faut que vous me
« laissiez parler, miss, il ne faut pas que vous parliez
« la première ; je vous ferai des questions, et vous
« me ferez les réponses. — Ah! c'est donc comme le
« catéchisme? Eh bien! allez, questionnez. — Pensez-
« vous que vous pourrez m'aimer? — Oui. — Oh!
« diable! vous ne devez pas dire oui si vite, vous de-
« vez dire non, ou que vous ne savez pas, ou que
« vous ne sauriez répondre. — Comment! je dois donc
« mentir? — Oui, si vous voulez être bien élevée ;
« toutes les personnes bien élevées mentent; d'ailleurs
« vous êtes femme, et vous ne devez jamais dire ce
« que vous pensez. Ainsi, quand je vous demande si
« vous pouvez m'aimer, vous devez répondre non et
« m'aimer tout de même. Si je vous demande de
« m'embrasser, vous devez être en colère, mais ne
« pas me refuser. — O bon Dieu! que ceci est gentil!
« j'aime bien mieux cela que notre vieille façon cam-
« pagnarde de dire ce qu'on pense. Eh bien! vrai, j'ai
« toujours eu grande envie de dire des mensonges,
« mais on me faisait peur et on me disait que c'est un
« péché. — Eh bien! ma jolie créature, voulez-vous

smocks smell this way. Is not it pure? 'Tis better than lavender, nurse. — I'm resolved I won't let nurse put any more lavender among my smocks — ha, cousin?

« me rendre heureux en me donnant un baiser ? —
« Non certes, je suis en colère contre vous. (Elle court
« à lui et l'embrasse.) — Holà! holà! c'est assez bien,
« mais vous n'auriez pas dû me le donner, vous au-
« riez dû me le laisser prendre. — Ah bien ! nous
« recommencerons[1]. » Elle fait des progrès si prompts

1.
MISS PRUE.

Well, and how will you make love to me. — Come, I long to have you begin. — Must I make love too? You must tell me how.

TATTLE.

You must let me speak, miss; you must not speak first. I must ask you questions, and you must answer.

MISS PRUE.

What, is it like the catechism? — Come, then, ask me.

TATTLE.

D'ye think you can love me?

MISS PRUE.

Yes.

TATTLE.

Pooh, pox, you must not say yes already. I shan't care a farthing for you then in a twinkling.

MISS PRUE.

What must I say then?

TATTLE.

Why, you must say no, or you believe not, or you can't tell

MISS PRUE.

Why, must I tell a lye then?

TATTLE.

Yes, if you'd be well bred. All well-bred persons lye. — Besides, you are a woman; you must never speak what you think. Your words must contradict your thoughts, but your actions may contradict your words. So when I ask you, if you can love me, you must say no; but you must love me too. — If I tell you you are handsome, you must deny it, and say I flatter you. — But you must think yourself more charming than I speak you, and like me, for the beauty which I say you have, as much as if I had it myself. — If I ask you to kiss me, you must be angry, but you must not refuse me....

MISS PRUE.

O Lord, I swear this is pure. — I like it better than our old-

CHAPITRE I. LA RESTAURATION. 127

qu'il faut enrayer la citation tout de suite. Et remarquez que la caque sent toujours le hareng. Toutes ces charmantes personnes arrivent très-vite au langage des laveuses de vaisselle. Quand Ben, le marin balourd, veut lui faire la cour, elle le renvoie avec des injures, elle se démène, elle lâche une gargouillade de petits cris et de gros mots, elle l'appelle grand veau marin. « Veau marin! sale torchon que vous « êtes! je ne suis pas assez veau pour lécher votre mu-

fashioned country way of speaking one's mind. And must not you lie too?

TATTLE.

Hum, — yes. — But you must believe I speak truth....

MISS PRUE.

O Gemini! Well, I always had a great mind to tell lies. But they frightened me, and said it was a sin.

TATTLE.

Well, my pretty creature, will you make me happy by giving me a kiss?

MISS PRUE.

No, indeed; I am angry with you. (*Runs and kisses him.*)

TATTLE.

Hold, hold, that's pretty well. — But you should not have given it me, but have suffered me to have taken it.

MISS PRUE.

Well, we'll do it again.

TATTLE.

With all my heart. — Now then, my little angel. (*Kisses her.*)

MISS PRUE.

Pish.

TATTLE.

That is right. Again, my charmer. (*Kisses again.*)

MISS PRUE.

O fye, nay, now I can't abide you!

TATTLE.

Admirable! That was as well as if you had been born and bred in Covent Garden.

« seau peint, vous face de fromage[1] ! » Excitée par ces aménités, elle s'emporte, elle pleure, elle l'appelle *barrique de goudron puant*. On vient mettre le holà dans cette première entrevue toute galante. Elle s'enflamme, elle crie qu'elle veut épouser Tattle, ou, au défaut, Robin le sommelier. Son père la menace des verges : « Au diable les verges ! je veux un homme, « j'aurai un homme[2] ! » Ce sont des cavales, jolies si vous voulez, et bondissantes ; mais décidément, entre les mains de ces poëtes, l'homme naturel n'est plus qu'un échappé d'écurie ou de chenil.

Serez-vous plus content de l'homme cultivé? La vie mondaine qu'ils peignent est un vrai carnaval, et les

---

1. MISS PRUE.
Well, and there's a handsome gentleman, and a fine gentleman, and a sweet gentleman, that was here, that loves me, and I love him; and if he sees you speak to me any more, he'll thrash your jacket for you, he will; you great sea-calf.
BEN.
What! do you mean that fair-weather spark that was here just now? Will he thrash my jacket? Let'n, let'n, let'n — but an he comes near me, mayhap I may give him a salt-eel for's supper, for all that. What does father mean, to leave me alone, as soon as I come home, with such a dirty dowdy? Sea-calf! I an't calf enough to lick your chalked face, you cheese-curd you.

2. Now my mind is set upon a man; I will have a man some way or other. Oh! methinks I 'm sick when I think of a man....
FORESIGHT.
Hussy, you shall have a rod.
MISS PRUE.
A fiddle of a rod! I'll have a husband. And if you won't get me one, I'll get one for myself. I'll marry our Robin the butler. He says he loves me, and he's a handsome man, and shall be my husband. I warrant he'll be my husband, and thank me too, for he told me so.

têtes de leurs héroïnes sont des moulins d'imaginations extravagantes et de bavardage effréné. Voyez dans Congreve comme elles caquettent, avec quel flux de paroles, d'affectations, de quelle voix flûtée et modulée, avec quels gestes, quels tortillements des bras, du cou, quels regards levés au ciel, quelles gentillesses et quelles singeries[1] ! « Es-tu sûre que sir
« Rowland n'oubliera pas de venir, et qu'il ne mollira
« pas s'il vient? Sera-t-il importun, Foible, et me
« pressera-t-il? car s'il n'était pas importun!... Oh!
« je ne violerai jamais les convenances! je mourrai
« de confusion si je suis forcée de faire des avances?
« Oh! non, je ne pourrai jamais faire d'avances. Je
« m'évanouirai s'il s'attend à des avances. Non, j'es-
« père que sir Rowland est trop bien élevé pour mettre
« une dame dans la nécessité de manquer aux formes.
« Je ne veux pas pourtant être trop retenue, je ne veux
« pas le mettre au désespoir; mais un peu de hauteur
« n'est pas déplacée, un peu de dédain attire. — Oui, un
« peu de dédain convient à madame. — Oui, mais la ten-
« dresse me convient mieux que tout : une sorte d'air
« mourant. Tu vois ce portrait, n'est-ce pas, Foible?
« Tu vois qu'il a quelque chose de noyé dans le re-
« gard. Oui, j'aurai ce regard-là. Ma nièce veut l'avoir,
« mais elle n'a pas les traits qu'il faut. Sir Rowland
« est-il bien? Qu'on enlève ma toilette, je m'habil-
« lerai en haut. Je veux recevoir sir Rowland ici.
« Est-il bien? Ne me réponds pas. Je ne veux pas le

---

1. Congreve, *The Way of the World*.

« savoir. Je veux être surprise. Je veux qu'on me
« prenne par surprise. Et quel air ai-je, Foible ? —
« Un air tout à fait vainqueur, madame.— Bien,
« mais, comment le recevrai-je? Dans quelle at-
« titude ferai-je sur son cœur la première impression?
« Serai-je assise ? Non, je ne veux pas être assise. Je
« marcherai. Oui, je marcherai quand il entrera,
« comme si je venais de la porte, et puis je me retour
« nerai en plein vers lui ! Non, ce serait trop soudain.
« Je serai couchée; c'est cela, je serai couchée. Je le
« recevrai dans mon petit boudoir, il y a un sofa. Oui,
« je ferai la première impression sur un sofa. Je ne
« serai pas couchée pourtant, mais penchée et appuyée
« sur un coude, avec un pied un peu pendant, dé-
« passant la robe et dandinant d'une façon pensive.
« Oui, et alors, aussitôt qu'il paraîtra, je sursauterai,
« et je serai surprise, et je me lèverai pour aller à sa
« rencontre dans le plus joli désordre[1]. » Ces agi-
tations de coquette mûre deviennent encore plus

---

1. But art thou sure Sir Rowland will not fail to come? Or will he not fail when he does come? Will he be importunate, Foible, and push? For if he should not be importunate — I shall never break decorum. — I shall die with confusion, if I am forced to advance. — Oh no, I can never advance. I shall swoon, if he should expect advances. No, I hope Sir Rowland is better bred than to put a lady to the necessity of breaking her forms. I won't be too coy neither — I won't give him despair. — But a little disdain is not amiss — a little scorn is alluring.
FOIBLE.
A little scorn becomes your Ladyship.
LADY WISHFORT.
Yes, but tenderness becomes me best — a sort of dyingness. You see that picture has a sort of a — ha, Foible ? — a swimmingness

véhémentes au moment critique[1]. Lady Pliant, sorte de Belise anglaise, se croit aimée de Millefond, qui ne l'aime pas du tout et qui tâche en vain de la détromper : « Pour l'amour du ciel, madame ! — Oh ! ne « nommez plus le ciel. Bon Dieu ! comment pouvez-« vous parler du ciel et avoir tant de perversité dans « le cœur ? Mais peut-être ne pensez-vous pas que ce « soit un péché. On dit qu'il y a des *gentlemen* parmi « vous qui ne pensent pas que ce soit un péché. Peut-« être n'est-ce pas un péché pour ceux qui pensent « que ce n'en est pas un. En vérité, si je pensais que « ce n'est pas un péché.... Pourtant mon honneur.... « Non, non, levez-vous, venez, vous verrez combien « je suis bonne. Je sais que l'amour est puissant, et

in the eyes. — Yes, I'll look so. — My niece affects it. But she wants features. — Is Sir Rowland handsome? Let my toilet be removed. — I'll dress above. I'll receive Sir Rowland here. — Is he handsome? Don't answer me. I won't know. I'll be inspirated. I'll be taken by surprise....

LADY WISHFORT.

And how do I look, Foible?

FOIBLE.

Most killing well, madam.

LADY WISHFORT.

Well, and how shall I receive him? In what figure shall I give his heart the first impression? — Shall I sit? — No, I won't sit — I'll walk — ay, I'll walk from the door upon his entrance, and then turn full upon him. — No, that will be too sudden. — I'll lie — ay, I'll lie down. — I'll receive him in my little dressin-groom; there is a couch. — Yes, yes, I'll give the first impression on a couch. — I won't lie neither, but loll and lean upon an elbow, with one foot a little dangling off, jogging in a thoughtfuld way. — Yes; and then as soon as he appears, start, — ay, start, and be surprised, and rise to meet him with most pretty disorder.

1. Congreve, *Double Dealer.*

« que personne ne peut s'empêcher d'être épris. Ce
« n'est pas votre faute.... Et vraiment je jure que ce
« n'est pas non plus la mienne. Comment pouvais-je
« m'empêcher d'avoir des charmes ? Et comment
« pouviez-vous vous empêcher de devenir mon captif?
« Je jure que c'est une vraie pitié que ce soit une
« faute; mais mon honneur.... Oui, mais votre honneur
« aussi.... Et le péché! Oui, et la nécessité!... O Sei-
« gneur Dieu, voici quelqu'un qui vient. Je n'ose
« rester. Bien, vous devez réfléchir à votre crime, et
« lutter autant que vous pourrez contre lui, — lutter,
« certainement; mais ne soyez pas mélancolique, ne
« vous désespérez pas. N'imaginez pas non plus que je
« vous accorderai jamais quoi que ce soit. Oh! non,
« non.... Mais faites état qu'il vous faut quitter toutes
« les idées de mariage, car j'ai beau savoir que vous
« n'aimiez Cynthia que comme un paravent de votre
« passion pour moi, cela pourtant me rendrait jalouse.
« Oh! bon Dieu, qu'est-ce que j'ai dit? Jalouse, non,
« non. Je ne peux pas être jalouse, puisque je ne dois
« pas vous aimer. Aussi n'espérez pas ; mais ne déses-
« pérez pas non plus. Oh! les voilà qui viennent, il
« faut que je me sauve [1]. » Elle se sauve et nous ne la
suivons pas.

Cette étourderie, cette volubilité, cette jolie corrup-

---

1. MILLEFOND.
For heaven's sake, madam.
     LADY PLIANT..
O, name it no more! — Bless me, how can you talk of heaven!
and have so much wickedness in your heart! — May be you don't
think it a sin. — They say some of you gentlemen don't think it a

tion, ces façons évaporées et affectées se rassemblent en un portrait le plus brillant, le plus mondain de ce théâtre, celui de mistress Millamant, « une belle dame, » dit la liste des personnages[1]. Elle entre « toutes voiles dehors, l'éventail ouvert, » traînant l'équipage de ses falbalas et de ses rubans, fendant la presse des fats dorés, attifés, en perruques fines, qui papillonnent sur son passage, dédaigneuse et folâtre, spirituelle et moqueuse, jouant avec les galanteries, pétulante, ayant horreur de toute parole grave et de toute action soutenue, ne s'accommodant que du

---

sin. — May be it is no sin to them that don't think it so. Indeed, if I did not think it a sin. — But still my honour, if it were no sin. — But then to marry my daughter, for the conveniency of frequent opportunities. — I'll never consent to that. As sure as can be, I'll break the match.
       MILLEFOND.
Death and amazement! Madam, upon my knees.
       LADY PLIANT.
Nay, nay, rise up. Come, you shall see my good nature. I know Love is powerful, and nobody can help his passion. 'Tis not your fault; nor I swear it is not mine. — How can I help it, if I have charms? And how can you help it if you are made a captive? I swear it is pity it should be a fault. — But my honour! — Well, but your honour too. — But the sin! — Well, but the necessity. — O Lord, here is somebody coming. I dare not stay. Well, you must consider of your crime, and strive as much as can be against it. — Strive, be sure. — But don't be melancoly, don't despair. — But never think that I'll grant you anything. O Lord, no. — But be sure you lay aside all thoughts of the marriage; for though I know you don't love Cynthia, only as a blind for your passion for me, yet it will make me jealous. — O Lord, what did I say? Jealous! No, no; I can't be jealous, for I must not love you. — Therefore don't hope. — But don't despair neither. — O, they are coming ; I must fly.

1. Congreve, *The Way of the World*.

changement et du plaisir. Elle rit des sermons de Mirabell, son prétendant. « N'ayez donc pas cette figure
« tragique, inflexiblement sage, comme Salomon
« dans une vieille tapisserie, quand on va couper l'en-
« fant.... Ha! ha! ha! pardonnez-moi, il faut que je
« rie; ha! ha! ha! quoique je vous accorde que c'est
« un peu barbare[1]. » Elle éclate, puis elle se met en
colère, puis elle badine, puis elle chante, puis elle
fait des mines. Le décor change à chaque mouvement
et à vue. C'est un vrai tourbillon; tout tourne dans
sa cervelle comme dans une horloge dont on a cassé
le grand ressort. Rien de plus joli que sa façon d'entrer en ménage. « Ah! je ne me marierai jamais que
« je ne sois sûre d'abord de faire ma volonté et mon
« plaisir. Écoutez bien, je ne veux pas qu'on me
« donne de petits noms après que je serai mariée;
« positivement, je ne veux pas de petits noms. — De
« petits noms? — Oui, comme ma femme, mon amie,
« ma chère, ma joie, mon bijou, mon amour, mon
« cher cœur, et tout ce vilain jargon de familiarité
« nauséabonde entre mari et femme. Je ne supporterai jamais cela. Bon Mirabell, ne soyons jamais
« familiers ou tendres. N'allons jamais en visite ensemble, ni au théâtre ensemble. Soyons étrangers
« l'un pour l'autre et bien élevés; soyons aussi étran-

---

1. Sententious Mirabell! Prithee, dont look with that violent and inflexible wise face, like Salomon on the dividing of the child in an old tapestry-hanging.... Ha, ha, ha, pardon me, dear creature, I must laugh, though I grant you 'tis a little barbarous, ha, ha, ha!

CHAPITRE I. LA RESTAURATION. 135

« gers que si nous étions mariés depuis longtemps, et
« aussi bien élevés que si nous n'étions pas mariés
« du tout.... J'aurai la liberté de rendre des visites à
« qui je voudrai, et d'en recevoir de qui je voudrai,
« d'écrire et recevoir des lettres, sans que vous m'in-
« terrogiez, sans que vous me fassiez la mine. Je
« viendrai dîner quand il me plaira; je dînerai dans
« mon boudoir quand je serai de mauvaise humeur,
« et cela sans donner de raison. Mon cabinet sera in-
« violable ; je serai la seule reine de ma table à thé,
« vous n'en approcherez jamais sans demander per-
« mission d'abord, et enfin, partout où je serai, vous
« frapperez toujours à la porte avant d'entrer [1]. » Le

---

1. Ah! I'r never marry unless I am first made sure of my will and pleasure!... My dear liberty, shall I leave thee? My faithful solitude, my darling contemplation, must I bid you adieu? Ay, adieu; my morning thoughts, agreeable wakings, indolent slumbers, all ye douceurs, ye sommeils du matin, adieu. — I can't do it 'tis more than impossible. — Positively, Mirabell, I'll lie a bed in a morning as long as I please.
MIRABELL.
Then I'll get up in a morning as early as I please.
MILLAMANT.
Ah! idle creature, get up when you will. And d'ye hear, I won't be called names after I'm married; positively, I won't be called names.
MIRABELL.
Names !
MILLAMANT.
Ay, as wife, spouse, my dear, joy, jewel, love, sweet heart, and the rest of that nauseous cant, in which men and their wives are so fulsomely familiar. — I shall never bear that. — Good Mirabell, don't let us be familiar or fond, nor kiss before folks, like my Lady Fadler and Sir Francis. Let us never visit together, nor go to a play together; but let us be very strange and well bred. Let us be

code est complet ; j'y voudrais pourtant encore un article, la séparation de biens et de corps ; ce serait le vrai mariage mondain, c'est-à-dire le divorce décent. Et je réponds que dans deux ans Mirabell et sa femme y viendront. Au reste tout ce théâtre y aboutit ; car remarquez qu'en fait de femmes, d'épouses surtout, je n'en ai présenté que les aspects les plus doux. Il est sombre au fond, amer, et par-dessus tout pernicieux. Il présente le ménage comme une prison, le mariage comme une guerre, la femme comme une révoltée, l'adultère comme une issue, le désordre comme un droit, et l'extravagance comme un plaisir[1]. Une

---

as strange as if we had been married a great while, and as well bred as if we were not married at all.

MIRABELL.

Shall I kiss your hand upon the contract?

MILLAMANT.

Fainall, what shall I do? Shall I have him? I think I must have him.

FAINALL.

Ay, ay, take him, take him. What should you do?

MILLAMANT.

Well, then — I'll take my death I'm in a horrid fright. — Fainall, I shall never say it. — Well — I think — I'll endure you.

FAINALL.

Fy, fy, have him, have him, and tell him so in plain terms. For am sure you have a mind to him.

MILLAMANT.

Are you? I think I have. — And the horrid man looks as if he thought so too. — Well, you ridiculous thing you, I'll have you. — I won't be kissed, nor I won't be thanked. — Here, kiss my hand though. — So hold your tongue now ; don't say a word.

1. AMANDA.

How did you live together?

BERINTHIA.

Like man and wife, asunder. He loved the country, and I the

femme comme il faut se couche au matin, se lève à midi, maudit son mari, écoute des gravelures, court les bals, hante les théâtres, déchire les réputations, met chez elle un tripot, emprunte de l'argent, agace les hommes, traîne et accroche son honneur et sa fortune à travers les dettes et les rendez-vous. « Nous sommes
« aussi perverses que les hommes, dit lady Brute,
« mais nos vices prennent une autre pente. A cause
« de notre poltronnerie, nous nous contentons de
« mordre par derrière, de mentir, de tricher aux car-
« tes, et autres choses pareilles ; comme ils ont plus
« de courage que nous, ils commettent des péchés
« plus hardis et plus imprudents : ils se querellent,
« se battent, jurent, boivent, blasphèment, et le

town ; he hawks and hounds, I coaches and equipage ; he eating and drinking, I carding and playing ; he the sound of a horn, I the squeak of a fiddle. We were dull company at table; worse a-bed. Whenever we met, we gave one another the spleen; and never agreed but once, which was about lying alone. (Vanbrugh, *Relapse*, acté II, fin.)

Voyez encore dans Vanbrugh, *A Journey to London*. Rarement la laideur et la corruption de la nature brutale ou mondaine ont été étalées plus à vif. La petite Betty et son frère sont à pendre.

MISTRESS FORESIGHT.

Do you think any woman honest?

SCANDAL.

Yes, several, very honest. — They'll cheat a little at cards, sometimes ; but that is nothing.

MISTRESS FORESIGHT.

Pshaw! But virtuous, I mean.

SCANDAL.

Yes, faith. I believe some women are virtuous too. But 'tis as I believe — some men are valiant through fear. — For why should a man court danger, or a woman shun pleasure ? (Congreve, *Love for Love*.)

« reste¹. » Excellent résumé, où les *gentlemen* sont compris comme les autres! Le monde n'a fait que les munir de phrases correctes et de beaux habits. Ils ont ici, chez Congreve surtout, le style le plus élégant; ils savent surtout donner la main aux dames, les entretenir de nouvelles; ils sont experts dans l'escrime des ripostes et des répliques; ils ne se décontenancent jamais, ils trouvent des tournures pour faire entendre les idées scabreuses; ils discutent fort bien, ils parlent excellemment, ils saluent mieux encore; mais, en somme, ce sont des drôles. Ils sont épicuriens par système, séducteurs par profession. Ils mettent l'immoralité en maximes et raisonnent leur vice. « Donnez-moi, dit l'un d'eux, un homme qui
« tienne ses cinq sens aiguisés et brillants comme son
« épée, qui les garde toujours dégainés dans l'ordre
« convenable, avec toute la portée possible, ayant sa
« raison comme général, pour les détacher tour à
« tour sur tout plaisir qui s'offre à propos, et pour
« ordonner la retraite à la moindre apparence de dé-
« savantage et de danger. J'aime une belle maison,
« mais pourvu qu'elle soit à un autre, et voilà juste-
« ment comme j'aime une belle femme². » Tel séduit

1. We are as wicked as men, but our vices lie another way. They have more courage than we; so they commit more bold impudent sins. They quarrel, fight, swear, drink, blaspheme, and the like. Whereas we, being cowards, only backbite, tell lies, cheat cards, and so forth. (Vanbrugh, *Provoked Wife.*)

Voyez aussi dans cette pièce le caractère de Mademoiselle, femme de chambre française. Ils représentent le vice français comme plus impudent encore que le vice anglais.

2. Give me a man that keeps his five senses keen and bright as

de parti pris la femme de son ami ; un autre, sous un faux nom, prend la fiancée de son frère. Tel suborne des témoins pour accrocher une dot. Je prie le lecteur d'aller lire lui-même les stratagèmes délicats de Worthy, de Mirabell et des autres. Ce sont des coquins froids qui manient le faux, l'adultère, l'escroquerie en experts. On les présente ici comme des gens de bel air ; ce sont les *jeunes-premiers*, les héros, et comme tels ils obtiennent à la fin les héritières[1]. Il faut voir dans Mirabell, par exemple, ce mélange de corruption et d'élégance ; mistress Fainall, son ancienne maîtresse, mariée par lui à un ami commun qui est un misérable, se plaint à lui de cet odieux mariage. Il l'apaise, il la conseille, il lui indique la mesure précise, le vrai biais qui doit accommoder les

---

his sword, that has them always drawn out in their just order and strength, with his reason as commander at the head of them, that detaches them by turns upon whatever party of pleasure agreeably offers, and commands them to retreat upon the least appearance of disadvantage or danger.

I love a fine house, but let another keep it; and so just I love a fine woman. (Acte I, scène 1.)

Catéchisme de l'amour :

What are the objects of that passion?

Youth, beauty, and clean linen. (Farquhar, *The Beaux Stratagem*.)

As I am a gentleman, a man of the town, one that wears good clothes, eats, drinks, and wenches sufficiently. (Dryden, *Mock Astrologer*.)

1. The first thing that I would do, should be to lie with her chambermaid, and hire three or four wenches of the neighbourhood to report that I have got them with child.

I never quarrel with anything in my cups, but an oysterwench, or a cookmaid; and if they be not civil, I knock them down.

choses : « Vous devez avoir du dégoût pour votre
« mari, mais tout juste ce qu'il en faut afin d'avoir
« du goût pour votre amant[1]. » Elle s'écrie avec désespoir : « Pourquoi m'avez-vous fait épouser cet
« homme? » Il sourit d'un air composé : « Pourquoi
« commettons-nous tous les jours des actions dange-
« reuses et désagréables? Pour sauver cette idole, la
« réputation[2]. » Comme ce raisonnement est tendre!
Peut-on mieux consoler une femme qu'on a jetée
dans l'extrême malheur? Et comme l'insinuation qui
suit est d'une logique touchante! « Si la familiarité
« de nos amours avait produit les conséquences que
« vous redoutiez, sur qui auriez-vous fait tomber le
« nom de père avec plus d'apparence que sur un
« mari[3]? » Il insiste en style excellent; écoutez ce
dilemme d'un homme de cœur : « Votre mari était
« juste ce qu'il nous fallait : ni trop vil, ni trop hon-
« nête. Un meilleur eût mérité de ne pas être *sacrifié*
« à cette occasion; un pire n'aurait pas répondu à
« notre idée. Quand vous serez lasse de lui, vous sa-

---

1. You should have just so much disgust for your husband as may be sufficient to make you relish your lover. (Congreve, *The Way of the World*, acte II, scène IV.)
2.   MISTRESS FAINALL.
Why, did you make me marry this man?
    MIRABELL.
Why do we daily commit disagreeable and dangerous actions? To save that idol reputation....
3. If the familiarity of our loves had produced that consequence of which you were apprehensive, where could you have fixed a father's name with credit, but on a husband?

« vez le remède[1] » C'est ainsi qu'on ménage les sentiments d'une femme, surtout d'une femme qu'on a aimée. Pour comble, ce délicat entretien a pour but de faire entrer la pauvre délaissée dans une intrigue basse qui procurera à Mirabell une jolie femme et une belle dot. Certainement le *gentleman* sait son monde, on ne saurait mieux que lui employer une ancienne maîtresse. Voilà les personnages cultivés de ce théâtre, aussi malhonnêtes que les personnages incultes : ayant transformé les mauvais instincts en vices réfléchis, la concupiscence en débauche, la brutalité en cynisme, la perversité en dépravation, égoïstes de parti pris, sensuels avec calcul, immoraux de maximes, réduisant les sentiments à l'intérêt, l'honneur aux bienséances, et le bonheur au plaisir.

La restauration anglaise tout entière fut une de ces grandes crises qui, en faussant le développement d'une société et d'une littérature, manifestent l'esprit intérieur qu'elles altèrent et qui les contredit. Ni les forces n'ont manqué à cette société, ni le talent n'a manqué à cette littérature; les hommes du monde ont été polis, et les écrivains ont été inventifs. On eut une cour, des salons, une conversation, la vie mondaine, le goût des lettres, l'exemple de la France, la paix, le loisir, le voisinage des sciences, de la politique, de la théologie, bref toutes les circonstances heureuses qui peuvent élever l'esprit et ci-

---

1. A better man ought no to have been sacrificed to the occaion; a worse had not answered the purpose. When you are weary of him, you know your remedy.

viliser les mœurs. On eut la vigueur satirique de Wycherley, le brillant dialogue et la fine moquerie de Congreve, le franc naturel et l'entrain de Vanbrugh, les inventions multipliées de Farquhar, bref toutes les ressources qui peuvent nourrir l'esprit comique et ajouter un vrai théâtre aux meilleures constructions de l'esprit humain. Rien n'aboutit, et tout avorta. Ce monde n'a laissé qu'un souvenir de corruption : cette comédie est demeurée un répertoire de vices ; cette société n'a eu qu'une élégance salie ; cette littérature n'a atteint qu'un esprit refroidi. Les mœurs ont été grossières ou frivoles ; les idées sont demeurées incomplètes ou futiles. Par dégoût et par contraste, une révolution se préparait dans les inclinations littéraires et dans les habitudes morales en même temps que dans les croyances générales et dans la constitution politique. L'homme changeait tout entier, et d'une seule volte-face. La même répugnance et la même expérience le détachaient de toutes les parties de son ancien état. L'Anglais découvrait qu'il n'est point monarchique, papiste, ni sceptique, mais libéral, protestant et croyant. Il comprenait qu'il n'est point viveur ni mondain, mais réfléchi et intérieur. Il y a en lui un trop violent courant de vie animale pour qu'il puisse, sans danger, se lâcher du côté de la jouissance ; il lui faut une barrière de raisonnements moraux qui réprime ses débordements. Il y a en lui un trop fort courant d'attention et de volonté pour qu'il puisse s'employer à porter des bagatelles ; il lui faut quelque lourd travail utile qui dépense sa force. Il a besoin d'une digue et d'un emploi. Il lui faut une constitution et une religion qui le refrènent par des devoirs à observer et qui l'occupent par des droits à défendre. Il n'est bien que dans la vie sérieuse et réglée ; il y trouve le canal naturel et le débouché nécessaire de ses facultés et de ses passions. Dès à présent il y entre, et ce théâtre lui-même en porte la marque. Il se défait et se transforme. Collier l'a discrédité, Addison le blâme. Le sentiment national s'y réveille : les mœurs françaises y sont raillées : les prologues célèbrent les défaites de Louis XIV ; on y présente sous un jour ridicule ou odieux la licence, l'élégance et la religion de sa cour[1]. L'immoralité, par degrés, y diminue, le mariage est plus respecté, les héroïnes ne vont plus qu'au bord de l'adultère[2] ; les viveurs s'arrêtent au moment scabreux : tel à cet instant se dit purifié et parle en vers pour mieux marquer son enthousiasme ; tel loue le mariage[3] ; quelques-uns, au cinquième acte, aspirent à la vie rangée. On verra bientôt Steele écrire une pièce morale intitulée *le Héros chrétien*. Désormais la comédie décline, et le talent littéraire se porte ailleurs. L'essai, le roman, le pamphlet, la

1. Rôle du chapelain Foigard dans Farquhar (*Beaux Stratagem*), de Mademoiselle, et en général, de tous les Français.
2. Rôle d'Amanda dans *Relapse* (Vanbrugh) ; rôle de mistress Sullen, conversion des deux viveurs, dans *The Beaux Stratagem* (Farquhar).
3. Though marriage be a lottery in which there are a wondrous many blanks, yet there is one inestimable lot, in which the only heaven upon earth is written.
To be capable of loving one, doubtless, is better than to possess a thousand. (Vanbrugh.)

dissertation remplacent le drame, et l'esprit anglais classique, abandonnant des genres qui répugnent à sa structure, commence les grandes œuvres qui vont l'éterniser et l'exprimer.

X

Cependant, dans ce déclin continu de l'invention théâtrale et dans ce vaste déplacement de la séve littéraire, quelques pousses percent encore de loin en loin du côté de la comédie : c'est que les hommes ont toujours envie de se divertir, et que le théâtre est toujours un lieu de divertissement. Une fois que l'arbre est planté, il subsiste, maigrement sans doute, avec de longs intervalles de sécheresse presque complète et d'avortements presque constants, destiné pourtant à des renouvellements imparfaits, à des demi-floraisons passagères, parfois à des productions inférieures qui bourgeonnent dans ses plus bas rameaux. Même lorsque les grands sujets sont épuisés, il y a place encore çà et là pour des inventions heureuses. Qu'un homme d'esprit, adroit, exercé, se rencontre, il saisira les grotesques au passage; il portera sur la scène quelque vice ou quelque travers de son temps; le public accourra, et ne demandera pas mieux que de se reconnaître et de rire. Il y eut un de ces succès, lorsque Gay, dans son *Opéra du Gueux*, mit en scène la coquinerie du grand monde, et vengea le public de Walpole et de la cour. Il y eut un de ces succès, lorsque Goldsmith, inventant une série de méprises, conduisit son héros et son auditoire à travers cinq actes de quiproquos [1]. Après tout, si la vraie comédie ne peut vivre qu'en certains siècles, la comédie ordinaire peut vivre dans tous les siècles. Elle est trop voisine du pamphlet, du roman, de la satire, pour ne pas se relever de temps en temps par le voisinage du roman, de la satire et du pamphlet. Si j'ai un ennemi, au lieu de l'attaquer dans une brochure, je puis le transporter sur les planches. Si je suis capable de bien peindre un personnage dans un récit, je ne suis pas fort éloigné du talent qui rassemblera toute l'âme de ce personnage en quelques réponses. Si je sais railler joliment un vice dans une pièce de vers, je parviendrai sans trop d'efforts à faire parler ce vice par la bouche d'un acteur. Du moins, je serai tenté de l'entreprendre; je serai séduit par l'éclat extraordinaire que la rampe, la déclamation, la mise en scène donnent à une idée; j'essayerai de porter la mienne sous cette lumière intense; je m'y emploierai, quand même il s'agirait pour cela de forcer un peu ou beaucoup mon talent. Au besoin, je me ferai illusion; je remplacerai par des expédients l'originalité naïve et le vrai génie comique; si en quelques points on reste au-dessous des premiers maîtres, en quelques points aussi on peut les surpasser; on peut travailler son style, raffiner, trouver de plus jolis mots, des railleries plus frappantes, un échange plus vif de ripostes brillantes, des images plus neuves, des com-

1. *She stoops to conquer.*

paraisons plus pittoresques ; on peut prendre à l'un
un caractère, à l'autre une situation, emprunter chez
une nation voisine, dans un théâtre vieilli, aux bons
romans, aux pamphlets mordants, aux satires limées,
aux petits journaux, accumuler les effets, servir au
public un ragoût plus concentré et plus appétissant ;
on peut surtout perfectionner sa machine, huiler ses
rouages, arranger les surprises, les coups de théâtre,
le va-et-vient de l'intrigue en constructeur consommé.
L'art de bâtir les pièces est capable de progrès comme
l'art de faire des horloges. Un vaudevilliste, aujourd'hui, trouve ridicule la moitié des dénoûments de
Molière ; et, en effet, beaucoup de vaudevillistes
font les dénoûments mieux que Molière ; on parvient, à la longue, à ôter du théâtre toutes les
maladresses et toutes les longueurs. Un style piquant et un agencement parfait ; du sel dans toutes les paroles et du mouvement dans toutes les
scènes ; une surabondance d'esprit et des merveilles
d'habileté ; par-dessus tout cela, une vraie verve
animale et le secret plaisir de se peindre, de se justifier, de se glorifier publiquement soi-même : voilà
les origines de l'*École de médisance*, et voilà les sources
du talent et du succès de Sheridan.

Il était contemporain de Beaumarchais, et par son
talent comme par sa vie il lui ressemble. Les deux
moments, les deux théâtres, les deux caractères se
correspondent. Comme Beaumarchais, c'est un aventurier heureux, habile, aimable et généreux, qui arrive au succès par le scandale, qui tout d'un coup

petille, éblouit, monte d'un élan au plus haut de l'empyrée politique et littéraire, semble se fixer parmi les constellations, et, pareil à une fusée éclatante, aboutit vite à l'épuisement. Rien ne lui avait manqué; il avait tout atteint, de prime-saut, sans effort apparent, comme un prince qui n'a qu'à se montrer pour trouver sa place. Tout ce qu'il y a de plus exquis dans le bonheur, de plus brillant dans l'art, de plus élevé dans le monde, il l'avait pris et comme par droit de naissance. Le pauvre jeune homme inconnu, traducteur malheureux d'un sophiste grec illisible, et qui, à vingt ans, se promenait dans Bath avec un gilet rouge et un chapeau à cornes, sec d'espérances et toujours averti du vide de ses poches, avait gagné le cœur de la beauté et de la musicienne la plus admirée de son temps, l'avait enlevée à dix adorateurs riches, élégants, titrés, s'était battu avec le plus mystifié des dix, l'avait battu, avait emporté d'assaut la curiosité et l'attention publiques. De là, s'attaquant à la gloire et à l'argent, il avait jeté coup sur coup à la scène les pièces les plus diverses et les plus applaudies, comédies, farce, opéra, vers sérieux; il avait acheté, exploité un grand théâtre sans avoir un sou, improvisé les succès et les bénéfices, et mené la vie élégante parmi les plaisirs les plus vifs de la société et de la famille, au milieu de l'admiration et de l'étonnement universels. De là, aspirant plus haut encore, il avait conquis la puissance, il était entré à la Chambre des communes, il s'y était montré l'égal des premiers orateurs, il avait combattu Pitt, accusé Warren

Hastings, appuyé Fox, raillé Burke, soutenu avec éclat, avec désintéressement et avec constance, le rôle le plus difficile et le plus libéral; il était devenu l'un des trois ou quatre hommes les plus remarqués de l'Angleterre, l'égal des plus grands seigneurs, l'ami du prince royal, même à la fin grand fonctionnaire, receveur général du duché de Cornwall, trésorier de la flotte. En toute carrière il prenait la tête. « Quelque
« chose que Sheridan ait faite ou voulu faire, dit lord
« Byron, cette chose-là a toujours été par excellence la
« meilleure de son espèce. Il a écrit la meilleure comé-
« die, *l'École de médisance*; le meilleur opéra, *la Duègne*
« (bien supérieur, selon moi, à ce pamphlet popula-
« cier, *l'Opéra du Gueux*); la meilleure farce, *le Cri-*
« *tique* (elle n'est que trop bonne pour servir de petite
« pièce); la meilleure épître, *le monologue sur Garrick*.
« Et, pour tout couronner, il a prononcé ce fameux
« discours sur Warren Hastings, la meilleure haran-
« gue qu'on ait jamais composée ou entendue en ce
« pays. » Toutes les règles ordinaires se renversaient pour lui. Il avait quarante-quatre ans; les dettes commençaient à pleuvoir sur lui; il avait trop soupé et trop bu; ses joues étaient pourpres, son nez enflammé. Dans ce bel état il rencontre chez le duc de Devonshire une jeune fille charmante, dont il s'éprend. Au premier aspect, elle s'écrie: « Quelle horreur, un vrai monstre! » Il cause avec elle; elle avoue qu'il est fort laid, mais qu'il a beaucoup d'esprit. Il cause une seconde fois, une troisième fois, elle le trouve fort aimable. Il cause encore, elle l'aime, et veut à

toute force l'épouser. Le père, homme prudent, qui souhaite rompre l'affaire, déclare que son futur gendre devra fournir un douaire de quinze mille livres sterling ; les quinze mille livres sterling se trouvent comme par enchantement déposées entre les mains d'un banquier ; le nouveau couple part pour la campagne, et le père, rencontrant son fils, un grand fils bien découplé, fort mal disposé en faveur de ce mariage, lui persuade que ce mariage est la chose la plus raisonnable qu'un père puisse faire et l'événement le plus heureux dont un fils puisse se réjouir. Quel que fût l'homme et quelle que fût l'affaire, il persuadait ; nul ne lui résistait, tout le monde tombait sous le charme. Quoi de plus difficile, étant laid, que de faire oublier à une jeune fille qu'on est laid ?

Il y a quelque chose de plus difficile, c'est de faire oublier à un créancier qu'on lui doit de l'argent. Il y a quelque chose de plus difficile encore, c'est de se faire prêter de l'argent par un créancier qui vient demander de l'argent. Un jour un de ses amis est arrêté pour dettes ; Sheridan fait venir M. Henderson le fournisseur rébarbatif, l'amadoue, l'intéresse, l'attendrit, l'exalte, l'enveloppe de considérations générales et de haute éloquence, si bien que M. Henderson offre sa bourse, veut absolument prêter deux cents livres sterling, insiste, et, à la fin, à sa grande joie, obtient la permission de les prêter. Nul n'était plus aimable, plus prompt à gagner la confiance ; rarement le naturel sympathique, affectueux et entraînant s'est déployé plus entier : il séduisait, cela est à la lettre. Au matin, les créanciers et les visiteurs remplissaient toutes les chambres de son appartement; il arrivait souriant, d'un air aisé, avec tant d'ascendant et de grâce, que les gens oubliaient leurs besoins, leurs demandes, et semblaient n'être venus que pour le voir. Sa verve était irrésistible; point d'esprit plus éblouissant; il était inépuisable en bons mots, en inventions, en saillies, en idées neuves; lord Byron, qui était bon juge, dit qu'il n'a jamais entendu ni imaginé de conversation plus extraordinaire. On passait la nuit à l'écouter; nul ne l'égalait dans un souper; même ivre, il gardait son esprit. Un jour il est ramassé par la garde, et on lui demande son nom; il répond gravement : « Wilberforce. » Avec les étrangers, avec les inférieurs, nulle morgue, nulle roideur; il avait par excellence ce naturel expansif qui se montre toujours tout entier, qui ne se réserve rien de lui-même, qui s'abandonne et se donne; il pleurait en recevant de lord Byron une louange sincère, ou en contant ses misères de plébéien parvenu. Rien de plus charmant que ces effusions; elles mettent d'abord les hommes sur un pied de paix, d'amitié; ils quittent tout de suite leur attitude défensive et précautionnée; ils voient qu'on se livre à eux, et, par contre-coup, ils se livrent; l'épanchement a provoqué l'épanchement. Un instant après, on voyait jaillir chez Sheridan la verve impétueuse et étincelante; l'esprit partait, pétillait comme une fusillade; il parlait seul, avec un éclat soutenu, une variété, un élan inépuisables, jusqu'à cinq heures du matin. Contre un tel besoin d'impro-

CHAPITRE I. LA RESTAURATION.

viser, de jouir et de s'épancher, un homme est tenu de se mettre en garde; la vie ne se mène point comme une fête; elle est une lutte contre les autres et contre soi-même; il faut y considérer l'avenir, se défier, s'approvisionner; on n'y subsiste point sans des précautions de marchand et des calculs de bourgeois. Quand on soupe trop souvent, on finit par ne plus pouvoir dîner; quand on a les poches percées, les écus s'écoulent; rien de plus plat que cette vérité, mais elle est vraie. Les dettes s'accumulaient, l'estomac ne digérait plus. Il avait perdu sa place au Parlement, son théâtre avait brûlé; les huissiers se succédaient, et les gens de loi avaient depuis longtemps pris possession de sa maison. A la fin, un recors arrêta le mourant dans son lit, voulut l'emmener dans ses couvertures, et ne lâcha prise que par crainte d'un procès : le médecin avait déclaré que le malade mourrait en route. Un journal fit honte aux grands seigneurs qui laissaient finir si misérablement un pareil homme; ils accoururent et déposèrent leurs cartes à la porte. Au convoi, deux frères du roi, des ducs, des comtes, des évêques, les premiers personnages de l'Angleterre portèrent ou suivirent le corps. Singulier contraste, et qui montre en abrégé tout ce talent et toute cette vie : des lords à ses funérailles et des recors à son chevet.

Son théâtre y est conforme : tout y brille, mais le métal n'est pas tout à lui, ni du meilleur aloi. Ce sont des comédies de société, les plus amusantes qu'on ait jamais faites, mais ce ne sont guère que des comédies de société. Imaginez les demi-*charges* qu'on improvise vers onze heures du soir dans un salon où l'on est intime. Sa première pièce, *les Rivaux*, plus tard sa *Duègne* et son *Critique*, en regorgent et ne renferment guère que cela. Il y en a sur la voisine, mistress Malaprop, une sotte prétentieuse qui emploie les grands mots à tort et à travers, se sait bon gré de si bien placer les *épitaphes* devant les substantifs, et jure que sa nièce est aussi méchante qu'une *allégorie* sur les bords du Nil. Il y en a sur le voisin, M. Acres, un Fier-à-Bras improvisé, qui se laisse engager dans un duel, et, amené sur le terrain, pense à l'effet des balles, se représente le testament, l'enterrement, l'embaumement, et voudrait bien être au logis. Il y en a sur un domestique pataud et poltron, sur un père colérique et braillard, sur une jeune fille sentimentale et romanesque, sur un Irlandais duelliste et chatouilleux. Tout cela défile et se heurte sans trop d'ordre à travers les surprises d'une intrigue double, à force d'expédients et de rencontres, sans le gouvernement ample et régulier d'une idée maîtresse. Mais on a beau sentir le placage, l'entrain emporte tout; on rit de bon cœur; chaque scène détachée passe bouffonne et rapide; on oublie que le valet pataud a des répliques aussi ingénieuses que Sheridan lui-même [1], et que le

---

1.   ACRES.
Odds blades! David, no gentleman will ever risk the loss of his honour.
                                DAVID.
I say then, it would be but civil in honour never to risk the loss of a gentleman. Look'ee, master, this honour seems to me a marvellously false friend, ay truly, a very courtier-like servant.

gentilhomme irascible parle aussi bien que le plus élégant des écrivains[1]. Aussi bien l'inventeur est un écrivain ; si, par verve et par esprit de société, il a voulu divertir autrui et se divertir lui-même, il n'a pas oublié les intérêts de son talent et le soin de sa gloire. Il a du goût, il sent les finesses du style, le mérite d'une image nouvelle, d'une opposition frappante, d'une insinuation ingénieuse et calculée. Il a surtout de l'esprit, un prodigieux esprit de conversation, l'art de garder, de réveiller toujours l'attention, d'être mordant, divers, imprévu, de lancer la riposte, de mettre en relief la sottise, d'accumuler coup sur coup les saillies et les mots heureux. Enfin, il s'est formé depuis sa première pièce, il a acquis l'expérience du théâtre ; il travaille et rature ; il essaye ses diverses scènes, il les récrit, il les agence ; il veut que rien ne suspende l'intérêt, que nulle invraisemblance ne choque le spectateur, que sa comédie roule avec la précision, la sûreté, l'unité d'une belle machine. Il compose de bons mots, il les remplace par de meilleurs, il aiguise toutes ses railleries, il les serre comme un faisceau de dards, et met de sa main au dernier feuillet : « Fini, grâce à Dieu. — Amen ! » — Il a raison, car l'œuvre lui a coûté de la peine ; il n'en fera

SIR ANTHONY.

Nay, but Jack, such eyes! So innocently wild! So bashfully irresolute! not a glance but speaks and kindle some thought of love! Then, Jack! her cheeks! so deeply blushing at the insinuation of her tell-tale eyes! Then, Jack, her lips! O Jack, lips, smiling at their own discretion, and if not smiling, more sweetly pouting, more lovely in sullenness!

pas une seconde. Ces sortes d'écrits, artificiels et condensés comme les satires de La Bruyère, ressemblent à une fiole ciselée, où l'auteur a distillé, sans en réserver rien, toute sa réflexion, toutes ses lectures et tout son esprit.

Qu'y a-t-il dans cette célèbre *École de médisance?* Et comment a-t-il fait pour jeter sur cette comédie anglaise, qui allait s'éteignant chaque jour davantage, l'illumination d'un dernier succès? Il a pris deux personnages de Fielding, Blifil et Tom Jones; deux pièces de Molière, *le Misanthrope* et *le Tartufe;* et de ces deux substances puissantes, condensées avec une dextérité admirable, il a fait un feu d'artifice le plus brillant qu'on ait jamais vu. Chez Molière, il n'y a qu'une médisante, Célimène; les autres personnes ne sont là que pour lui fournir la réplique; c'est bien assez d'une pareille moqueuse; encore raille-t-elle avec une sorte de mesure, sans se presser, en vraie reine de salon qui a le temps de causer, qui se sait écoutée, qui s'écoute; elle est femme du monde, elle garde le ton de la belle conversation; même pour effacer l'âcreté, voici venir au milieu des médisances la raison calme, le discours sensé de l'aimable Éliante. Molière met en scène les méchancetés du monde et ne les grossit pas; ici elles sont plutôt grossies que peintes : « Merci de ma vie! dit sir Peter, une répu-
« tation tuée à chaque parole! » En effet, ils sont féroces, et c'est une vraie curée; même ils se salissent pour mieux outrager. Mistress Candour dit que « lord
« Buffalo a découvert milady dans une maison de

CHAPITRE I. LA RESTAURATION.

« renommée médiocre. » Elle ajoute qu'une veuve de
« la rue voisine a guéri de son hydropisie et vient de
« retrouver ses formes d'une façon tout à fait sur-
« prenante [1]. » L'acharnement est si fort qu'ils descendent au rôle de bouffons. La plus élégante personne du salon, lady Teazle, montre ses dents pour
singer une femme ridicule, tire sa bouche d'un côté,
fait des grimaces. Nul arrêt, nul adoucissement; les
sarcasmes partent en fusillade. L'auteur en a fait provision, il faut bien qu'il les emploie. C'est lui qui parle
par la bouche de chacun de ses personnages; il leur
donne à tous le même esprit, je veux dire son esprit,
son ironie, son âpreté, sa vigueur pittoresque; quels
qu'ils soient, badauds, fats, vieilles filles, il n'importe;
il ne s'agit pour lui que d'éclater en une minute par
vingt explosions. « Ne raillons pas: c'est ce que je ré-
« pète constamment à ma cousine Ogle, et vous savez
« qu'elle se croit arbitre en fait de beauté. — Très-
« justement, car elle possède elle-même une collec-
« tion de traits empruntés à toutes les nations du
« monde. — C'est vrai, elle a un front irlandais. —
« Des cheveux écossais. — Un nez hollandais. — Des
« lèvres autrichiennes. — Un teint d'Espagnole. — Et

1. MRS. CANDOUR.
To-day, Mrs. Clackitt assured me, Mr. and Mrs. Honeymoon were at last become man and wife, like the rest of their acquaintance. She likewise hinted that a certain widow, in the next street, had got rid of her dropsy and recovered her shape in a most surprising manner. And at the same time Miss Tattle, who was by, affirmed that Lord Buffalo had discovered his lady at a house of no extraordinary fame ; and that Sir Harry Bouquet and Tom Saunter were to measure swords on a similar provocation

« des dents à la chinoise.—Bref, sa figure ressemble
« à une table d'hôte de Spa, où il n'y a pas deux con-
« vives de la même nation. — Ou bien à quelque con-
« grès à la fin d'une guerre générale, dans lequel tou-
« tes les parties jusqu'à ses yeux semblent avoir des
« directions différentes, et où le nez et le menton sem-
« blent seuls disposés à se rencontrer[1]. — Monsieur
« Surface, vous avez de mauvaises nouvelles de votre
« frère ; mais, pour moi, je ne l'ai jamais cru si dé-
« réglé qu'on le dit. Il a perdu tous ses amis, mais il

---

1. MRS. CANDOUR.
Well, I will never join in ridiculing a friend; and so I constantly tell my cousin Ogle, and you all know what pretensions she has to be critical on beauty.
CRAB.
Oh, to be sure! she has herself the oddest countenance that ever was seen; 'tis a collection of features from all the different countries of the globe.
SIR BENJAMIN.
So she has, indeed.... an Irish front....
CRAB.
Caledonian locks....
SIR BENJAMIN.
Dutch nose....
CRAB.
Austrian lips....
SIR BENJAMIN.
Complexion of a Spaniard....
CRAB.
And teeth *à la chinoise*....
SIR BENJAMIN.
In short, her face resembles a *table d'hôte* at Spa, where no two guests are of a nation....
CRAB.
Or a congress at the close of a general war; wherein all the members, even to her eyes, appear to have a different interest, and her nose and chin are the only parties likely to join issue.

« n'y a personne dont les juifs disent autant de bien.
« — Très-vrai, sur ma foi ! Si la juiverie pouvait élire,
« je crois que Charles serait alderman; parole d'hon-
« neur, personne n'est plus populaire en cet endroit-
« là. J'apprends qu'il paye plus d'annuités que la
« tontine irlandaise, et que, toutes les fois qu'il est
« malade, ils font dire des prières pour sa guérison
« dans leurs synagogues. — Et personne qui vive
« avec plus de splendeur. On m'a dit que, lorsqu'il
« invite ses amis, il se met à table avec une douzaine
« de ses cautions, qu'il a une vingtaine de mar-
« chands attendant dans son antichambre et un huis-
« sier derrière la chaise de chaque convive [1]. — Mon-

---

1. CRAB.
Sad comfort, whenever he returns, to hear how your brother has gone on!

JOSEPH SURFACE.
Charles has been imprudent, sir, to be sure; but I hope no busy people have already prejudiced Sir Oliver against him. He may reform.

SIR BENJAMIN.
To be sure he may : for my part, I never believed him to be so utterly void of principle as people say; and, though he has lost all his friends, I am told nobody is better spoken of by the Jews.

CRAB.
That's true, egad, nephew. If the Old Jewry was a ward, I believe Charles would be an alderman : no man more popular there, fore Gad! I hear he pays as many annuities as the Irish tontine; and that, whenever he is sick, they have prayers for the recovery of his health in all the synagogues.

SIR BENJAMIN.
Yet no man lives in greater splendour. They tell me, when he entertains his friends, he will sit down to dinner with a dozen of his own securities; have a score of tradesmen waiting in the ante-chamber, and an officer behind every guest's chair.

« sieur Surface, je n'ai pas eu l'intention de vous
« blesser; mais comptez là-dessus, votre frère est
« tout à fait coulé bas. — Parole d'honneur, coulé
« aussi bas qu'un homme l'a jamais été; il ne trou-
« verait pas une guinée à emprunter. — Tout est
« vendu dans son logis, tout ce qui était transpor-
« table. — J'ai vu quelqu'un qui a été chez lui. Rien
« de laissé, sauf quelques bouteilles vides oubliées,
« et les portraits de famille, qui, je crois, sont en-
« châssés dans les lambris. — Et j'ai eu aussi le cha-
« grin d'entendre de mauvaises histoires contre lui.
« — Oh! il a fait beaucoup de vilaines choses, cela est
« certain. — Mais pourtant, comme il est votre frère....
« — Nous vous dirons tout à une autre occasion [1]. »
Voilà comme il a acéré, multiplié, enfoncé jusqu'au

---

1. SIR BENJAMIN.
Mr. Surface, I do not mean to hurt you; but depend on 't, your brother is utterly undone.
CRAB.
O Lud, ay! undone as ever man was — can't raise a guinea.
SIR BENJAMIN.
And every thing sold, I'm told, that was movable.
CRAB.
I have seen one that was at his house. Not a thing left but some empty bottles that were overlooked, and the family pictures, which I believe were framed in the wainscots.
SIR BENJAMIN.
And I'm very sorry also to hear some bad stories against him.
(*Going*).
CRAB.
Oh, he has done many mean things, that's certain.
SIR BENJAMIN.
But, however, as he 's your brother.... (*Going.*)
CRAB.
Well tell you all another opportunity.

vif les épigrammes mesurées de Molière. Mais est-il possible de s'ennuyer devant une décharge si bien nourrie de méchancetés et de bons mots?

Pareillement, voyez le changement qu'entre ses mains a subi l'hypocrite. Sans doute, tout le grandiose du rôle a disparu : Joseph Surface ne porte plus, comme Tartufe, tout le poids de la comédie; il n'a plus, comme son grand-père, un tempérament de cocher, une audace d'homme d'action, des façons de bedeau, une encolure de moine. Il est simplement égoïste et prudent; s'il s'est engagé dans une intrigue, c'est un peu malgré lui; il n'y tient qu'à demi, en jeune homme correct, bien habillé, passablement renté, assez timide et méticuleux de son naturel, de façons discrètes, et dépourvu de passions violentes; tout est chez lui douceâtre et poli; il est de son temps; il ne fait pas étalage de religion, mais de morale; c'est un gentleman à sentences, à beaux sentiments, disciple de Johnson ou de Rousseau, faiseur de phrases. Sur ce pauvre homme assez plat, il n'y a pas de quoi bâtir un drame; et les grandes situations que Sheridan prend à Molière perdent la moitié de leur force en s'appuyant sur un si mesquin support. Mais comme la rapidité, l'abondance, le naturel des événements couvrent cette insuffisance! comme l'adresse suffit à tout! comme elle semble capable de suppléer à tout, même au génie! comme le spectateur rit de voir Joseph pris dans son sanctuaire ainsi qu'un renard dans son terrier; obligé de dissimuler la femme, puis de cacher le mari; forcé de courir de l'un à l'autre, occupé à renfoncer l'une derrière son paravent et l'autre dans son cabinet; réduit à se jeter dans ses propres piéges, à justifier ceux qu'il voudrait perdre, le mari aux yeux de la femme, le neveu aux yeux de l'oncle ; à perdre la seule personne qu'il tienne à justifier, j'entends le précieux et immaculé Joseph Surface; à se trouver enfin ridicule, odieux, bafoué, confondu, en dépit de ses habiletés et justement par ses habiletés, coup sur coup, sans trêve ni remède ; à s'en aller, le pauvre renard, la queue basse, le pelage gâté, parmi les huées et les cris! Et comme en même temps, tout à côté, les prises de bec de sir Peter et de sa femme, le souper, les chansons, la vente des portraits chez le prodigue viennent mettre une comédie dans la comédie, et renouveler l'intérêt en renouvelant l'attention! On cesse de songer à l'atténuation des caractères, comme on a cessé de songer à l'altération de la vérité; on se laisse emporter par la vivacité de l'action, comme on s'est laissé éblouir par le scintillement du dialogue; on est charmé; on bat des mains; on se dit qu'au-dessous de la grande invention la verve et l'esprit sont les plus agréables dons du monde; on les savoure à leur heure; on trouve qu'ils ont aussi leur place dans le festin littéraire, et que, s'ils ne valent pas les mets substantiels, les vins francs et généreux du premier service, ils fournissent le dessert.

Ce dessert achevé, il faut sortir de table. Après Sheridan, nous en sortons tout de suite. Dorénavant la comédie languit, s'éteint; il n'en reste plus que la farce, *les Domestiques du grand ton*, de Townley, les grotesques de George Colman, un précepteur, une vieille fille, des paysans avec leur accent local; la caricature survit à la peinture, et le *Punch* fait rire encore lorsque l'âge des Reynolds et des Gainsborough est passé. Aujourd'hui, il n'y a pas en Europe de scène plus vide, et la bonne compagnie l'abandonne au peuple. C'est que la forme de société et d'esprit qui l'avait suscitée a disparu. Ce qui avait dressé le théâtre anglais de la Renaissance, c'était la vivacité et la surabondance de la conception prime-sautière, qui, incapable de s'étaler en raisonnements alignés ou de se formuler par des idées philosophiques, ne trouvait son expression naturelle qu'en des actions mimées et en des personnages parlants. Ce qui avait alimenté la comédie anglaise du dix-septième siècle, c'étaient les besoins de la société polie, qui, habituée aux représentations de la cour et aux parades du monde, allait chercher sur la scène la peinture de ses entretiens et de ses salons. Avec la chute de la cour et avec l'arrêt de l'invention mimique, le vrai drame et la vraie comédie disparaissent; ils passent de la scène dans les livres. C'est qu'aujourd'hui on ne vit plus en public à la façon des ducs brodés de Louis XIV et de Charles II, mais en famille ou devant une table de travail; le roman remplace le théâtre en même temps que la vie bourgeoise succède à la vie de cour.

CHAPITRE II

Dryden.

I. Débuts de Dryden. — Fin de l'âge poétique. — Cause des décadences et des renaissances littéraires.
II. Sa famille. — Son éducation. — Ses études. — Ses lectures. — Ses habitudes. — Sa situation. — Son caractère. — Son public. — Ses amitiés. — Ses querelles. — Concordance de sa vie et de son talent.
III. Les théâtres rouverts et transformés. — Le nouveau public et le goût nouveau. — Théories dramatiques de Dryden. — Son jugement sur l'ancien théâtre anglais. — Son jugement sur le nouveau théâtre français. — Son œuvre composite. — Disparates de son théâtre. — *L'Amour tyrannique.* - Grossièretés de ses personnages. — *L'Empereur de l'Inde, Aurengzèbe, Almanzor.*
IV. Style de ce théâtre. — Le vers rimé. — La diction fleurie. — Les tirades pédantesques. — Désaccord du style classique et des événements romantiques. — Comment Dryden reprend et gâte les inventions de Shakspeare et de Milton. — Pourquoi ce drame n'a pas abouti.
V. Mérites de ce drame. — Personnages d'Antoine et de don Sébastien. — Otway. — Sa vie. — Ses œuvres. — *L'Orpheline, Venise sauvée.*
VI. Dryden écrivain. — Espèce, portée, limites de son esprit. — Sa maladresse dans la flatterie et les gravelures. — Sa pesanteur dans la dissertation et la discussion. — Sa vigueur et son honnêteté foncière.
VII. Comment la littérature en Angleterre a son emploi dans la politique et la religion. — Poëmes politiques de Dryden : *Absalon et Achitophel, la Médaille.* — Poëmes religieux de Dryden : *Religio Laici, la Biche et la Panthère.* — Apreté et virulence de ces poëmes. — *Mac Flecnoe*

VIII. Apparition de l'art d'écrire. — Différence entre la forme d'esprit de l'âge artistique et la forme d'esprit de l'âge classique. — Procédés de Dryden. — La diction soutenue et oratoire.
IX. Manque d'idées générales en cet âge et dans cet esprit. — Ses traductions. — Ses remaniements. — Ses imitations.— Ses contes et ses épîtres. — Ses défauts. — Ses mérites. — Sérieux de son caractère, élans de son inspiration, accès d'éloquence poétique. *Ode pour la fête de sainte Cécile.*
X. Fin de Dryden. — Ses misères. — Sa pauvreté. — En quoi son œuvre est incomplète. — Sa mort.

La comédie nous a emmenés bien loin ; il faut revenir, considérer les autres genres. Au centre du grand courant se meut un esprit supérieur. Dans l'histoire de ce talent, on verra l'histoire de l'esprit anglais classique, sa structure, ses lacunes et ses puissances, sa formation et son développement.

I

Il s'agit d'un jeune homme, lord Hastings, mort à dix-neuf ans de la petite vérole.

Son corps était un orbe, et son âme sublime — se mouvait autour des pôles de la vertu et du savoir.... — Viens, docte Ptolémée, et essaye — de mesurer la hauteur de ce héros.... — Les pustules gonflées d'orgueil qui bourgeonnaient à travers sa chair, — comme des boutons de roses, s'enfonçaient dans sa peau de lis. — Chaque petite rougeur avait une larme en elle — pour pleurer la faute que commettait sa naissance ; — ou bien étaient-ce des diamants envoyés pour orner sa peau, — sa peau, le coffret d'une âme intérieure plus riche encore ? — Il n'y eut pas besoin de comète pour prédire ce changement, — puisque son cadavre pouvait passer pour une constellation [1] !

C'est par ces belles choses que débuta Dryden, le plus grand poëte de l'âge classique en Angleterre.

De telles énormités indiquent la fin d'un âge littéraire. L'excès de la sottise en poésie, comme l'excès de l'injustice en politique, amène et prédit les révolutions. La Renaissance, effrénée et inventive, avait livré les esprits aux fougues et aux caprices de l'imagination, aux bizarreries, aux curiosités, aux dévergondages de la verve qui ne se soucie que de se satisfaire, qui éclate en singularités, qui a besoin de nouveautés, et qui aime l'audace et l'extravagance, comme la raison aime la justesse et la vérité. Le génie éteint, resta la folie ; l'inspiration ôtée, on n'eut plus que l'absurdité. Jadis le désordre et l'élan intérieur produisaient et excusaient les *concetti* et les écarts ; désormais on les fit à froid, par calcul et sans excuse. Ils exprimaient jadis l'état de l'esprit, désormais ils le démentirent. Ainsi s'accomplissent les révolutions littéraires. La forme, qui n'est plus inven-

---

1. His body was an orb, his sublime soul
Did move on Virtue's and on Learning's pole.
.... Come, learned Ptolemy, and trial make
If thou this hero's altitude canst take.

....Blisters with pride swell'd, which through 's flesh did sprout
Like rosebuds, stuck i' th' lilly skin about.
Each little pimple had a tear in it
To wail the fault its rising did commit.

Or were these gems sent to adorn his skin,
The cabinet of a richer soul within?
No comet need foretell his change drew on
Whose corpse might seem a constellation.

tée ni spontanée, mais imitée et transmise, survit à l'esprit passé qui l'a faite, et contredit l'esprit présent qui la défait. Cette lutte préalable et cette transformation progressive composent la vie de Dryden, et expliquent son impuissance et ses chutes, son talent et son succès.

II

Ses commencements font un contraste frappant avec ceux des poëtes de la Renaissance, acteurs, vagabonds, soldats, qui dès l'abord roulaient dans tous les contrastes et toutes les misères de la vie active. Il naquit vers 1631, d'une bonne famille : son grand-père et son oncle étaient barons; sir Gilbert Pickering, son parent, fut chevalier, député, membre sous Cromwell du conseil des vingt et un, l'un des grands officiers de la nouvelle cour. Dryden fut élevé dans une excellente école, chez le docteur Busby, alors célèbre; il passa ensuite quatre ans à Cambridge. Ayant hérité, par la mort de son père, d'un petit domaine, il n'usa de sa liberté et de sa fortune que pour persister dans sa vie studieuse, et s'enferma à l'université trois ans encore. Vous voyez ici les habitudes régulières d'une famille honorable et aisée, la discipline d'une éducation suivie et solide, le goût des études classiques et complètes. De telles circonstances annonçaient et préparaient non un artiste, mais un écrivain.

Je trouve les mêmes inclinations et les mêmes signes dans le reste de sa vie privée ou publique. Il passe régulièrement sa matinée à écrire ou à lire, puis dîne en famille. Ses lectures sont d'un homme instruit et d'un esprit critique, qui songe peu à se divertir où à s'enflammer, mais qui apprend et qui juge : Virgile, Ovide, Horace, Juvénal, Perse, voilà ses auteurs favoris; il en traduit plusieurs, il a leurs noms sans cesse sous la plume; il discute leurs opinions et leur mérite, il se nourrit de cette raison que les habitudes oratoires ont imprimée dans toutes les œuvres de l'esprit romain. Il est familier avec les nouvelles lettres françaises, héritières des latines, avec Corneille et Racine, avec Boileau, Rapin et Bossu; il raisonne avec eux, souvent d'après eux, écrit avec réflexion, et ne manque guère d'arranger quelque bonne théorie pour justifier chacune de ses nouvelles pièces. Sauf quelques inexactitudes, il connaît fort bien la littérature de sa nation, marque aux auteurs leur rang, classe les genres, remonte jusqu'au vieux Chaucer, qu'il traduit et rajeunit. Ainsi muni, il va s'asseoir l'après-midi au café de Will, qui est le grand rendez-vous littéraire; les jeunes poëtes, les étudiants qui sortent de l'université, les amateurs de style se pressent autour de sa chaise, qui est soigneusement placée l'été près du balcon, l'hiver au coin de la cheminée, heureux d'un mot, d'une prise de tabac respectueusement puisée dans sa docte tabatière. C'est qu'en effet il est le roi du goût et l'arbitre des lettres; il juge les nouveautés, la dernière tragédie de Racine, une lourde épopée de Blackmore, les premières odes de Swift, un peu vaniteux, louant ses propres écrits jusqu'à dire « qu'on n'a jamais composé et qu'on ne « composera jamais une plus belle ode » que sa pièce sur *la fête d'Alexandre*, mais communicatif, aimant ce renouvellement d'idées que la discussion ne manque jamais de produire, capable de souffrir la contradiction et de donner raison à son adversaire. Ces mœurs montrent que la littérature est devenue une œuvre d'étude, non d'inspiration, un emploi du goût, non de l'enthousiasme, une source de distractions, non d'émotions.

Son public, ses amitiés, ses actions, ses luttes aboutissent au même effet. Il vécut parmi les grands et les gens de cour, dans la société de mœurs artificielles et de langage calculé. Il avait épousé la fille de Thomas, comte de Berkshire; il fut historiographe, puis poëte lauréat. Il voyait fréquemment le roi et les princes. Il adressait chacune de ses œuvres à un seigneur dans une préface louangeuse écrite en style de domestique, et qui témoignait d'un commerce intime avec les grands. Il recevait une bourse d'or pour chaque dédicace, allait remercier, introduisait les uns sous des noms déguisés dans son *Essai sur le Drame*, écrivait des introductions pour les œuvres des autres, les appelait Mécène, Tibulle ou Pollion, discutait avec eux les œuvres et les opinions littéraires. L'établissement d'une cour avait amené la conversation, la vanité, l'obligation de paraître lettré et d'avoir bon goût, toutes les habitudes de salon qui sont les sources de la littérature classique, et qui enseignent aux hommes l'art de bien parler[1]. D'autre part, les lettres, rapprochées du monde, entraient dans les affaires du monde, et d'abord dans les petites disputes privées. Pendant que les gens de lettres apprennent à saluer, les gens de cour apprennent à écrire. Bientôt ils se mêlent, et naturellement ils se battent. Le duc de Buckingham écrit une parodie de Dryden, le *Rehearsal*, et prend une peine infinie pour faire attraper au principal acteur le ton et les gestes de son ennemi. Plus tard Rochester entre en guerre avec le poëte, soutient Settle contre lui, et loue une bande de coquins pour lui donner des coups de bâton. Dryden eut, outre cela, des querelles contre Shadwell et une foule d'autres, puis à la fin contre Blackmore et Jeremy Collier. Pour comble, il entra dans le conflit des partis politiques et des sectes religieuses, combattit pour les tories et les anglicans, puis pour les catholiques, écrivit *la Médaille*, *Absalon et Achitophel* contre les whigs, la *Religio Laici* contre les dissidents et les papistes, puis *la Biche et la Panthère* pour le roi Jacques II, avec la logique d'un homme de controverse et l'âpreté d'un homme de parti. Il y a bien loin de cette vie militante et raisonneuse aux rêveries et au détachement d'un vrai poëte. De telles circonstances enseignent l'art d'écrire clairement et solidement, le discours méthodique et suivi, le style exact et fort, la plaisanterie et la réfutation, l'éloquence et la satire; car ces dons sont né-

---

[1] « Si quelqu'un me demande ce qui a si fort poli notre conversation, je répondrai que c'est la cour. »
Dryden, *Défense de l'Épilogue de la Conquête de Grenade.*

cessaires pour se faire écouter ou se faire croire, et l'esprit entre de force dans une voie, quand cette voie est la seule qui le conduise à son but. Celui-ci y entrait de lui-même. Dès sa seconde pièce [1], l'abondance des idées serrées, l'énergie et la liaison oratoire, la simplicité, le sérieux, le souffle héroïque et romain annoncent un génie classique, parent non de Shakspeare, mais de Corneille, capable non de drames, mais de discours.

III

Et cependant dès l'abord, il se donna au drame; il en fit vingt-sept, et signa un traité avec les acteurs du Théâtre du Roi pour leur en fournir trois par an. Le théâtre, interdit sous la république, venait de se rouvrir avec une magnificence et un succès extraordinaires. Les décorations enrichies et devenues mobiles, les rôles de femmes joués non plus par de jeunes garçons, mais par des femmes, l'éclairage splendide et nouveau des bougies, les machines, la popularité récente des acteurs qui devenaient les héros de la mode, l'importance scandaleuse des actrices, qui devenaient les maîtresses des grands seigneurs et du roi, l'exemple de la cour et l'imitation de la France attiraient les spectateurs en foule. La soif du plaisir, longtemps comprimée, débordait. On se dédommageait de la longue abstinence imposée

1. Stances sur la mort d'Olivier Cromwell.

par les puritains fanatiques; les yeux et les oreilles, dégoûtés des visages moroses, de la prononciation nasale, des éjaculations officielles sur le péché et la damnation, se rassasiaient de la douceur des chants, du chatoiement des étoffes, de la séduction des danses voluptueuses. On voulait jouir, et jouir d'une façon nouvelle; car un nouveau monde, celui des courtisans et des oisifs, s'était formé. L'abolition des tenures féodales, l'augmentation énorme du commerce et de la richesse, l'affluence des propriétaires, qui mettaient des fermiers à leur place et venaient à Londres pour goûter les plaisirs de la ville et chercher les faveurs du roi, avaient installé au sommet de la société, ici comme en France, la classe, l'autorité, les mœurs et les goûts des gens du monde, hommes de salons et de loisir, amateurs de plaisir, de conversation, d'esprit et de savoir-vivre, occupés de la pièce en vogue moins pour se divertir que pour la juger. Ainsi se bâtit le théâtre de Dryden; le poëte, avide de gloire et pressé d'argent, y trouvait l'argent avec la gloire, et innovait à demi, à grand renfort de théories et de préfaces, s'écartant de l'ancien drame anglais, s'approchant de la nouvelle tragédie française, essayant un compromis entre l'éloquence classique et la vérité romantique, s'accommodant tant bien que mal au nouveau public qui le payait et l'acclamait.

« La langue, la conversation et l'esprit[1], dit-il, se

---

1. *Defence of the Epilogue to the Conquest of Grenada.* — *Grounds of Criticism in tragedy.*

« sont perfectionnés depuis le siècle dernier, » ce qui
a fait découvrir dans les anciens poëtes beaucoup de
fautes, et à introduit un genre de drame nouveau.
« Qu'un homme sachant l'anglais lise attentivement
« les œuvres de Shakspeare et de Fletcher, j'ose af-
« firmer qu'il trouvera à chaque page, soit quelque
« solécisme de langue, soit quelque manque de sens
« notable. La plupart de leurs fables sont composées
« avec une histoire ridicule et incohérente. Beaucoup
« de pièces de Shakspeare sont fondées sur des im-
« possibilités, ou du moins si bassement écrites, que
« la partie comique n'excite point notre rire, ni la
« partie sérieuse notre intérêt. Je montrerais aisé-
« ment que notre Fletcher si admiré n'entendait ni
« l'art de bien nouer une intrigue, ni ce qu'on appelle
« les bienséances du théâtre. Par exemple, son Phi-
« laster blesse sa maîtresse sur le théâtre; son *Berger*
« commet deux fois la même brutalité [1]. » Nulle part

---

1. The language, wit, and conversation of our age are improved and refined above the last....
Let us consider in what the refinement of a language principally consists: That is either in rejecting such old words or phrases which are ill sounding or improper, or in admitting new, which are more proper, more sounding, and more significant....
Let any man who understands English, read diligently the works of Shakspeare and Fletcher, and I dare undertake that he will find, in every page, either some solecism of speech, or some notorious flaw in sense.... Many of their plots were made up of some ridiculous or incoherent story, which in one play many times took up the business of an age. I suppose I need not name *Pericles Prince of Tyre*, nor the historical plays of Shakspeare; besides many of the rest, as the *Winter's Tale, Love's Labour lost, Measure for Measure*, which were either grounded on impossibilities, or at least so meanly

il ne garde aux rois la dignité royale. D'ailleurs l'action est chez eux toute barbare. Ils mettent des batailles sur le théâtre : ils transportent en un instant la scène à vingt ans ou à cinq cents lieues de distance, et vingt fois de suite en un acte; ils entassent ensemble trois ou quatre actions différentes, surtout dans les drames historiques. Mais c'est par le style qu'ils pêchent le plus. « Dans Shakspeare, beaucoup de
« mots et encore plus de phrases sont à peine intelli-
« gibles, et de celles que nous entendons, quelques-
« unes sont contre la grammaire, d'autres grossières,
« et tout son style est tellement surchargé d'expres-
« sions figurées qu'il est aussi affecté qu'obscur[1]. »
Ben Jonson lui-même a souvent de mauvaises constructions, des redondances, des barbarismes. « L'art
« de bien placer les mots pour la douceur de la pro-
« nonciation a été inconnu jusqu'au moment où
« M. Waller l'introduisit[2]. » Enfin tous descendent jusqu'aux calembours, aux expressions populacières

---

written that the comedy neither caused your mirth nor the serious part our concernment.

.... I could easily demonstrate that our admired Fletcher neither understood correct plotting, nor what they call the decorum of the stage.... The reader will see *Philaster* wounding his mistress, and afterwards his boy, to save himself.... His shepherd falls twice into the former indecency of wounding women. (*Defence of the Epilogue*, etc.)

1. Many of his words and more of his phrases are scarce intelligible; and of those which we understand, some are ungrammatical, others coarse; and his whole style is so pestered with figurative expressions, that it is affected as it is obscure.

2. Well-placing of words for the sweetness of pronunciation was not known till Mr. Waller introduced it.

et basses. « C'est que, outre le manque de savoir et
« d'éducation, ils n'avaient pas le bonheur d'entendre
« la bonne conversation. Il y avait dans leur siècle
« moins de galanterie que dans le nôtre. Les gentils-
« hommes aujourd'hui veulent qu'on les divertisse
« en leur montrant leurs propres ridicules. Ils veu-
« lent bien accorder que votre compère Jean et votre
« compère Jacques parlent selon leur état; mais ils
« ne s'amusent point de leurs pots à bière et de leurs
« guenilles[1]. » C'est pour eux maintenant qu'on doit
écrire, et surtout pour les plus instruits[2]; car ce n'est
pas assez d'avoir de l'esprit ou d'aimer la tragédie
pour être bon juge : il faut encore posséder une solide science et une haute raison, connaître Aristote,
Horace, Longin, et prononcer d'après leurs règles.
Ces règles, fondées sur l'observation et la logique,
ordonnent qu'il n'y ait qu'une action, que cette action
ait un commencement, un milieu et une fin, que ses
parties dérivent naturellement l'une de l'autre, qu'elle
excite la terreur et la pitié de manière à nous instruire
et à nous améliorer, que les caractères soient distincts, suivis, conformes à la tradition ou au dessein du

---

1. In the age wherein those poets lived there was less of gallantry than in ours.... Besides the want of learning and education,
they wanted the happiness of converse....

If any ask me wherein it is that our conversation is so much refined, I must ascribe it to the Court.

Gentlemen will now be entertained with the follies of each other,
and though they allow Cob and Tib to speak properly, yet they are
not much pleased with their tankard or with their rags.

Préface de *All for Love*.

poëte[1]. — Telle sera, dit Dryden, la nouvelle tragédie, fort voisine, ce semble, de la tragédie française, d'autant plus qu'il cite ici Bossu et Rapin comme s'il les prenait pour précepteurs.

Elle en diffère néanmoins, et Dryden[2] énumère tout ce qu'un parterre anglais peut blâmer chez nous. — Les Français, dit-il, n'ont point de caractères vraiment comiques : à peine si Corneille en a mis un dans son *Menteur*; tous leurs personnages se ressemblent, ce sont des êtres effacés, sans originalité distinctive. *Le Menteur*, quoique bien traduit et bien joué, a paru plat aux Anglais et fort au-dessous des caractères de Fletcher et de Ben Jonson. Pareillement leurs intrigues sont trop maigres, trop réduites à une action unique et privées de l'accompagnement des petites actions secondaires. D'ailleurs ils parlent au lieu d'agir. « *Cinna*, *Pompée* ne sont point des tragédies,
« mais de longs discours sur la raison d'État, et
« *Polyeucte*, en matière de religion, est aussi solennel
« qu'un long point d'orgue dans un motet. Quand le
« cardinal Richelieu réforma le théâtre français, on y
« introduisit ces harangues pour l'accommoder à la
« gravité d'un prélat.... Je ne nie pas que cela ne
« puisse convenir à l'humeur des Français ; nous qui
« sommes plus moroses, nous venons au théâtre pour

---

1. They are likewise to be gathered from the several virtues, vices, or passions, and many other common-places which a poet must be supposed to have learned from natural philosophy, ethicks, and history : of all which whosoever is ignorant does not deserve the name of poet.

2. *Essay on Dramatic Poesy.*

« être divertis; eux qui sont d'un tempérament gai et
« léger y viennent pour se rendre plus sérieux [1]. » Quant
aux tumultes et aux combats, qu'en France on rejette
derrière la scène, « il y a une sorte d'âpreté farouche
« dans le caractère de nos compatriotes qui les ré-
« clame et fait qu'ils ne peuvent s'en passer. » Aussi
bien les Français, à force de s'embarrasser dans ces
scrupules [2], et de se confiner dans leurs unités et dans

---

1. The beauties of the French poesy are the beauties of a statue, but not of a man, because not animated with the soul of poesy, which is imitation of humour and passions.... He who will look upon their plays which have been written 'till these last ten years or thereabouts, wild find it an hard matter to pick out two or three passable humours amongst them. Corneille himself, their arch-poet, what has he produced except the *liar?* And you know how it was cry'd up in France. But when it came upon the English stage, though well translated.... the most favourable to it would not put it in competition with many of Fletcher's or Ben Jonson's.... Their verses are to me the coldest I have ever read.... their speeches being so many declamations. When the French stage came to be reformed by cardinal Richelieu, those long harangues were introduced, to comply with the dignity of a churchman. Look upon the *Cinna* and the *Pompey.* They are not so properly to be called plays as long discourses of reason of state; and *Polyeucte,* in matters of religion, is as solemn as the long stops upon our organs. Since that time it is grown into a custom, and their actors speak by the hour-glass, like our parsons.... I deny not this may suit well enough with the French; for as we, who are a more sullen people, come to be diverted at our plays; so they, who are of an aery and gay temper, come hither to make themselves more serious. (*Essay on Dramatic Poesy.*)

2. In this nicety of manners does the excellency of French poetry consist. Their heroes are the most civil people breathing; but their good breeding seldom extends to a word of sense. All their wit is in their ceremony. They want the genius which animates our stage.... Thus their *Hippolytus* is so scrupulous in point of decency that he will rather expose himself to death than accuse his step-

leurs règles, ont ôté l'action de leur théâtre, et se sont réduits à une monotonie et à une sécheresse insupportables. Ils manquent d'invention, de naturel, de variété, d'abondance. « Ils se contentent d'être « maigrement réguliers. Leur langue affaiblie s'est « trop raffinée, et, comme l'or pur, elle plie à tous les « chocs ; notre vigoureux anglais n'obéit pas encore à « l'art, mais il est plus propre aux pensées viriles, « et son alliage l'a fortifié[1]. » Qu'on raille tant qu'on voudra Fletcher et Shakspeare, « il y a dans leur « style une imagination plus mâle et un plus grand « souffle que dans aucun des Français[2]. »

Quoique excessive, cette critique est bonne, et c'est parce qu'elle est bonne que je me défie des œuvres

---

mother to his father; and my criticks, I am sure, will commend him for it. But we of grosser apprehensions are apt to think that this excess of generosity is not practicable but with fools and madmen.... Take Hippolytus out of his poetic fit, and I suppose he would think it a wiser part to set the saddle on the right horse, and chuse rather to live with the reputation of a plain-spoken honest man than to die with the infamy of an incestuous villain.... The poet has chosen to give him the turn of gallantry, sent him to travel from Athens to Paris, taught him to make love, and transformed the Hippolytus of Euripides into Monsieur Hippolyte. (Préface de *All for Love*.)
Cette critique montre, en abrégé, tout le bon sens et toute la liberté d'esprit de Dryden, mais en même temps toute la grossièreté de son éducation et de son temps.

1.   .... Contented to be thinly regular.
   Their tongue enfeebled is refin'd too much,
   And, like pure gold, it bends to every touch.
   Our sturdy Teuton yet will not obey,
   More fit for manly thought, and strengthen'd with allay.
                              (Épître XII.)

2. A more masculine fancy and greater spirit in the writing than there is in any of the French.

qu'elle va produire. Il est dangereux pour un artiste d'être excellent théoricien; l'esprit qui crée s'accommode mal avec l'esprit qui juge; celui qui, tranquillement assis sur le bord, disserte et compare, n'est guère capable de se lancer droit et audacieusement dans la mer orageuse de l'invention. Ajoutez que Dryden se tient trop dans le juste milieu des tempéraments; les artistes originaux aiment uniquement et injustement une certaine idée et un certain monde; le reste disparaît à leurs yeux; enfermés dans une portion de l'art, ils nient ou raillent l'autre; c'est parce qu'ils sont bornés qu'ils sont forts. On voit d'avance que Dryden, poussé d'un côté par son esprit anglais, sera tiré d'un autre par ses règles françaises, que tour à tour il osera et se contiendra à moitié, qu'en fait de mérite il atteindra la médiocrité, c'està-dire la platitude, qu'en matière de défauts il tombera dans les disparates, c'est-à-dire dans les absurdités. Tout art original est réglé par lui-même, et nul art original ne peut être réglé par un autre; il porte en lui-même son contre-poids et ne reçoit pas de contre-poids d'autrui; il forme un tout inviolable : c'est un être animé qui vit de son propre sang, et qui languit ou meurt, si on lui ôte une partie de son sang pour le remplacer par du sang étranger. L'imagination de Shakspeare ne peut être guidée par la raison de Racine, et la raison de Racine ne peut être exaltée par l'imagination de Shakspeare; chacune est bien en soi et exclut sa rivale : c'est faire un bâtard, un malade et un monstre, que de les mêler. Le désordre, l'actoin violente et brusque, les crudités, l'horreur, la profondeur, la vérité, l'imitation exacte du réel et l'élan effréné des passions folles, tous les traits de Shakspeare se conviennent. L'ordre, la mesure, l'éloquence, la finesse aristocratique, la politesse mondaine, la peinture exquise de la délicatesse et de la vertu, tous les traits de Racine se conviennent. C'est détruire l'un que de l'atténuer, c'est détruire l'autre que de l'enflammer. Tout leur être et toute leur beauté consistent dans l'accord de leurs parties : renverser cet accord, c'est abolir leur être et leur beauté. Pour produire, il faut inventer une conception personnelle et conséquente; il ne faut pas mêler deux conceptions étrangères et opposées : Dryden n'a pas fait ce qu'il fallait, et a fait ce qu'il ne fallait pas.

Il avait d'ailleurs le pire des publics, débauché et frivole, dépourvu d'un goût personnel, égaré à travers les souvenirs confus de la littérature nationale et les imitations déformées des littératures étrangères ne demandant au théâtre que la volupté des sens ou l'amusement de la curiosité. Au fond, le drame, comme toute œuvre d'art, ne fait que rendre sensible une idée profonde de l'homme et de la vie; il y a une philosophie cachée sous ses enroulements et sous ses violences, et le public doit être capable de la comprendre comme le poëte de la trouver. Il faut que l'auditeur ait réfléchi ou senti avec énergie ou délicatesse pour entendre des pensées énergiques ou délicates, et jamais *Hamlet* ou *Iphigénie* ne toucheront un viveur vulgaire ou un coureur d'argent. Le personnage qui pleure sur la scène ne fait que renouveler nos propres larmes ; notre intérêt n'est que de la sympathie, et le drame est comme une conscience extérieure qui nous avertit de ce que nous sommes, de ce que nous aimons et de ce que nous avons senti. De quoi le drame aurait-il averti des joueurs comme Saint-Albans, des ivrognes comme Rochester, des prostituées comme lady Castlemaine, de vieux enfants comme Charles II? Quels spectateurs que des épicuriens grossiers incapables même de décence feinte, amateurs de volupté brutale, barbares dans leurs jeux, orduriers dans leurs paroles, dépourvus d'honneur, d'humanité, de politesse, et qui faisaient de la cour un mauvais lieu ! Des décorations splendides, des changements à vue, le tapage des grands vers et des sentiments forcés, l'apparence de quelques règles apportées de Paris, voilà la pâture naturelle de leur vanité et de leur sottise, et voilà le théâtre de la Restauration anglaise.

Je prends l'une de ces tragédies, fort célèbre alors, *l'Amour tyrannique ou la Royale Martyre*. Beau titre et propre à faire fracas. La royale martyre est sainte Catherine, princesse royale à ce qu'il paraît, amenée au tyran Maximin. Elle confesse sa foi, et on lui lâche un philosophe païen, Apollonius, pour la réfuter. « Prêtre, lui dit Maximin, pourquoi restes-tu muet ? Tu vis du ciel, tu dois disputer [1]. » Encou-

---

[1]. War is my province; Priest, why stand you mute ?
You gain by Heav'n and therefore should dispute....
CATHERINE.
They let the whole dispute concluded be

ragé, il dispute ; mais sainte Catherine argumente vigoureusement : « La raison combat contre votre « chère religion, — car plusieurs dieux feraient plu- « sieurs infinis ; — ceci était connu des premiers phi- « losophes, — qui sous différents noms n'en adoraient « qu'un seul, — quoique vos vains poëtes se soient en- « suite trompés — en faisant un dieu de chaque attri- « but. » Apollonius se gratte un peu l'oreille, et finit par répondre qu'il y a de grandes vérités et de bonnes règles morales dans le paganisme. La pieuse logicienne lui répond aussitôt : « Alors que toute la dispute se ré- « duise — à comparer ces règles et le christianisme ! » Désarçonné, Apollonius se convertit à l'instant même, injurie le prince, qui, trouvant sainte Catherine fort belle, se sent amoureux tout d'un coup et fait des calembours : « Absent, je puis ordonner son martyre ; — « mais un regard de plus, et le martyr sera moi[1]. »

Dans cet embarras, il envoie un grand officier pour déclarer son amour à sainte Catherine ; le grand officier cite et loue les dieux d'Épicure : à l'instant, la sainte établit la doctrine des causes finales, qui

   Betwixt these rules and christianity....
   .... Reason with your fond religion fights,
   For many Gods are many infinites ;
   This to the first philosophers was known.
   Who under various names, ador'd but one.
           (Act. II, sc. I.)

1. Absent, I may her Martyrdom decree,
  But one look more will make that martyr me....

Ce Maximin a la spécialité des calembours : Porphyrius, à qui il offre sa fille en mariage, répond que la distance est trop grande. Maximin là-dessus répond :

   Yet Heav'n and Earth which so remote appear,
   Are by the air, which flows betwixt'em, near.

renverse celles des atomes. Maximin arrive lui-même et lui dit « que si elle continue à repousser sa flamme « il la fera périr dans d'autres flammes[1]. » Là-dessus elle le tutoie, le brave, l'appelle esclave et s'en va. Touché de ces procédés, il veut l'épouser légitimement, et pour cela répudie sa femme. Cependant, afin de n'omettre aucun expédient, il emploie un magicien qui fait des conjurations (sur le théâtre), évoque les esprits infernaux, et amène une ronde de petits Amours : ceux-ci dansent et chantent des chansons voluptueuses autour du lit de sainte Catherine. Son ange gardien survient et les chasse. Pour dernière ressource, Maximin fait mettre une roue sur le théâtre pour y exposer sainte Catherine et sa mère. Au moment où l'on déshabille la sainte, un ange pudique descend fort à propos et casse la roue ; après quoi, on les emmène et on leur coupe le cou dans la coulisse. Joignez à ces belles inventions une double intrigue, l'amour de Valéria, fille de Maximin, pour Porphyrius, général des prétoriens, celui de Porphyrius pour Bérénice, femme de Maximin, puis une catastrophe subite, trois morts, et le règne des honnêtes gens qui s'épousent et se disent des politesses. Telle est cette tragédie, qui se dit française, et la plupart des autres sont semblables. Dans *la Reine Vierge*, dans *le Mariage à la mode*, dans *Aurengzèbe*, dans *l'Empereur de l'Inde*, et surtout dans *la Conquête de Grenade*, tout est extravagant.

---

1. Since you neglect to answer my desires,
   Know, princess, you shall burn in other fires.
   (Act. III, sc. I.)

On se taille en pièces, on prend des villes, on se poignarde, et on déclame de tout son gosier. Ces drames ont justement la vérité et le naturel d'un *libretto* d'opéra. Les incantations y abondent; un esprit apparaît dans *Montezuma* et déclare que les dieux indiens s'en vont. Les ballets s'y trouvent; Vasquez et Pizarre, assis dans une jolie grotte, regardent en conquérants les danses des Indiennes, qui folâtrent voluptueusement autour d'eux. Les scènes de Lulli n'y manquent pas: Alméria, comme Armide, arrive pour tuer Cortez endormi, et tout d'un coup se prend d'amour pour lui. Encore les *libretti* d'opéra n'ont-ils pas de disparates; ils évitent tout ce qui pourrait choquer l'imagination ou les yeux; ils sont faits pour des gens de goût qui fuient toute laideur et toute lourdeur. Ici croiriez-vous bien qu'on donne la torture à Montézuma sur le théâtre, et que pour comble un prêtre pendant ce temps dispute avec lui[1]? Je re-

CHRISTIAN PRIEST.
But we by Martyrdom our faith aver.
MONTEZUMA.
You do no more than I for ours do now.
To prove religion true....
If either wit or suffering would suffice,
All faiths afford the constant and the wise,
And yet ev'n they, by education sway'd,
In Age defend what infancy obey'd.
CHRISTIAN PRIEST.
Since Age by erring childhood is misled
Refer yourself to our unerring head.
MONTEZUMA.
Man and not err! what reason can you give?
CHRISTIAN PRIEST.
Renounce that carnal reason and believe.
PIZARRO.
Increase their pains, the cords are yet too slack.
(Acte V, sc. 1.)

connais dans cette pédanterie atroce les beaux cavaliers du temps, logiciens et bourreaux, qui se nourrissaient de controverse, et par plaisir allaient voir les supplices des puritains. Je reconnais derrière ces cascades d'invraisemblances et d'aventures les courtisans puérils et blasés qui, alourdis par le vin, ne sentaient plus les discordances, et dont les nerfs ne remuaient que par le choc des surprises et la barbarie des événements.

Entrons plus avant. Dryden veut mettre dans son théâtre les beautés de la tragédie française, et d'abord la noblesse des sentiments. Est-ce assez de copier, comme il fait, des phrases chevaleresques? Il s'en faut de tout un monde, car il faut tout un monde pour former des âmes nobles. La vertu chez nos tragiques est fondée sur la raison, sur la religion, sur l'éducation, sur la philosophie. Leurs personnages ont cette justesse d'esprit, cette netteté de logique, cette élévation de jugement qui instituent dans l'homme des maximes arrêtées et l'empire de soi. On aperçoit dans leur voisinage les doctrines de Bossuet et de Descartes; la réflexion aide en eux la conscience; l'habitude du monde y joint le tact et la finesse. La fuite des actions violentes et des horreurs physiques, la proportion et l'ordre de la fable, l'art de déguiser ou d'éviter les êtres grossiers ou trop bas, la perfection continue du style le plus mesuré et le plus noble, tout contribue à porter la scène dans une région sublime, et nous croyons à des âmes plus hautes en les voyant dans un air plus pur. Dans Dryden, peut-on y croire? Les personnages atroces ou infâmes viennent à chaque instant par leurs crudités nous rabattre dans leur fange. Maximin, ayant poignardé Placidius, s'assied sur son corps, le poignarde deux fois encore, et dit aux gardes : « Amenez-moi « l'impératrice et Porphyrius morts; je veux braver « le ciel une tête dans chaque main [1]. » Nourmahal, repoussée par le fils de son mari, insiste quatre fois avec l'indécente pédanterie que voici : « Pourquoi ces « scrupules contre un plaisir où la nature rassemble « toutes ses joies en une seule? La promiscuité dans « l'amour est la loi générale. Quels qu'aient été les « premiers amants, un frère et une sœur furent le « second couple [2]. » A l'instant l'illusion s'en va; on se croyait dans un salon de nobles personnages, on y trouve une prostituée folle et un sauvage ivre. Levez les masques : les autres ne valent guère mieux. Alméria, à qui l'on offre une couronne, répond insolemment : « Je la prends non comme donnée par vous,

---

1. Bring me Porphyrius and my Empress dead,
I would brave Heav'n, in my each hand a head.

Il dit en mourant :

And shoving back this earth on which I sit,
I'll mount, and scatter all the gods I hit.

2 And why this niceness to that pleasure shown,
Where Nature sums up all her joys in one....
Promiscuous love is Nature's general law;
For whosoever the first lovers were,
Brother and sister made the second pair,
And doubled by their love their piety....
You must be mine that you may learn to live.

Remarquez que cette furie, six vers plus loin, copie une réponse de Phèdre. Dryden a cru imiter Racine.

(*Aurengzebe*, acte IV, sc. I.)

« mais comme due à mon mérite et à ma beauté[1]. »
Indamora, à qui un vieux courtisan fait une déclaration d'amour, lui dit son fait avec une gloriole de parvenue et une grossièreté de servante : « Quand je ne
« serais pas reine, avez-vous pesé ma beauté, ma
« jeunesse qui est dans sa fleur, et votre vieillesse
« qui est dans sa décrépitude[2]? » Nulle d'entre ces héroïnes ne sait se conduire ; elles prennent l'impertinence pour la dignité, la sensualité pour la tendresse ; elles ont des abandons de courtisane, des jalousies de grisette, des petitesses de bourgeoise et des injures de harengère. Quant aux héros, ce sont les plus déplaisants des Fier-à-Bras. Léonidas, d'abord reconnu pour prince héréditaire, puis tout d'un coup abandonné, se console par cette réflexion modeste :
« Il est vrai, je suis seul ; mais Dieu l'était aussi avant
« de faire le monde, et il était mieux servi par lui-
« même que par la nature[3]. » Parlerai-je du plus grand sonneur de fanfares, Almanzor, peint, dit Dryden lui-même, d'après Artaban, redresseur de torts, pourfendeur de bataillons, destructeur de monar-

---

1. I take this garland not as given by you,
But as my merit and my beauty due.
  (*The Indian Emperor.*)
2. Were I no queen, did you my beauty weigh,
My youth in bloom, your age in its decay.
  (*Aurengzebe*, acte II, sc. I.)
3. 'Tis true I am alone.
So was the Godhead ere he made the world,
And better serv'd himself than serv'd by Nature.
.... I have scene enough within
To exercise my virtue.
  (*Mariage à la mode*, acte III, sc. II.)

chies[1]? Ce ne sont que sentiments chargés, dévouements improvisés, générosités exagérées, emphase ronflante de chevalerie maladroite; au fond, les personnages sont des rustres et des barbares qui ont essayé de s'affubler de l'honneur français et de la politesse mondaine. Et telle est en effet cette cour : elle imite celle de Louis XIV comme un faiseur d'enseignes copie un peintre. Elle n'a ni goût ni délicatesse, et s'en veut donner l'extérieur. Des entremetteurs et des dévergondées, des courtisans spadassins ou bourreaux qui vont voir éventrer Harrison ou qui mutilent Coventry, des filles d'honneur qui accouchent au bal, ou vendent aux planteurs les condamnés qu'on leur livre, un palais plein de chiens qui aboient et de joueurs qui crient, un roi qui en public lutte de gros mots avec ses maîtresses en chemise[2], voilà cet illustre monde; ils n'ont pris des façons françaises que le costume, et des sentiments nobles que les grands mots.

1. The Moors have heaven and me to assist them....
I'll whistle thy tame fortune after me....

Il devient amoureux. Voici en quel style il parle de l'amour :

'Tis he; I feel him now in every part,
Like a new Lord he vaunts about my heart,
Surveys in state each corner of my breast.
While poor fierce I that was, am dispossest.
(*Almanzor.*)

2. Voir la chanson sur laquelle on danse *la Zambra* dans *Almanzor*.

IV

Le second point digne d'imitation dans la tragédie classique est le style. A la vérité Dryden épure et éclaircit le sien en introduisant le raisonnement serré et les mots exacts. Il y a chez lui des disputes oratoires comme dans Corneille, des répliques lancées coup sur coup, symétriques, et comme un duel d'arguments. Il y a des maximes vigoureusement ramassées dans l'enceinte d'un vers unique, des distinctions, des développements, et tout l'art des bonnes plaidoiries. Il y a d'heureuses antithèses, des épithètes d'ornement, de belles comparaisons travaillées, et tous les artifices de l'esprit littéraire. Et ce qu'il y a de plus frappant, c'est qu'il abandonne le vers dramatique et national, qui est sans rime, ainsi que le mélange de prose et de vers commun à tous les anciens poëtes, pour rimer toute sa tragédie à la française, croyant inventer ainsi un nouveau genre, qu'il nomme *heroic play*. Mais, dans cette transformation, le bon périt, le mauvais reste. Car remarquez que la rime est chose différente chez des races différentes. Pour un Anglais elle ressemble à un chant, et le transporte à l'instant dans un monde idéal ou féerique. Pour un Français, elle n'est qu'une convention ou une convenance, et le transporte à l'instant dans une antichambre ou un salon; pour lui, c'est un costume d'ornement et rien qu'un costume ; s'il gêne la prose il l'anoblit; il impose le respect, non l'enthousiasme et change le style roturier en style titré. D'ailleurs, dans nos vers aristocratiques tout se tient. Toute pédanterie, tout appareil de logique en est exclu; rien de plus désagréable que la rouille scolastique à des gens bien élevés et délicats. Les images y sont rares, toujours soutenues; la poésie audacieuse, la vraie fantaisie, n'y ont point de place; ses éclats et ses écarts dérangeraient la politesse et le train régulier du monde. Les mots propres, le relief des expressions franches ne s'y trouvent pas; les termes généraux, toujours un peu effacés, conviennent bien mieux aux ménagements et aux finesses de la société choisie. Contre toutes ces règles, Dryden vient se heurter lourdement. Sa rime, pour les oreilles d'un Anglais, écarte à l'instant toute illusion théâtrale; on sent que les personnages qui parlent ainsi sont des mannequins sonores; il avoue lui-même que sa tragédie héroïque ne fait que mettre en scène des poëmes chevaleresques comme ceux de l'Arioste et de Spenser.

Des élans poétiques achèvent de ruiner toute vraisemblance. Reconnaissez-vous l'accent du drame dans cette comparaison d'épopée? « Comme une belle tulipe opprimée par l'orage, — frissonnante, se ferme, et plie ses bras de soie pour s'endormir, — se courbe sous l'ouragan, toute pâle, et presque morte, — pendant que le vent sonore chante autour de sa tête courbée, — ainsi disparaît votre beauté voilée[1]. » —

---

1. As some fair tulip, by a storm oppress'd,

Quelle singulière entrée que ces *concetti* de Cortez qui débarque! « Dans quel climat fortuné sommes-nous jetés, — si longtemps caché, si récemment connu, — comme si notre vieux monde s'était écarté par pudeur, — pour venir ici secrètement accoucher d'un nouvel univers[1]? » Jugez combien ces plaques de couleur font contraste sur le sobre dessin de la dissertation française. Ici les amoureux font assaut de métaphores. Là, un amant, pour vanter les beautés de sa maîtresse, dit que « des cœurs sanglants gisent palpitants dans sa main[2]. » A chaque page, des mots crus ou bas viennent salir la régularité du style noble. La pesante logique s'étale carrément dans les discours des princesses : « Deux si, dit Lyndaxara, font à peine une possibilité[3]. » Dryden met son bonnet

> Shrinks up, and folds its silken arms to rest;
> And bending to the blast, all pale and dead,
> Hears from within the wind sing round its head:
> So, shrouded up, your beauty disappears;
> Unveil, my love, and lay aside your fears.
> The storm that caus'd your fright is past and done.
> (*Conquest of Granada*, part. I.)

1. On what new happy climate are we thrown,
So long kept secret and so lately known?
As if our old world modestly withdrew
And here in private had brought forth a new.
(*The Indian Emperor.*)

2. And bloody hearts lye panting in her hand.
(*Almanzor.*)

3. Two if's scarce make one possibility.
(*Almanzor.*)

Poor women's thoughts are all extempore.

Ces dames si logiciennes ont des grossièretés étranges : Lyndaxara son amant qui la supplie de le rendre « heureux »

If I make you so, you shall pay my price.

de gradué sur la tête de ces pauvres femmes. Ni lui ni ses personnages ne sont des gens bien élevés, maîtres de leur style; ils n'ont pris aux Français que le gros appareil du barreau et de l'école : ils ont laissé là l'éloquence unie, la diction modérée, l'élégance et la finesse. Tout à l'heure la grossièreté licencieuse de la Restauration perçait à travers le masque des beaux sentiments dont elle se couvrait; maintenant la rude imagination anglaise a crevé le moule oratoire où elle tâchait de s'enfermer.

Retournons le tableau. Dryden veut garder le fond du vieux drame anglais, et conserve l'abondance des événements, la variété des intrigues, l'imprévu des accidents et la représentation physique des actions sanglantes ou violentes. Il tue autant que Shakspeare. Par malheur, tous les poëtes n'ont pas le droit de tuer. Quand on promène les spectateurs parmi les meurtres et les surprises, on a besoin de cent préparations secrètes. Supposez une sorte de verve et de folie romanesque, le style le plus osé, tout bizarre et poétique, des chansons, des peintures, des rêveries à haute voix, le franc dédain de toute vraisemblance, un mélange de tendresse, de philosophie et de moquerie, toutes les grâces fuyantes des sentiments nuancés, tous les caprices de la fantaisie bondissante : la vérité des événements ne vous importera guère. Personne, devant *Cymbeline* ou *As you like it*, n'est politique ou historien; on ne prend point au sérieux ces courses d'armées, ces avénements de princes; on assiste à une fantasmagorie. On n'exige pas que les choses aillent selon les lois naturelles; au contraire, on exige volontiers qu'elles aillent contre les lois naturelles. La déraison en fait le charme. Il faut que ce nouveau monde soit tout imaginaire; s'il ne l'était qu'à demi, personne n'y voudrait monter. C'est pourquoi nous ne montons point dans celui de Dryden. Une reine qu'on détrône, puis qu'on rétablit à l'improviste; un tyran qui retrouve son fils perdu, se trompe, adopte une jeune fille à sa place; un jeune prince qui, mené au supplice, arrache l'épée d'un garde et reprend sa couronne, voilà les romans qui composent sa *Reine vierge* et son *Mariage à la mode*. On devine quel air les dissertations classiques ont dans ce pêle-mêle; la solide raison rabat coup sur coup l'imagination sur le pavé. On ne sait s'il s'agit d'un portrait ou d'une arabesque; on reste suspendu entre la vérité et la fantaisie; on voudrait monter au ciel ou descendre en terre, et l'on saute au plus vite hors de l'échafaudage maladroit où le poëte veut nous jucher.

D'autre part, quand Shakspeare veut, non plus éveiller un songe, mais imprimer une croyance, il nous dispose encore et par avance, mais d'une autre façon. Naturellement nous doutons en face d'une action atroce; nous devinons que les fers rougis qui vont brûler les yeux du petit Arthur sont des bâtons peints, et que les six drôles qui font le siége de Rome sont des figurants loués à trente sous par nuit. Contre cette défiance, il faut employer le style le plus naturel, l'imitation circonstanciée et crue des mœurs de corps de garde et de cabaret ; je ne croirai à la sédition de Jack Cade qu'en entendant des paroles fangeuses de luxure bestiale et de stupidité populacière ; il faut me montrer les quolibets, le gros rire, l'ivrognerie, les habitudes de boucher et de corroyeur, pour que je me figure un attroupement et une élection. Pareillement, dans les meurtres, faites-moi sentir la flamme des passions grondantes, l'accumulation de désespoir ou de haine qui ont lancé la volonté et roidi la main ; quand les paroles effrénées, les soubresauts du délire, les cris convulsifs du désir exaspéré, m'auront fait toucher tous les liens de la nécessité intérieure qui a ployé l'homme et conduit le crime, je ne songerai plus à regarder si le couteau saigne, parce que je sentirai en moi, toute frémissante, la passion qui l'a manié. Est-ce que j'ai besoin de vérifier si Cléopatre est morte? Le singulier rire dont elle éclate quand on apporte le panier d'aspics, le brusque roidissement nerveux, le flux de paroles fiévreuses, la gaieté saccadée, les gros mots, le torrent d'idées dont elle déborde, m'ont déjà fait mesurer tout l'abîme du suicide[1], et je l'ai prévu dès l'entrée. Cette furie d'ima-

---

1. He words me, girls, he words me, that I should not
By noble to myself; but hark thee, Charmion....
   Now, Iras, what think'st thou?
Thou, an Egyptian puppet, shalt be shown
In Rome, as well as I. Mechanic slaves,
With greasy aprons, rules and hammers, shall
Uplift us to the view....
   Saucy lictors
Will catch at us like strumpets; and scald rhymers
Ballad us out o'tune; the quick comedians
Extemporally will stage us, and present
Our Alexandrian revels; Antony

gination allumée par le climat et la toute-puissance, ces nerfs de femme, de reine et de courtisane, cet abandon extraordinaire de soi-même à toutes les fougues de l'invention et du désir, ces cris, ces larmes, cette écume aux lèvres, cette tempête d'injures, d'actions, d'émotions, cette promptitude au meurtre annonçaient de quel élan elle allait heurter le dernier obstacle et se briser. Qu'est-ce que Dryden vient faire ici avec ses phrases écrites? Qu'est-ce qu'une suivante qui parle avec des mots d'auteur, et qui dit à sa maîtresse demi-folle : « Appelez la raison à votre secours¹? » Qu'est-ce qu'une Cléopatre comme la sienne, copiée d'après la Castlemaine², habile aux manéges et

>Shall be brought drunken forth, and I shall see
>Some squeaking Cleopatra boy my greatness
>I' the posture of a whore....
>　　　　　Husband, I come;
>Now to that name my courage prove my title!
>I am fire and air; my other elements
>I give to baser life. — So, you have done!
>Come then, and take the last warmth of my lips.
>Farewell, kind Charmion — Iras, long long farewell.
>　　　　*Dost thou not see my baby at my breast,*
>*That sucks the nurse asleep?*

Cette gaminerie amère de courtisane et d'artiste est sublime.

1. *The World well lost,* acte II.
　　　　　　IRAS.
　Call Reason to assist you.
　　　　　　CLEOPATRA.
　I have none.
　And none would have. My love's a noble madness,
　Which shows the cause deserved it. Moderate sorrow
　Fits vulgar love, and for a vulgar man.
　But I have loved with such transcendant passion;
　I soared at first quite out of Reason's view,
　And now am lost above it.

2. 　Come to me, come, my soldier, to my arms.
　You have been too long away from my embraces.
　But when I have you fast and all my own,

aux pleurnicheries, voluptueuse et coquette, n'ayant ni la noblesse de la vertu ni la grandeur du crime?
« La nature m'avait faite pour être une bonne épouse, une pauvre innocente colombe domestique; tendre sans art, douce sans tromperie[1]. » Non, certes, ou du moins cette tourterelle n'eût point dompté ni gardé Antoine; une bohémienne seule le pouvait par la supériorité de l'audace et la flamme du génie. Je vois, dès le titre de la pièce, pourquoi Dryden a amolli Shakspeare ; *Tout pour l'amour, ou le Monde bien perdu*. Quelle misère que de réduire de tels événements à une pastorale, d'excuser Antoine, de louer par contre-coup Charles II, de roucouler comme dans une bergerie ! Et tel était le goût des contemporains : quand Dryden écrivit d'après Shakspeare *la Tempête* et d'après Milton *l'État d'innocence*, il corrompit encore une fois les idées de ses maîtres; il changea Ève et Miranda en courtisanes[2]; il abolit partout, sous les convenances et les indécences, la franchise, la sévérité, la finesse et la grâce de l'invention originale. Autour

> With broken murmurs and amorous sighs
> I'll say you were unkind and punish you
> And mark you red with many an eager kiss.

1.   Nature meant me
A wife, a silly harmless household dove,
Fond without art, and kind without deceit:
                                        (*Ibid.*)

2. Miranda dit : « And if I can but escape with life, I had rather be in pain nine months, as my father threatened, than lose my longing. » — Dryden donne une sœur à Miranda; elles se querellent, et sont jalouses l'une de l'autre, etc. — Voyez aussi la description qu'Ève fait de son bonheur, et les idées que ses confidences suggèrent à Satan (acte III, sc. 1).

de lui, Settle, Shadwell, sir Robert Howard, faisaient pis. *L'Impératrice du Maroc*, par Settle, fut si admirée, que les gentilshommes et les dames de la cour l'apprirent pour la jouer à White-Hall, devant le roi. Et ce ne fut point là une mode passagère; quoique dégrossi, ce goût dura. En vain les poëtes rejetèrent une partie de l'alliage français dont ils avaient chargé leur métal natif; en vain ils revinrent aux vieux vers sans rime qu'avaient maniés Jonson et Shakspeare; en vain Dryden, dans les rôles d'Antoine, de Ventidius, d'Octavie, de don Sébastien et de Dorax, retrouva une portion du naturel et de l'énergie antiques : en vain Otway, qui avait un vrai talent dramatique, Lee et Southern atteignirent à des accents vrais ou touchants, en telle sorte qu'une fois, dans *Venise sauvée*, on crut que le drame allait renaître : le drame était mort, et la tragédie ne pouvait le remplacer; ou plutôt chacun d'eux mourait par l'autre, et leur union, qui les avait énervés sous Dryden, les énervait sous ses successeurs. Le style littéraire émoussait la vérité dramatique; la vérité dramatique gâtait le style littéraire; l'œuvre n'était ni assez vivante ni assez bien écrite; l'auteur n'était ni assez poëte ni assez orateur: il n'avait ni la fougue et l'imagination de Shakspeare ni la politesse et l'art de Racine[1]. Il errait sur les confins des deux théâtres, et ne convenait ni à des artistes demi-barbares ni à des gens de cour finement polis. Tel est en effet le public qui l'écoute, incertain

---

1. Cette impuissance ressemble à celle de Casimir Delavigne.

entre deux formes de pensées, nourri de deux civilisations contraires. Ces hommes n'ont plus la jeunesse des sens, la profondeur des impressions, l'originalité audacieuse et la folie poétique des cavaliers et des aventuriers de la Renaissance ; ils n'auront jamais les adresses de langage, la douceur des mœurs, les habitudes de la cour et les finesses de sentiment ou de pensée qui ont orné la cour de Louis XIV. Ils quittent l'âge de l'imagination et de l'invention solitaire, qui convient à leur race, pour l'âge de la raison et de la conversation mondaine, qui ne convient pas à leur race ; ils perdent leurs mérites propres et n'acquièrent pas les mérites de leurs voisins. Ce sont des poëtes étriqués et des courtisans mal élevés, ne sachant plus rêver et ne sachant pas encore vivre, tantôt plats ou brutaux, tantôt emphatiques ou roides. Pour qu'une belle poésie naisse, il faut qu'une race rencontre son siècle. Celle-ci, égarée hors du sien et entravée d'abord par l'imitation étrangère, ne forme que lentement sa littérature classique ; elle ne l'atteindra qu'après avoir transformé son état religieux et politique : ce sera le règne de la raison anglaise. Dryden l'ouvre par ses autres œuvres, et les écrivains qui paraîtront sous la reine Anne lui donneront son achèvement, son autorité et son éclat.

V

Arrêtons-nous pourtant un instant encore, et cherchons si, parmi tant de rameaux avortés et tordus, la vieille souche théâtrale, livrée par hasard à elle-même, ne produira pas sur un point quelque jet vivant et sain. Quand un homme comme Dryden, si bien doué, si bien instruit et si bien exercé, travaille de toute sa force, il y a des chances pour que parfois il réussisse, et une fois, en partie du moins, Dryden a réussi. Ce serait le traiter trop rigoureusement que de le juger toujours en regard de Shakspeare; même à côté de Shakspeare, et avec la même matière, on peut faire une belle œuvre; seulement, le lecteur est tenu d'oublier pour un instant le grand inventeur, le créateur inépuisable d'âmes véhémentes et originales, de considérer l'imitateur tout seul et sans lui imposer une comparaison qui l'accablerait.

Il y a de la vigueur et de l'art dans cette tragédie de Dryden, *Antoine et Cléopatre*. « Toutes mes autres « pièces, disait-il, je les ai faites pour la foule; « celle-ci, je l'ai faite pour moi-même. » Et, en effet, il l'avait composée savamment d'après l'histoire et la logique. Ce qui est mieux encore, il l'avait écrite virilement. « La charpente de la pièce, disait-il dans sa « préface, est suffisamment régulière, et les unités de « temps, de lieu et d'action, plus exactement obser- « vées que peut-être le théâtre anglais ne le requiert.

« Particulièrement, l'action est si bien une qu'elle est
« la seule de son espèce sans épisode ni intrigue sub-
« sidiaire, chaque scène conduisant à l'effet principal
« et chaque acte se terminant par un grand change-
« ment de situation. » Il a fait davantage; il a quitté
l'attirail français, il est rentré dans la tradition nationale : « Dans mon style, j'ai essayé, de parti pris,
« d'imiter le divin Shakspeare, et pour le faire plus
« librement, je me suis débarrassé de la rime. J'ose
« dire qu'en l'imitant je me suis surpassé moi-même
« dans cette pièce, et qu'entre autres je préfère la
« scène entre Antoine et Ventidius, au premier acte,
« à tout ce que j'ai écrit dans ce genre. » Il avait raison; si sa Cléopatre est manquée, si cette défaillance
de la conception détourne l'intérêt et gâte l'ensemble,
si la rhétorique nouvelle et l'emphase ancienne viennent parfois suspendre l'émotion et détruire la vraisemblance, en somme pourtant le drame se tient debout, et qui plus est, il marche. Le poëte est expert;
il a bien calculé, il sait *faire une scène*, montrer le
duel intérieur par lequel deux passions se disputent
le cœur de l'homme. On sent chez lui les vicissitudes
tragiques de la lutte, le progrès d'un sentiment, la
défaite des résistances, l'afflux lent du désir ou de la
colère, jusqu'au moment où la volonté redressée ou
séduite se précipite soudainement d'un seul côté. Il y
a des mots naturels : le poëte écrit et pense trop sai-
nement pour ne pas les trouver quand il en a besoin.
Il y a des caractères virils : lui-même est un homme,
et, sous ses complaisances de courtisan, sous ses af-

fectations de poëte à la mode, il a gardé le naturel énergique et âpre. Sauf une scène d'injures, son Octavie est une matrone romaine, et quand, jusque dans Alexandrie, jusque chez Cléopatre, elle vient chercher Antoine, elle le fait avec une simplicité et une noblesse qu'on ne surpassera pas. « La sœur de César! » lui dit Antoine en l'abordant. — « Ce mot-là est dur.
« Si je n'avais été que la sœur de César, — je serais
« restée dans le camp de César. — Mais votre Octavie,
« votre femme tant maltraitée, — quoique bannie de
« votre lit et chassée de votre maison, — quoique
« sœur de César, est encore à vous. — Il est vrai, j'ai
« une âme qui dédaigne votre froideur, — qui me
« pousse à ne point chercher ce que vous devriez
« offrir. — Mais la vertu d'une épouse surmonte cet
« orgueil. — Je viens pour vous réclamer comme mon
« bien, pour vous montrer — ma fidélité d'abord, pour
« demander, pour implorer votre tendresse. — Votre
« main, mon seigneur ; elle est à moi, et je la de-
« mande. » Et quand Antoine, humilié, se révolte contre la grâce qui lui vient d'Octave et lui dit que sans doute elle a demandé pardon pour lui pauvremen et bassement : « Pauvrement et bassement! Je n'au-
« rais pas pu faire une pareille demande, — ni mon
« frère l'accorder.... — Ma triste fortune, je le vois,
« me soumet toujours à vos désobligeantes méprises.
« —Mais les conditions que je vous apporte sont telles
« — que vous n'aurez pas à rougir de les accepter.
« J'aime votre honneur — parce qu'il est le mien. On
« ne dira jamais — que le mari d'Octavie fut l'esclave

« d'un autre homme. — Seigneur, vous êtes libre; libre
« même de l'épouse que vous avez en aversion. —
« Car, quoique mon frère veuille acheter pour moi
« votre tendresse, — et me fasse la condition et le
« ciment de votre paix, — j'ai une âme comme la vô-
« tre : je ne puis recevoir — votre amour comme une
« aumône, ni implorer ce que je mérite. —, Je dirai
« à mon frère que nous sommes réconciliés. — Il re-
« tirera ses troupes, et vous vous mettrez en marche
« — pour gouverner l'Orient. Vous me pourrez laisser
« à Athènes; — n'importe où; je ne me plaindrai ja-
« mais. — Je ne garderai que le stérile nom d'épouse
« — et vous serez quitte de tout autre ennui [1]. »

1.
<pre>
                        ANTONY.
            Cæsar's sister.
                              OCTAVIA.
     That's unkind.
     Had I been nothing more than Cæsar's sister,
     Know, I had still remain'd in Cæsar's camp.
     But your Octavia, your much injured wife,
     Though banish'd from your bed, driv'n from your house,
     In spite of Cæsar's sister, still is yours.
     'Tis true, I have a heart disdains your coolness,
     And prompts me not to seek what you should offer;
     But a wife's virtue still surmounts that pride.
     I come to claim you as my own; to show
     My duty first, to ask, nay, to beg your kindness;
     Your hand, my Lord; 'tis mine, and I will have it
                              ANTONY.
     I fear, Octavia, you have begg'd my life....
     Poorly and basely begg'd it of your brother.
                              OCTAVIA.
     Poorly and basely I could never beg,
     Nor could my brother grant....
                    My hard fortune
     Subjects me still to your unkind mistakes.
     But the conditions I have brought are such,
     You need not blush to take. I love your honour
     Because 'tis mine. It never shall be said,
     Octavia's husband was her brother's slave.
     Sir, you are free; free e'en from her you loath;
</pre>

Cela est grand ; cette femme a un cœur fier, et aussi un cœur d'épouse ; elle sait donner et elle sait souffrir ; ce qui est mieux, elle sait se sacrifier sans emphase et d'un ton calme ; ce n'est point une âme vulgaire qui a conçu une pareille âme. Et le vieux général Ventidius qui, avec elle et avant elle, vient pour retirer Antoine de son illusion et de son esclavage, est digne de parler pour l'honneur, comme elle a parlé pour le devoir. Sans doute c'est un plébéien, un soldat rude et railleur, qui a la franchise et les plaisanteries de son métier, maladroit parfois, qu'un habile eunuque de sérail pourra duper, « héros au crâne épais, » et qui, par simplicité d'âme, par grossièreté d'éducation, ramènera Antoine sans s'en douter dans le rets qui semblait brisé. En attendant, il triomphe avec un gros rire : « Voilà des nouvelles pour vous, cours, mon of-
« ficieux ennuque. Ne manque pas d'arriver le pre-
« mier ; presse-toi. Vite, mon cher eunuque, vite. En
« avant, mon cher demi-homme. » Et, tombant dans un piége, il dit à Antoine qu'il a vu Cléopatre infidèle avec Dolabella : — « Ma Cléopatre ? — Votre Cléopatre.
« La Cléopatre de Dolabella. La Cléopatre de tout le
« monde. — Tu mens. — Je ne mens pas, mon sei-
« gneur. Cela est-il si étrange ? Est-ce qu'une maî-

>For tho' my brother bargains for your love,
>Makes me the price and cement of your peace,
>I have a soul like yours ; I cannot take
>Your love as alms, nor beg what I deserve.
>I'll tell my brother we are reconcil'd.
>He shall draw back his troops, and you shall march
>To rule the East. I may be dropt at Athens;
>No matter where, I never will complain,
>But only keep the barren name of wife,
>And rid you of the trouble.

« tresse quittée ne se pourvoit pas? Vous savez bien
« qu'elle n'est pas accoutumée aux nuits solitaires[1]. »
Voilà justement le bon moyen de rendre Antoine jaloux, et le ramener furieux à Cléopâtre. Mais quel brave cœur, et comment on entend, lorsqu'il est seul avec Antoine, le mâle accent, la profonde voix qui a tonné dans les batailles ! Il aime son général en bon et honnête dogue, et ne demande pas mieux que de mourir, pourvu que ce soit aux pieds de son maître. Il gronde sourdement, en le voyant abattu, tourne autour de lui et d'un coup il pleure : « Regarde, empe-
« reur, voilà une rosée qui n'est pas ordinaire. — Je
« n'ai pas pleuré depuis quarante ans, — mais à pré-
« sent la faiblesse de ma mère me revient aux yeux. »
— « Par le ciel, dit Antoine, il pleure le bon vieil
« homme, il pleure — et les grosses gouttes rondes
« courent les unes après les autres sur les sillons de
« ses joues[2]. » Et là-dessus Antoine, lui-même, pleure.

---

1. There's news for you; run, my officious Eunuch.
Be sure to be the first. Haste forward,
Haste, my dear Eunuch, haste.
On, sweet Eunuch, my dear half-man, proceed....
ANTONY.
My Cleopatra?
VENTIDIUS.
Your Cleopatra.
Dolabella's Cleopatra.
Every man's Cleopatra.
ANTONY.
Thou ly'st.
VENTIDIU
I do not lye, my lord.
Is this so strange? Should mistresses be left,
And not provide against a time of change?
You know she's not much us'd to lonely nights.

2. VENTIDIUS.
Look, emperor, this is no common dew;

On pense, en écoutant ces sanglots terribles, aux vétérans de Tacite, qui, au sortir des marais de la Germanie, la poitrine cicatrisée, la tête blanchie, les membres roidis par le service, baisaient les mains de Drusus, et lui mettaient les doigts dans leurs gencives, pour lui faire sentir leurs dents usées, tombées, incapables de mâcher le mauvais pain qu'on leur jetait. « Debout, debout, — vous usez vos heures en-
« dormies — dans une indolence désespérée que
« vous appelez faussement philosophie. — Douze lé-
« gions vous attendent et ont hâte de vous nommer
« leur chef. — A force de pénibles marches, en dépit
« de la chaleur et de la faim, — je les ai conduites
« patientes — depuis la frontière des Parthes jusqu'au
« Nil. — Cela vous fera bien de voir leurs faces bru-
« lées du soleil, — leurs joues cicatrisées, leurs mains
« entamées; il y a de la vertu en eux. — Ils vendront
« ces membres plus cher — que ces jolis soldats
« pomponnés là-bas ne voudront les acheter[1]. » —

> I have not wept this forty years; but now
> My mother comes afresh unto my eyes;
> I cannot help her softness.
> ANTONY.
> By heav'n, he weeps! poor old man, he weeps!
> The big round drops course one another down
> The furrows of his cheeks. Stop 'em, Ventidius,
> Or I shall blush to death; they set my shame,
> That caus'd 'em, full before me.
> VENTIDIUS.
> I'll do my best.
> ANTONY.
> Sure there's contagion in the tears of friends;
> See, I have caught it too. Believe me, 'tis not
> For my own griefs, but thine.... Nay, father....

1. No; 'tis you dream; you sleep away your hours

Et quand tout est perdu, quand les Égyptiens ont trahi, et qu'il ne s'agit plus que de bien finir : « Il reste « encore — trois légions dans la ville. Le dernier as- « saut — a coupé le reste. Si votre dessein est de « mourir, — et à présent je le souhaite, — en, voilà « assez, — pour faire autour de nous un tas d'enne- « mis morts, — un bûcher honorable pour nos fu- « nérailles. — Choisissez votre mort. — J'ai vu la « mort sous tant de formes — que peu m'importe « laquelle. — Ma vie à mon âge est un tel haillon, à « peine si elle vaut qu'on la donne. — J'aurais sou- « haité pourtant que nous eussions jeté la nôtre de « meilleure grâce, — comme deux lions pris aux rets, « avançant la griffe et blessant les chasseurs. » — Antoine le supplie de partir, il refuse; Antoine veut mourir de sa main. — « Non, par le ciel, je ne le veux « pas; et ce n'est pas pour vous survivre. » — « Tue- « moi d'abord, tu mourras après; sers ton ami, avant « toi-même. » — « Alors, donnez-moi la main. Nous « nous retrouverons bientôt. » Il embrasse Antoine, tire l'épée, puis s'arrête : « Je ne voudrais pas faire « une affaire d'une bagatelle. Pourtant, je ne peux pas « vous regarder et vous tuer; je vous prie, tournez « votre face. — Soit, et frappe bien, à fond. — A fond,

In desperate sloth, miscall'd philosophy.
Up, up, for honour's sake; twelve legions wait you,
And long to call you chief. By painful journeys
I led 'em patient both of heat and hunger,
Down from the Parthian marches to the Nile.
'Twill do you good to see their sun-burnt faces,
Their scarr'd cheeks, and chopt hands; there's virtue in 'em :
They'll sell those mangled limbs at dearer rates
Than yon trim bands can buy.

« aussi loin que mon épée entrera¹. » Et du coup, lui-même il se tue. — Ce sont là les mœurs tragiques et stoïques de la monarchie militaire, les grandes prodigalités de meurtres et de sacrifices avec lesquelles les hommes de ce monde bouleversé et brisé tuaient et finissaient. — Cet Antoine, pour qui on a tant fait, lui aussi, il a mérité qu'on l'aime; il a été l'un des vaillants sous César, le premier soldat d'avant-garde;

1.
     VENTIDIUS.
 There yet remain
 Three legions in the town. The last assault
 Lopt off the rest. If death be your design,
 As I must wish it now, these are sufficient
 To make a heap about us of dead foes,
 An honest pile for burial.
      Chuse your death.
 For I have seen him in such various shapes,
 I care not which I take.
     I 'm only troubled.
 The life I bear is worn to such a rag,
 'Tis scarce worth giving. I could wish indeed,
 We threw it from us with a better grace,
 That, like two lions taken in toils,
 We might at least thrust out our paws, and wound
 The hunters that inclose us....
    ANTONY.
      Do not deny me twice
    VENTIDIUS.
 By heav'n, I will not.
 Let it not be t' out-live you.
    ANTONY.
      Kill me first,
 And then die thou. For 'tis but just thou serve
 Thy friend before thyself.
    VENTIDIUS.
 Give me your hand.
 We soon shall meet again. Now farewell, emperor.
 .... I will not make a bus'ness of a trifle,
 And yet I cannot look on you and kill you.
 Pray, turn your face.
    ANTONY.
 I do. Strike home be sure.
    VENTIDIUS.
 Home, as my sword will reach.

la bonté, la générosité palpitent en lui jusqu'au bout ; s'il est faible contre une femme, il est fort contre les hommes ; il a les muscles, la poitrine, la colère et les bouillonnements d'un combattant ; c'est cette chaleur de sang, c'est ce sentiment trop vif de l'honneur qui cause sa perte ; il ne sait pas se pardonner sa faute ; il n'a pas cette hauteur de génie qui, planant au-dessus des maximes ordinaires, affranchit l'homme des hésitations, des découragements et des remords ; il n'est que soldat, il ne peut oublier qu'il a failli à la consigne : « Mon empereur ! » lui dit Ventidius. — « Ton empereur ! Non, c'est là un nom de victoire ! « Le soldat victorieux, rouge de blessures qu'il ne « sent pas, salue de ce nom son général. Actium, Ac- « tium, oh ! » — Vous y pensez trop. » — « Ici, ici, le « poids est ici, bloc de plomb pendant le jour ; et la « nuit, pendant mes courts assoupissements fiévreux, « c'est la sorcière qui chevauche mes rêves. » — Enfin, voici de nouveau des armes et des hommes, et une aurore d'espérance. « Combattrons-nous ? » dit Ventidius. — « Je te le garantis, mon vieux brave. Tu « me verras encore une fois sous ma cuirasse, à la tête « de ces vieilles troupes qui ont battu les Parthes, « crier : en avant, suivez-moi[1]. » Il se croit à la bataille, et déjà sa fougue l'emporte. Ce n'est pas un tel homme qui gouvernera les hommes ; on ne maîtrise.

---

1.   VENTIDIUS.
    Emperor !
              ANTONY.
    Emperor ! Why that's the style of victory.
    The conqu'ring soldier, red with unfelt wounds,

la fortune qu'après s'être maîtrisé soi-même ; celui-ci n'est fait que pour se contredire et se détruire, et pour tourner tour à tour sous l'effort de toutes les passions. Sitôt qu'il croit Cléopatre fidèle, l'honneur, la réputation, l'empire, tout disparaît. « Qu'est-ce que cela, « Ventidius ? Voilà qui contre-pèse tout le reste. — « Eh ! nous avons fait plus que vaincre César, à pré-« sent. — Non-seulement ma reine est innocente, mais « elle m'aime. — M'en aller, où ? la quitter ! quitter « tout ce qu'il y a de parfait ! — Donnez, grands Dieux ! « donnez à votre petit garçon, à votre César, — ce « monde, un hochet pour jouer avec, — ce colifichet « d'empire. Il est content à bon marché. — Moi, je ne « veux pas moins que Cléopatre[1] ! » L'abattement viendra après l'excès ; ces sortes d'âmes ne sont trempées que contre la crainte ; leur courage n'est que celui du

> Salutes his general so : but never more
> Shall that sound reach my ears.
> VENTIDIUS.
> I warrant you.
> ANTONY.
> Actium, Actium ! Oh....
> VENTIDIUS.
> It sits too near you.
> ANTONY.
> Here, here it lies ; a lump of lead by day ;
> And in my short, distracted nightly slumbers,
> The hag that rides my dreams....
> VENTIDIUS.
> That's my royal master.
> And shall we fight ?
> ANTONY.
> I warrant thee, old soldier ;
> Thou shalt behold me once again in iron,
> And, at the head of our old troops, that beat
> The Parthians, cry aloud, « Come, follow me. »
> VENTIDIUS.
> And what's this toy

taureau et du lion ; il a besoin, pour demeurer entier, du mouvement corporel, du danger visible ; c'est le tempérament qui les soutient ; devant les grandes douleurs morales, ils s'affaissent. Lorsqu'il se croit trahi, il s'abandonne et ne sait plus que mourir. « Que César « arpente seul ce monde ; je suis las de mon rôle. — « Ma torche est finie, et le monde est devant moi — « comme un noir désert à l'approche de la nuit. — Je « veux me coucher, ne pas vaguer davantage[1]. » De pareils vers font penser aux lugubres rêves d'Othello, de Macbeth, d'Hamlet lui-même ; par-dessus le monceau des tirades ronflantes et des personnages en carton peint, il semble que le poëte soit allé toucher l'ancien drame, pour en rapporter le frémissement.

A côté de lui, un autre aussi l'a senti, un jeune homme, un pauvre aventurier, qui tour à tour étu-

---

In balance with your fortune, honour, fame?
ANTONY.
What is 't, Ventidius? It out-weighs 'em all.
Why, we have more than conquer'd Cæsar now.
My queen's not only innocent, but loves me....
Down on thy knees, blasphemer as thou art
And ask forgiveness of wrong'd Innocence!
VENTIDIUS.
I'll rather die than take it. Will you go?
ANTONY.
Go! Whither? Go from all that's excellent
    Give, you gods,
Give to your boy, your Cæsar,
This rattle of a globe to play withal,
This gu-gau world ; and put him cheaply off.
I'll not be pleas'd with less than Cleopatra.

1.   Let Cæsar walk
Alone upon it. I am weary of my part.
My torch is out, and the world stands before me
Like a black desert. At the approach of night
I'll lay me down and stray no farther on.

diant, acteur, officier, toujours désordonné et toujours pauvre, vécut follement et tristement dans les excès et la misère, à la façon des vieux tragiques, avec leur inspiration, avec leurs fougues, et qui mourut à trente-quatre ans, selon les uns d'une fièvre causée par la fatigue, selon les autres d'un jeûne prolongé au bout duquel il avala trop vite un morceau de pain donné par charité. A travers l'enveloppe pompeuse de la rhétorique nouvelle, Thomas Otway a retrouvé parfois les passions de l'autre siècle. On sent que son temps lui nuit, qu'il émousse lui-même l'âpreté et la vérité de son émotion, que le mot propre et hardi ne lui arrive plus, que tout autour de lui le style oratoire, les phrases d'auteur, la déclamation classique, les antithèses bien faites viennent bourdonner, étouffer son accent sous leur ronflement tendu et monotone. Il ne lui a manqué que de naître cent ans plus tôt. On retrouve dans son *Orpheline*, dans sa *Venise sauvée*, les noires imaginations de Webster, de Ford et de Shakspeare, leur conception lugubre de la vie, leurs atrocités, leurs meurtres, leurs peintures des passions irrésistibles qui s'entre-choquent aveuglément comme un troupeau de bêtes sauvages, et bouleversent le champ de bataille de leurs hurlements et de leur tumulte, pour ne laisser après elles que des dévastations et des tas de morts. Comme Shakspeare, ce qu'il étale sur la scène ce sont les entraînements et les fureurs humaines, un frère qui viole la femme de son frère, un mari qui se parjure pour sa femme, Polydore, Chamont, Jaffier, des âmes violentes et faibles que l'occasion transporte, que la tentation renverse, chez qui le transport ou le crime, comme un venin versé dans une veine, monte par degrés, empoisonne tout l'homme, gagne par contagion ceux qu'il touche, et les tord et les abat ensemble dans le délire des convulsions. Comme Shakspeare, il a trouvé de ces mots poignants, et vivants[1], qui montrent le fond de l'homme, l'étrange craquement de la machine qui se démonte, le roidissement de la volonté qui se tend jusqu'à se briser[2], la simplicité des vrais sacrifices, les humilités de la passion exaspérée et mendiante qui implore jusqu'au bout contre toute espérance sa pâture et son assouvissement[3]. Comme Shakspeare, il a conçu de vraies âmes féminines[4], une Monimia, surtout une Belvidera qui, semblable à Imogène, s'est donnée tout

---

1. How my head swims! 'Tis very dark. Good night.
(Mort de Monimia.)

2. Voir la mort de Pierre et de Jaffier. Pierre, une fois poignardé, éclate de rire.

3. JAFFIER.
Oh, that my arms were riveted
Thus round thee ever! But my friends, my oath!
This, and as more.
(*Kisses her.*)
BELVIDERA.
Another, sure another
For that poor little one, you 've ta'en such care of;
I'll give it him truly.

Il y a de la jalousie dans ce dernier mot.

4. Oh, thou art tender all,
Gentle and kind, as sympathizing nature,
Dove-like, soft and kind....
I'll ever live your most obedient wife,
Nor ever any privilege pretend
Beyond your will.
Orphan, p. 69.

entière et perdue comme en un abîme dans l'adoration de celui qu'elle a choisi, qui ne sait qu'aimer, obéir, pleurer, souffrir, et qui meurt comme une fleur séparée de sa tige, sitôt qu'on arrache ses bras du col autour duquel elle les avait noués. Comme Shakspeare enfin, il a retrouvé au moins une fois la grande bouffonnerie amère, le sentiment cru de la bassesse humaine, et il a planté au milieu de sa tragédie la plus douloureuse, un grotesque immonde, un vieux sénateur qui se délasse de sa gravité officielle en faisant le soir chez sa courtisane le farceur et le valet. Comme cela est amer! comme il a vu vrai en montrant l'homme empressé de quitter son costume et sa parade! comme l'homme est prompt à s'avilir quand, échappé à son rôle, il revient à lui-même! comme le singe et le chien reparaissent en lui[1]! Le sénateur Antonio arrive chez cette Aquilina, qui l'insulte; cela l'amuse; les gros mots reposent, au sortir des respects; il fait la petite voix, il manie son fausset, comme un pitre. « Nacki, Nacki, Nacki; je suis venu, petite Nacki;
« onze heures passées; une bonne heure; assez tard
« en conscience pour se mettre au lit, Nacki. Nacki
« ai-je dit? Oui, Nacki, Aquilina, Lina, Quilina, Aqui-
« lina, Naquilina, Acki, Nacki, Nacki, la reine Nacki,
« allons, viens au lit, petite gueuse, petite guenon,
« petite chatte, proooo pritt..... Je suis sénateur! » —
« Bouffon, vous voulez dire. » — « Possible, mon

1. La petite Laclos disait à je ne sais plus quel duc en lui prenant son grand cordon : « Mets-toi à genoux là-dessus, vieille ducaille! » Et le duc se mettait à genoux.

« cher cœur; cela ne gâte pas le sénateur. Allons,
« Nacki, Nacki, il faut jouer au cheval fondu, Nacki. »
Et il gamine ; elle le chasse, elle l'appelle idiot, brute,
elle lui dit qu'il n'y a rien de bon en lui que son argent ; il en rit, il chante : « Ah, vous ne voulez pas
« vous asseoir ? Eh bien, tenez, je suis un taureau,
« un taureau de Bazan, le taureau des taureaux, tous
« les taureaux que vous voudrez. Je me dresse comme
« ceci, je me penche le front comme ceci, je fais broum,
« broum, je fais broum, broum. Ah, vous ne voulez
« pas vous asseoir ? » Et il mugit comme un bœuf, il
la poursuit dans la chambre. Enfin ils s'asseyent.
« Maintenant me revoici sénateur, et ton amant ; ma
« petite Nacki, Nacki. Ah, crapaud, crapaud, crapaud ;
« crache à ma figure un peu, Nacki ; crache à ma
« figure, je t'en prie, un tout petit peu, un si petit
« peu que rien ; crachez, crachez, crachez, crachez
« donc quand on vous l'ordonne, je t'en prie, crache ;
« tout de suite, tout de suite, crache ; pourquoi ne
« veux-tu pas cracher ? Alors je serai un chien. — Un
« chien, Monseigneur ! — Oui, un chien, et je te don-
« nerai cette autre bourse pour me laisser être un
« chien, et me traiter comme un chien un petit in-
« stant. » Là-dessus il se met sous la table et aboie.
« Ah, vous mordez, eh bien ! vous aurez des coups de
« pied. » — « Va ; de tout mon cœur. Des coups de
« pied, des coups de pied, maintenant que je suis
« sous la table. Encore des coups de pied. Plus fort.
« Encore plus fort. Quah, ouah, rro, rro. Par Dieu, je
« vais happer tes mollets, oah, rro, rroo. wouaou

« Diable! elle tape dur[1]. » — En effet; et par-dessus le marché, elle prend un fouet, le sangle, et le met à la porte. Il reviendra, comptez-y; la soirée a été bonne pour lui; il se frotte l'échine, mais il s'est

1. ANTONIO.

Nacky, Nacky, Nacky, — how dost do, Nacky? Hurry, durry. I am come, little Nacky. Past eleven o'clock, a late hour; time in all conscience to go to bed, Nacky. — Nacky did I say? Ay, Nacky, Aquilina, lina, lina, quilina; Aquilina, Naquilina, Acky, Nacky, queen Nacky. — Come, let's to bed. — You Fubbs, you Pugg you — You little puss. — Purree tuzzy — I am a Senator.

AQUILINA.

You are a fool, I am sure.

ANTONIO.

May be so too, sweet-heart. Never the worse Senator for all that. Come, Nacky, Nacky; let's have a game at romp, Nacky! ....You won't sit down? Then look you now; suppose me a bull, a Basan bull, the bull of bulls, or any bull. Thus up I get, and with my brows thus bent — I broo; I say I broo, I broo, I broo. You won't sit down, will you — I broo.... Now, I'll be a Senator again, and thy lover, little Nicky, Nacky. Ah, Toad, Toad, Toad, Toad, spit in my face a little, Nacky; spit in my face, pry'thee, spit in my face never so little; spit but a little bit, — spit, spit, spit, spit when you are bid, I say. Do pry'thee, spit. — Now, now spit. What, you won't spit, will you? Then I'll be a dog.

AQUILINA.

A dog, my lord!

ANTONIO.

Ay, a dog, and I'll give thee this t'other purse to let me be a dog — and use me like a dog a little. Hurry durry, I will — here 'tis. (*Gives the purse.*) — Now bough waugh waugh, bough, waugh.

AQUILINA.

Hold, hold, sir. If curs bite, they must be kickt, sir. Do you see, kickt thus?

ANTONIO.

Ay, with all my heart. Do, kick, kick on, now I am under the table, kick again, — kick harder — harder yet — bough, waugh, waugh, bough. — Odd, I'll have a snap at thy shins. — Bough, waugh, waugh, waugh, bough — odd, she kicks bravely.

amusé. En somme ce n'est qu'un arlequin dépaysé, auquel le hasard a jeté une simarre de soie brodée, et qui lâche à tant par heure des pantalonnades politiques. Il est mieux dans sa nature et plus à son aise quand il fait le polichinelle que quand il singe l'homme d'État.

Ce ne sont là que des éclairs; pour le reste, Otway est de son temps, terne et de couleur forcée, enfoncé comme les autres dans la lourde atmosphère voilée et grisâtre, demi-française et demi-anglaise, où les lustres éclatants importés de France s'éteignaient offusqués par le brouillard insulaire. Il est de son temps; il écrit comme les autres des comédies fangeuses, *le Soldat de fortune, l'Athée, l'Amitié à la mode*. Il peint des cavaliers brutalement vicieux, coquins par principes, aussi durs et aussi corrompus que ceux de Wycherley : un Beaugard, qui étale et pratique les maximes de Hobbes; le père, vieux drôle pourri, qui fait sonner sa morale, et que son fils renvoie froidement au chenil avec un sac d'écus; un sir Jolly Jumble, espèce de Falstaff ignoble, entremetteur de profession, que les prostituées appellent « petit papa, » qui ne peut dîner à côté d'une femme sans « lui dire des or- « dures, et tracer avec son doigt des figures obscènes « sur la table; » un sir Davy Dunce, animal dégoûtant, « dont l'haleine est pire que de l'assa fœtida, « qui déclare le linge propre malsain, mange conti- « nuellement de l'ail, et chique du tabac[1]; » un Poly-

---

1. Out on him, beast; he's always talking filthy to a body. If he

dore qui, amoureux de la pupille de son père, tâche de la violer à la première scène, envie les brutes qui peuvent se satisfaire, puis s'en aller, et fait le propos de les imiter à l'occasion prochaine[1]. Il n'y a pas jusqu'à ses héroïnes qu'il ne salisse[2]. Véritablement ce monde fait mal au cœur. Ils croient couvrir toutes ces crudités sous de bonnes métaphores correctes, sous des périodes poétiques nettement terminées, sous un

---

sits but at the table with one, he'll be making nasty figures in the napkins.
He has such a breath, one kiss of him were enough to cure the fits of the mother; 'tis worse than assa fœtida. — Clean linen, he says, is unwholesome; he is continually eating of garlic and chewing tobacco.

1.   Who'd be that sordid foolish thing call'd man,
    To cringe thus, fawn, and flatter for a pleasure
    Which beasts enjoy so very much above him?
    The lusty bull ranges through all the field,
    And from the herd singling his female out,
    Enjoys her, and abandons her at will.
    It shall be so, I'll yet possess my love,
    Wait on, and watch her loose unguarded hours.
    Then, when her roving thoughts have been abroad,
    And brought in wanton wishes to her heart
    I' th' very minute when her virtue nods,
    I'll rush upon her in a storm of love,
    Beat down her guard of honour all before me,
    Surfeit on joys, till even desire grow sick;
    Then by long absence liberty regain,
    And quite forget the pleasure and the pain.
                      (*Orphan*, fin du Ier acte.)

Impossible de voir ensemble plus de coquinerie morale et de correction littéraire.

2.   PAGE (*à Monimia*).
....In the morning when you call me to you,
And by your bed I stand tell you stories,
I am asham'd to see your swelling breasts;
It makes me blush, they are so very white.
              MONIMIA.
Oh men, for flattery and deceit renown'd!

appareil de phrases harmonieuses et d'expressions nobles. Ils s'imaginent égaler Racine parce qu'ils contrefont le style de Racine. Ils ne savent pas que dans ce style l'élégance visible cache une justesse admirable, que s'il est un chef-d'œuvre d'art, il est aussi une peinture des mœurs, que les plus délicats et les plus accomplis entre les gens du monde ont pu seuls le parler et l'entendre, qu'il peint une civilisation comme celui de Shakspeare, que chacun de ces vers, qui semblent compassés, a son inflexion et sa finesse, que toutes les passions et toutes les nuances des passions s'y expriment, non pas à la vérité, sauvages et entières comme dans Shakspeare, mais atténuées et affinées par la vie de cour, que c'est là un spectacle aussi unique que l'autre, que la nature parfaitement polie est aussi complexe et aussi difficile à comprendre que la nature parfaitement intacte, que, pour eux, ils restent autant au-dessous de l'une qu'au-dessous de l'autre, et qu'en somme, leurs personnages ressemblent à ceux de Racine comme le suisse de M. de Beauvilliers, ou la cuisinière de Mme de Sévigné, ressemblent à Mme de Sévigné et à M. de Beauvilliers [1].

[1]. Burns disait que dans son village il était arrivé, au moyen du raisonnement et des livres, à se figurer à peu près exactement tout ce qu'il avait vu plus tard dans les salons, tout, sauf une femme du grand monde.

VI

Laissons donc ce théâtre dans l'oubli qu'il a mérité et cherchons ailleurs, dans les écrits de cabinet, un emploi plus heureux d'un talent plus complet.

C'est ici le véritable domaine de Dryden et de la raison classique[1] : des pamphlets et des dissertations en vers, des épîtres, des satires, des traductions et des imitations, tel est le champ où les facultés logiques et l'art d'écrire trouvent leur meilleur emploi. Avant d'y descendre et d'y observer leur œuvre, il est à propos de regarder de plus près l'homme qui les y portait.

C'est un esprit singulièrement solide et judicieux excellent argumentateur, habitué à digérer ses idées, tout nourri de bonnes preuves longuement méditées, ferme dans la discussion, posant des principes, établissant des divisions, apportant des autorités, tirant des conséquences, tellement que, si on lisait ses préfaces sans lire ses pièces, on le prendrait pour un des maîtres du drame. Il atteint naturellement la prose définitive; ses idées se déroulent avec ampleur et clarté; son style est de bon aloi, exact et simple, pur des affectations et des ciselures dont Pope plus tard chargera le sien; sa phrase ressemble à celle de Corneille, périodique et large par la seule vertu du

___
1. « The stage to which my genius never much inclined me. »

raisonnement intérieur qui la déploie et la soutient. On voit qu'il pense, et par lui-même, qu'il lie ses pensées, qu'il les vérifie, que, par-dessus tout cela, naturellement il voit juste, et qu'avec la méthode il a le bon sens. Il a les goûts et les faiblesses qui conviennent à sa forme d'intelligence. Il élève au premier rang « l'admirable Boileau, dont les expressions sont
« nobles, le rhythme excellent, les pensées justes, le
« langage pur, dont la satire est perçante et dont les
« idées sont serrées, qui, lorsqu'il emprunte aux an-
« ciens, les paye avec usure de son propre fonds, en
« monnaie aussi bonne et de cours presque univer-
« sel[1]. » Il a la roideur des poëtes logiciens, trop réguliers et raisonnables, blâmant l'Arioste, « qui n'a
« su ni faire un plan proportionné, ni garder quelque
« unité d'action, ou quelque limite de temps, ou quel-
« que mesure dans son énorme fable, dont le style
« est exubérant, sans majesté ni décence, et dont les
« aventures sortent des bornes du naturel et du pos-
« sible[2]. » Il ne comprend pas mieux la finesse que

---

1. I might find in France a living Horace and a Juvenal in the person of the admirable Boileau, whose numbers are excellent, whose expressions are noble, whose thoughts are just, whose language is pure, whose satire is pointed, and whose sense is close. What he borrows from the ancient, he repays with usury of his own; in coin as good and almost as universally valuable. (*Dédicace au comte de Dorcet.*)

2. « Spenser wanted only to have read the rules of Bossu. » Ailleurs il cite Longin, Boileau, Rapin : « The latter of whom is alone sufficient, were all other criticks lost, to teach anew the rules of writing. »
Arioste neither designed justly, nor observed any unity of action

la fantaisie. Parlant d'Horace, il trouve que « son es-
« prit est terne et son sel presque sans goût ; celui de
« Juvénal est plus vigoureux et plus mâle, et me
« donne autant de plaisir que j'en puis porter[1]. » Par
la même raison, il rabaisse les délicatesses du style
français. « La langue française n'est pas munie de
« muscles comme notre anglaise ; elle a l'agilité d'un
« lévrier, mais non la masse et le corps d'un dogue.
« Ils ont donné pour règle à leur style la pureté ; la
« vigueur virile est celle du nôtre[2]. » Deux ou trois
mots pareils peignent un homme ; Dryden vient de
marquer sans le savoir la mesure et la qualité de son
esprit.

Cet esprit, on le devine, est lourd, et particulièrement dans la flatterie. L'art de flatter est le premier
dans un âge monarchique. Dryden n'y est guère habile, non plus que ses contemporains. De l'autre côté
du détroit, à la même époque, on loue autant, mais
sans trop s'avilir, parce qu'on apprête la louange ;
tantôt on la déguise ou on la relève par la grâce du
style ; tantôt on a l'air de s'y conformer comme à une
mode. Ainsi tempérée, les gens la digèrent. Ici, loin

---

or compass of time, or moderation in the vastness of his draught.
His style is luxurious without majesty or decency, and his adventures
without the compass of nature and possibility.

1. His wit is faint, and his salt almost insipid. Juvenal is of a
more vigorous and masculine wit; he gives me as much pleasure as
I can bear.

2. Their language is not strung with sinews like our English. It
has the nimbleness of a grey-hound, but not not the bulk and body
of a mastiff. They have set up purity for the standard of their language, and a masculine vigour is that of ours.

de la fine cuisine aristocratique, elle pèse toute crue et massive sur l'estomac. J'ai conté comment le ministre Clarendon, apprenant que sa fille venait d'épouser en secret le duc d'York, suppliait le roi de la faire décapiter au plus vite ; comment la chambre des communes, composée en majorité de presbytériens, se déclarait elle-même et le peuple anglais rebelles, dignes du dernier supplice, et allait encore se jeter aux pieds du roi, d'un air contrit, pour le supplier de pardonner à la chambre et à la nation. Dryden n'est pas plus délicat que les hommes d'État et les législateurs. Ordinairement ses dédicaces donnent la nausée. Il dit à la duchesse de Monmouth que « nulle partie de « l'Europe ne peut offrir quelqu'un qui égale son no- « ble époux pour la mâle beauté et l'excellence de « l'extérieur. » — « Vous n'avez qu'à vous montrer « tous deux ensemble pour recevoir les bénédictions « et les prières de l'humanité. Nous sommes prêts à « conclure que vous êtes un couple d'anges envoyés « ici-bas pour rendre la vertu aimable ou pour offrir « des modèles aux poëtes, quand ils voudront in- « struire et charmer leur siècle en peignant la bonté « sous la forme la plus parfaite et la plus séduisante « qui soit dans la nature[1]. » Ailleurs, se tournant vers Monmouth, il ajoutait : « Tous les hommes se

---

1. To receive the blessings and prayers of mankind, you need only be seen together. We are ready to conclude that you are a pair of angels sent below to make virtue amiable in your persons, or to sit for poets when they would pleasantly instruct the age, by drawing goodness in the most perfect and alluring shape of nature.... No part of Europe can afford a parallel to your noble Lord in mas-

« joindront à moi pour le tribut d'adoration dont je
« m'acquitte envers Votre Grâce[1]. » Sa Grâce ne sourcillait pas, ne bouchait pas sa narine, et Sa Grâce avait raison. Un autre écrivain, mistress Afra Behn, allumait sous le nez d'Éléonor Gwynn des lampions bien plus infects ; les nerfs alors étaient robustes, l'on respirait agréablement là où d'autres suffoqueraient. Le comte de Dorset ayant écrit quelques petites chansons et satires, Dryden lui jure que dans son genre il égale Shakspeare et surpasse tous les anciens. Et ces panégyriques assenés en face durent imperturbablement pendant vingt pages, l'auteur passant tour à tour en revue les diverses vertus de son grand homme et trouvant toujours que la dernière est la plus belle, après quoi, en récompense, il recevait une bourse d'or. Notez qu'en cela Dryden n'était pas plus laquais qu'un autre. La corporation de Hall, haranguée un jour par le duc de Monmouth, lui fit cadeau de six

culine beauty and in goodliness of shape. (Dédicace de *la Conquête de Mexico*.)

You have all the advantages of mind and body, and an illustrious birth, conspiring to render you an extraordinary person. The *Achilles* and the *Rinaldo* are present in you, even above their originals ; you only want a Homer or a Tasso to make you equal to them. Youth, beauty, and courage (all which you possess in the highest of their perfection) are the most desirable gifts of Heaven. (Dédicace de *la Royale Martyre*, au duc de Monmouth.)

1. « All men will join with me in the adoration which I pay you. »
— Au comte de Rochester, il écrit : « I find it is not for me to contend any way with your Lordship, who can write better on the meanest subject, than I can on the best.... You are above any incense I give you. » — Dans la dédicace de ses fables, il compare le duc d'Osmond à Nestor, Joseph, Ulysse, Lucullus, etc. — Un autre jour, il compare la Castlemaine à Caton.

pièces d'or, que Monmouth donna à M. Marwel, député de Hall au Parlement. Les scrupules modernes n'étaient pas nés. Je crois que Dryden, avec tous ses prosternements, a plutôt manqué d'esprit que d'honneur.

Un second talent, peut-être le premier en temps de carnaval, est l'art de dire des polissonneries, et la Restauration fut un carnaval à peu près aussi délicat qu'un bal de débardeurs. Il y a d'étranges chansons et des prologues plus que hasardés dans les pièces de Dryden. Son *Mariage à la mode* s'ouvre par ces vers que chante une dame mariée : « Pourquoi un sot vœu « de mariage, fait il y a longtemps, nous lierait-il « maintenant que notre passion est éteinte[1] ? » Le lecteur lira lui-même le reste; on n'en peut rien citer. D'ailleurs Dryden y réussit mal : son fonds d'esprit est trop solide; son naturel est trop sérieux, même réservé, taciturne. « Son ton libre, dit très- « bien Walter Scott, ressemble à l'impudence forcée « d'un homme timide. » Il voulait avoir les belles façons d'un Sedley, d'un Rochester, se faisait pétulant par calcul, et s'asseyait carrément dans l'ordure où les autres ne faisaient que gambader. Rien de plus nauséabond qu'une gravelure étudiée, et Dryden

---

[1] Why should a foolish marriage vow,
Which long ago was made,
Oblige us to each other now,
When passion is decay'd?
We lov'd, and we lov'd as long we cou'd,
'Till our love was lov'd out in us both.
But our marriage is dead when the pleasure is fled;
'Twas pleasure first made it an oath.

étudie tout, jusqu'à la plaisanterie et la politesse. Il écrit à Dennis, qui l'avait loué : « Les belles qualités « que vous me prêtez ne sont pas plus à moi que la « lumière de la lune ne peut être dite lui appartenir, « puisqu'elle ne brille que par la clarté réfléchie de « son frère[1]. » Il écrit à sa cousine, en manière de narration divertissante, ces détails sur une grosse femme avec qui il a voyagé : « Son poids faisait que « les chevaux cheminaient très-péniblement ; mais, « pour leur donner le temps de souffler, elle nous « arrêtait souvent, et alléguait quelque nécessité de la « nature, et nous disait que nous sommes tous chair « et sang[2]. » Il paraît qu'alors ces jolies choses égayaient les dames. Ses lettres sont composées de grosses civilités officielles, de compliments vigoureusement équarris, de révérences mathématiques ; son badinage est une dissertation ; il étaye les bagatelles avec des périodes. Il dit au comte de Rochester, qui l'avait complimenté : « J'éprouve qu'il ne me sied « pas de disputer en aucune chose contre Votre Sei- « gneurie, qui écrit mieux sur le moindre des sujets « que je ne le puis faire sur le meilleur. » Cette réplique paraissait vive. J'ai trouvé chez lui de beaux morceaux, je n'en ai jamais rencontré d'agréables ; il ne sait pas même disserter avec goût. Les personnages

1. They are no more mine when I receive them, than the light of the moon can be allowed to be her own, who shines but by the reflection of her brother. (1693. Lettre à Dennis.)

2. Her weight made the horses travel very heavily ; but to give them a breathing time, she would often stop us, and plead some necessity of nature, and tell us we were all flesh and blood.

de son *Essai sur le Drame* se croient encore sur les bancs de l'école, citent doctoralement Paterculus, et en latin encore, combattent la définition de l'adversaire et remarquent qu'elle est faite *a genere et fine*, au lieu d'être établie selon la bonne règle, d'après le genre et l'espèce[1]. « On m'accuse, dit-il doctoralement « dans une préface, d'avoir choisi des personnes dé- « bauchées pour protagonistes ou personnages prin- « cipaux de mon drame, et de les avoir rendues heu- « reuses dans la conclusion de ma pièce, ce qui est « contre la loi de la comédie, qui est de récompenser « la vertu et de punir le vice[2]. Ailleurs il déclare « qu'il ne veut pas abolir dans la passion l'emploi des « métaphores, parce que Longin les juge nécessaires « pour l'exciter[3]. » Son grand discours *sur l'origine et les progrès de la satire* fourmille d'inutilités, de longueurs, de recherches et de comparaisons de commentateur. Il ne sait pas effacer en lui l'érudit, le logicien, le rhétoricien, pour ne montrer que « l'hon- « nête homme. »

Mais l'homme de cœur apparaît souvent; à travers plusieurs chutes et beaucoup de glissades, on découvre

---

1. This definition, though critics raised a logical objection against it — that it was only *a genere et fine*, and so not altogether perfect, was yet well received by the rest.

2. It is charged upon me that I make debauched persons my protagonists, or the chief persons of the drama, and that I make them happy in the conclusion of my play; against the law of comedy which is to reward virtue and punish vice. (Préface du *Mock Astrologer.*)

3. It is not that I would explode the use of metaphors from passion, for Longinus thinks them necessary to raise it.

un esprit qui se tient debout, plié plutôt par convenance que par nature, ayant de l'élan et du souffle, occupé de pensées graves, et livrant sa conduite à ses convictions. Il se convertit loyalement et après réflexion à la religion catholique, y persévéra après la chute de Jacques II, perdit sa place d'historiographe et de poëte lauréat, et, quoique pauvre, chargé de famille et infirme, refusa de dédier son *Virgile* au roi Guillaume. « La dissimulation, écrit-il
« à ses fils, quoique permise en quelques cas, n'est
« pas mon talent. Cependant, pour l'amour de vous,
« je lutterai contre la franchise de ma nature. Au
« reste je ne me flatte d'aucune espérance, mais je fais
« mon devoir et je souffre pour l'amour de Dieu. Vous
« savez que les profits de mon livre auraient pu être
« plus grands, mais ni ma conscience ni mon honneur
« ne me permettaient de les prendre. Je ne me re-
» pentirai jamais de ma constance, puisque je suis
« profondément persuadé de la justice de la cause
« pour laquelle je souffre[1]. » Un de ses fils ayant été renvoyé de l'école, il écrivit au directeur, M. Busby, son ancien maître, avec une gravité et une noblesse très-grandes, le priant sans s'humilier, le désapprou-

---

[1]. Dissembling, though lawful in some cases, is not my talent. Yet, for your sake, I will struggle with the plain openness of my nature. In the mean time, I flatter not myself with any manner of hopes; but do my duty and suffer for God's sake. — You know the profits (of Virgil) might have been more ; but neither my conscience nor my honour would suffer me to take them. But I can never repent my constancy, since I am thoroughly persuaded of the justice of the cause for which I suffer.

vant sans l'offenser, d'un style contenu et fier qui fait plaisir, lui redemandant ses bonnes grâces, sinon comme une dette envers le père, du moins comme un don pour l'enfant, et ajoutant à la fin : « Je mérite « pourtant quelque chose, ne serait-ce que pour avoir « vaincu mon cœur jusqu'à prier[1]. » On le trouve bon père avec ses enfants, libéral envers son fermier, généreux même. « On a écrit, dit-il, plus de libelles « contre moi que contre presque aucun homme vi- « vant, et j'aurais eu le droit de défendre mon inno- « cence. J'ai rarement répondu aux pamphlets dif- « famatoires, ayant dans les mains les moyens de « confondre mes ennemis, et, quoique naturellement « vindicatif, j'ai souffert en silence et maintenu mon « âme dans la paix[2]. » Insulté par Collier comme corrupteur des mœurs, il souffrit cette réprimande brutale et confessa noblement les fautes de sa jeunesse « M. Collier en beaucoup de points m'a blâmé jus- « tement : je ne cherche d'excuse pour aucune de « mes pensées ou de mes expressions ; quand on peut « les taxer équitablement d'impiété, d'immoralité ou « de licence, je les rétracte. S'il est mon ennemi, « qu'il triomphe ; s'il est mon ami (et je ne lui ai « donné aucune occasion personnelle d'être autre-

---

1. I have done something, so far to conquer my own spirit as to ask it.
2. More libels have been written against me than almost any man now living. I have seldom answered any scurrilous lampoon, and, being naturally vindictive, have suffered in silence, and possessed my soul in quiet.

« ment), il sera content de mon repentir[1]. » Une telle pénitence relève ; pour s'abaisser ainsi, il faut être grand. Il l'était par l'esprit comme par le cœur, muni de raisonnements solides et de jugements personnels, élevé au-dessus des petits procédés de rhétorique et des arrangements de style, maître de son vers, serviteur de son idée, ayant cette abondance de pensées qui est la marque du vrai génie. « Elles arrivent sur « moi si vite et si pressées que ma seule difficulté est « de choisir ou de rejeter parmi elles[2]. » C'est avec ces forces qu'il entra dans sa seconde carrière ; la constitution et le génie de l'Angleterre la lui ouvraient.

VII

« Un homme, dit La Bruyère, né Français et chré-
« tien, se trouve contraint dans la satire ; les grands
« sujets lui sont défendus ; il les entame quelquefois

---

1. I shall say the less of Mʳ Collier, because in many things he has taxed me justly; and I have pleaded guilty to all thoughts or expressions of mine, which can be truly argued of obscenity, profaneness, or immorality; and retract them. — If he be my ennemy, let him triumph. If he be my friend, and I have given him no personal occasion to be otherwise, he will be glad of my repentance. » — Il y a de l'esprit dans ce qui suit : « He is too much given to horseplay in his raillery, and comes to battle, like a Dictator from the plough; I will not say : the zeal of God's house has eaten him : but I am sure it has devoured some part of his good manners and civility. (Préface des *Fables*.)

2. Thoughts, such as they are, come crowding in so fast upon me, that my only difficulty is to chuse or to reject; to run them into verses or to give them the other harmony of prose. I have so

« et se détourne ensuite sur de petites choses qu'il
« relève par la beauté de son génie et de son style. »
Il n'en était point ainsi en Angleterre. Les grands sujets étaient livrés aux discussions violentes ; la politique et la religion, comme deux arènes, appelaient à l'audace et à la bataille tous les talents et toutes les passions. Le roi, d'abord populaire, avait relevé l'opposition par ses vices et par ses fautes, et pliait sous le mécontentement du public comme sous l'intrigue des partis. On savait qu'il avait vendu les intérêts de l'Angleterre à la France ; on croyait qu'il voulait livrer aux papistes les consciences des protestants. Les mensonges d'Oates, l'assassinat du magistrat Godfrey, son cadavre promené solennellement dans les rues de Londres, avaient enflammé l'imagination et les préjugés du peuple ; les juges intimidés ou aveugles envoyaient à l'échafaud les catholiques innocents, et la foule accueillait par des insultes et des malédictions leurs protestations d'innocence. On avait exclu le frère du roi de ses emplois, on voulait l'exclure de ses droits au trône. Les chaires, les théâtres, la presse, les *hustings* retentissaient de discussions et d'injures. Les noms de whigs et de tories venaient de naître, et les plus hauts débats de philosophie politique s'agitaient, nourris par le sentiment d'intérêts présents et pratiques, aigris par la rancune de passions anciennes et blessées. Dryden s'y lança, et son poëme

---

ng studied and practised both, that they are grown into habit and
eccme familiar to me.

d'*Absalon et Achitophel* fut un pamphlet. « Je manie mieux le style âpre que le style doux [1], » disait-il dans sa préface ; et en effet, dans une telle guerre il fallait des armes. C'est à peine si une allégorie biblique conforme au goût du temps dissimule les noms sans cacher les hommes. Il expose la tranquille vieillesse et le droit incontesté du roi David [2], la grâce, l'humeur pliante, la popularité de son fils naturel Absalon [3], le génie et la perfidie d'Achitophel [4], qui soulève le fils contre le père, rassemble les ambitions froissées

---

1. They who can criticise so weakly as to imagine that I have done my worst may be convinced at their own cost, that I can write severely with more ease, than I can gently.
2. Charles I*er*. — 3. Le duc de Monmouth.
4. Le comte de Shaftesbury.

> Of these false Achitophel was first;
> A name to all succeeding ages curst :
> For close designs and crooked counsels fit;
> Sagacious, bold, and turbulent of wit;
> Restless, unfix'd in principles and place;
> In power unpleas'd, impatient of disgrace :
> A fiery soul, which, working out its way,
> Fretted the pigmy body to decay,
> And o'er-inform'd the tenement of clay.
> A daring pilot in extremity;
> Pleas'd with the danger when the waves went high,
> He sought the storms; but, for a calm unfit,
> Would steer too nigh the sands to boast his wit.
> Great wits are sure to madness near allied,
> And thin partitions do their bounds divide ;
> Else why should he, with wealth and honour blest,
> Refuse his age the needful hours of rest?
> Punish a body which he could not please,
> Bankrupt of life, yet prodigal of ease?
> And all to leave what with his toil he won,
> To that unfeather'd two-legg'd thing, a son;
> Got, while his soul did huddled notions try,
> And born a shapeless lump, like anarchy.
> In friendship false, implacable in hate;
> Resolv'd to ruin or to rule the state.

et ranime les factions vaincues. D'esprit, il n'y en a guère ici : on n'a pas le loisir d'être spirituel en de pareilles batailles ; songez à ce peuple soulevé qui écoute, à ces hommes emprisonnés, exilés, qui attendent : ce sont la fortune, la liberté, la vie ici qui sont en jeu. Il s'agit de frapper juste et fort, il ne s'agit point de frapper avec grâce. Il faut que le public reconnaisse les personnages, qu'il crie leurs noms sous leurs portraits, qu'il applaudisse à l'insulte dont on les charge, qu'il les bafoue, qu'il les précipite du haut rang où ils veulent monter. Dryden les passe tous en revue.

.... Zimri[1], — homme si divers qu'il semblait ne point être — un seul homme, mais l'abrégé de tout le genre humain. — Roide dans ses opinions, et toujours du mauvais côté,—étant toute chose par écarts, et jamais rien longtemps ; — vous le trouviez, dans le cours d'une lune révolue, —chimiste, ménétrier, homme d'État et bouffon, — puis tout aux femmes, à la peinture, aux vers, à la bouteille, — outre dix mille boutades qui mouraient en lui en naissant. — Heureux fou, qui pouvait employer toutes ses heures — à désirer ou à goûter quelque chose de nouveau ! — L'injure et l'enthousiasme étaient son style ordinaire ; — l'un et l'autre (signe de bon jugement!) toujours dans l'excès, — si extrêmement violent ou si extrêmement poli, — que chaque homme pour lui était un dieu ou un diable. — Dissiper la richesse était son talent propre. — Nulle chose pour lui ne restait sans récompense, hors le mérite.— Pillé par des parasites qu'il démasquait toujours trop tard,— il avait son bon mot, ils avaient son domaine. — Ses bouffonneries l'avaient chassé de la cour ; il se consola — à former des partis sans pouvoir être chef.

1. Le duc de Buckingham.

Ainsi, pervers de volonté, impuissant d'action, — il suivait les factions, qui ne le suivaient pas [1].

Shimei [2], de qui la jeunesse avait été fertile en promesses de zèle pour son Dieu et de haine pour son roi, — qui sagement s'abstenait des péchés coûteux — et ne rompait jamais le sabbat, excepté pour un profit, — qu'on ne vit jamais lâcher une malédiction — ou un juron, si ce n'est contre le gouvernement [3]....

Contre ces malédictions, leur chef, Shaftesbury, se roidissait; accusé de haute trahison, il était absous par le grand jury, malgré tous les efforts de la cour,

1. In the first rank of these did Zimri stand;
A man so various that be seem'd to be
Not one, but all mankind's epitome.:
Stiff in opinions, always in the wrong,
Was ev'ry thing by starts, and nothing long
But, in the course of one revolving moon,
Was chemist, fiddler, statesman, and buffoon;
Then all for women, painting, rhyming, drinking,
Besides ten thousand freaks that died in thinking.
Blest madman! who could ev'ry hour employ
With something new to wish, or to enjoy.
Railing and praising were his usual themes;
And both, to show his judgment, in extremes;
So over-violent, or over-civil,
That ev'ry man with him was God or devil.
In squandering wealth was his peculiar art;
Nothing went unrewarded but desert :
Beggar'd by fools, whom still be found too late,
He had his jest, and they had his estate;
He laugh'd himself from court, then sought relief
By forming parties, but could ne'er be chief;
For, spite of him, the weight of business fell
On Absalom and wise Achitophel :
Thus, wicked but in will, of means bereft,
He left not faction, but of that was left.

2. Slingsby Bethel.

3. Shimei, whose youth did early promise bring
Of zeal to God and hatred to his king;
Did wisely from expensive sins refrain,
And never broke the Sabbath but for gain;
Nor was he ever known an oath to vent,
Or curse unless against the Government.

aux applaudissements d'une foule immense, et ses partisans faisaient frapper une médaille à son image, montrant audacieusement sur le revers le soleil royal obscurci par un nuage. Dryden répliqua par son poëme de *la Médaille*, et la diatribe effrénée rabattit la provocation ouverte :

Oh ! si le poinçon qui a copié toutes ses grâces, — et labouré de tels sillons pour cette face d'eunuque, — avait pu tracer sa volonté toujours changeante ! — Ce travail infini eût lassé l'art du graveur : — beau héros de bataille d'abord, et, comme un pygmée que le vent emporte, — lancé dans la guerre par une inquiétude prématurée ; — général sans barbe, rebelle avant d'être homme, — tant sa haine contre son prince commença jeune ! — Puis, vermine frétillante dans l'oreille de l'usurpateur, — trafiquant de son esprit vénal contre des tas d'or, — il se jeta dans le moule des saints cafards, — gémit, soupira, pria, tant que la cafardise fut un lucre, — la plus bruyante cornemuse du glapissant cortége [1] !

La même amertume envenimait la controverse religieuse. Les disputes de dogme, un instant rejetées dans l'ombre par les mœurs débauchées et sceptiques, avaient éclaté de nouveau, enflammées par le catho

---

1. Oh, could the stile that copy'd every grace,
And plough'd such furrows for an eunuch face,
Could it have form'd his ever-changing will,
The various piece had tir'd the graver's skill !
A martial hero first, with early care,
Blown, like a pigmy, by the winds to war.
A beardless chief, a rebel, e'er a man :
So young his hatred to his prince began.
Next this, how widely will ambition steer !
A vermin wriggling in the usurper's ear.
Bartering his venal wit for sums of gold,
He cast himself into the saint-like mould,
Groan'd, sigh'd, and pray'd, while godliness was gain,
The loudest bag-pipe of the squeaking train.
(*The Medal.*)

licisme bigot du prince et par les craintes justifiées de la nation. Le poëte, qui, dans la *Religion d'un laïque*, était encore anglican tiède et demi-douteur, entraîné peu à peu par ses inclinations absolutistes, s'était converti à la religion catholique, et, dans son poëme de *la Biche et la Panthère*, il combattit pour sa nouvelle foi. « La nation, dit-il en commençant, est « dans une trop grande fermentation pour que je « puisse attendre guerre loyale ou même simplement « quartier des lecteurs du parti contraire[1]. » Et là-dessus, empruntant les allégories du moyen âge, il représente toutes les sectes hérétiques comme des bêtes de proie acharnées contre une biche blanche d'origine céleste; il n'épargne ni les comparaisons brutales, ni les sarcasmes grossiers, ni les injures ouvertes. La discussion est toute serrée et théologique. Ses auditeurs ne sont pas de beaux esprits occupés à voir comment on peut orner une matière sèche, théologiens par occasion et pour un moment, avec défiance et réserve, comme Boileau dans son *amour de Dieu*. Ce sont des opprimés, à peine soulagés depuis un instant d'une persécution séculaire, attachés à leur foi par leurs souffrances, respirant à demi parmi les menaces visibles et les haines grondantes de leurs ennemis contenus. Il faut que leur poëte soit dialecticien comme un docteur d'école; il a besoin de toute la rigueur de la logique; il s'y accroche en nouveau con-

---

1. The nation is in too high a ferment for me to expect either fair war, or even so much as fair quarter, from a reader of the opposite party.

verti, tout imbu des preuves qui l'ont arraché à la foi nationale et qui le soutiennent contre la défaveur publique, fécond en distinctions, marquant du doigt le défaut des arguments, divisant les réponses, ramenant l'adversaire à la question, épineux et déplaisant pour un lecteur moderne, mais d'autant plus loué et aimé de son temps. Il y a dans tous ces esprits anglais un fonds de sérieux et de véhémence; la haine s'y soulève, toute tragique, avec un éclat sombre comme la houle d'une mer du Nord. Au milieu de ses combats publics, Dryden s'abattit sur un ennemi privé, Shadwell, et l'accabla d'un immortel mépris [1]. Le grand style épique et la rime solennelle vinrent assener le sarcasme, et le malheureux rimeur, par un triomphe dérisoire, fut traîné sur le char poétique où la Muse assied les héros et les dieux. Dryden peignit l'Irlandais Fleknoë, antique roi de la sottise, délibérant pour trouver un successeur digne de lui, et choisissant Shadwell, héritier de son bavardage, propagateur de la niaiserie, glorieux vainqueur du sens commun. De toutes parts, à travers les rues jonchées de paperasses, les nations s'assemblent pour contempler le jeune héros, debout auprès du trône paternel, le front ceint de brouillards mornes, laissant errer sur son visage le fade sourire de l'imbécillité contente [2]. Son père le bénit: « Règne, mon fils, depuis

---

1. *Mac-Fleknoë.*
2. The hoary prince in majesty appear'd,
High on a throne of his own labours rear'd.
At his right hand our young Ascanius sat,

« l'Irlande jusqu'aux Barbades lointaines[1]. Avance
« tous les jours plus loin dans la sottise et l'impu-
« dence; d'autres t'enseigneront le succès; apprends
« de moi le travail infécond, les accouchements avor-
« tés[2]. Ta muse tragique fait sourire, ta muse co-
« mique fait dormir. De quelque fiel que tu charges
« ta plume, tes satires inoffensives ne peuvent jamais
« mordre. Quitte le théâtre, et choisis pour régner
« quelque paisible province dans le pays des acro-

> Rome's other hope, and pillar of the state;
> His brows thick fogs, instead of glories, grace,
> And lambent dulness play'd around his face.
> As Hannibal did to the altars come,
> Sworn by his sire a mortal foe to Rome,
> So Shadwell swore, nor should his vow be vain,
> That he, till death, true dulness would maintain;
> And, in his father's right, and realm's defence,
> Ne'er to have peace with Wit, nor truce with sense.
> The king himself the sacred unction made,
> As king by office, and as priest by trade.
> In his sinister hand, instead of ball,
> He placed a mighty mug of potent ale.

1. Iles où l'on transportait les condamnés.

2. « Heav'n bless my son, from Ireland let him reign,
   To far Barbadoes on the western main;
   Of his dominion may no end be known,
   And greater than his father's be his throne;
   Beyond Love's Kingdom let him stretch his pen! »
   He paus'd; and all the people cried, Amen.
   Then thus continued he: « My son, advance
   Still in new impudence, new ignorance.
   Success let others teach; learn thou, from me
   Pangs without birth, and fruitless industry.
   Let Virtuosos in five years be writ;
   Yet not one thought accuse thy toil of wit.
   Let 'em be all by thy own model made
   Of dulness, and desire no foreign aid;
   That they to future ages may be known,
   Not copies drawn, but issue of thy own.
   Nay, let thy men of wit, too, be the same,
   All full of thee, and diff'ring but in name. »

« stiches[1]. » Ainsi se déploie l'insultante mascarade, non point étudiée et polie comme *le Lutrin* de Boileau, mais pompeuse et crue, poussée en avant par un souffle brutal et poétique, comme on voit un grand navire entrer dans les bourbes de la Tamise, toutes voiles ouvertes et froissant l'eau.

VIII

C'est dans ces trois poëmes que le grand art d'écrire, signe et source de la littérature classique, apparut pour la première fois. Un nouvel esprit naissait et renouvelait l'art avec le reste ; désormais et pour un siècle, les idées s'engendrent et s'ordonnent par une loi différente de celle qui jusqu'alors les a formées. Sous Spencer et Shakspeare, les mots vivants

---

[1] « Like mine, thy gentle numbers feebly creep;
Thy tragic muse gives smiles; thy comic, sleep.
With whate'er gall thou sett'st thyself to write,
Thy inoffensive satires never bite.
In thy felonious heart though venom lies,
It does but touch thy Irish pen, and dies.
Thy genius calls thee not to purchase fame
In keen Iambics, but mild Anagram.
Leave writing plays, and choose for thy command
Some peaceful province in Acrostic land.
There thou may'st wings display, and altars raise,
And torture one poor word ten thousand ways.
Or, if thou wouldst thy diff'rent talents suit,
Set thy own songs, and sing them to thy lute. »
 He said : but his last words were scarcely heard,
For Bruce and Longvil had a trap prepared ;
And down they sent the yet declaiming bard.
Sinking, he let his drugget robe behind,
Borne upwards by a subterranean wind.
The mantle fell to the young prophet's part
With double portion of his father's art

comme des cris ou comme une musique faisaient voir
l'inspiration intérieure qui les lançait. Une sorte de
vision possédait l'artiste; les paysages et les événements se déroulaient dans son esprit comme dans la
nature; il concentrait dans un éclair tous les détails
et toutes les forces qui composent un être, et cette
image agissait et se développait en lui comme l'objet
hors de lui; il imitait ses personnages, il entendait
leurs paroles; il trouvait plus aisé de les répéter
toutes palpitantes que de raconter ou d'expliquer leurs
sentiments; il ne jugeait pas, il voyait; il était involontairement acteur et mime; le drame était son
œuvre naturelle, parce que les personnages y parlent
et que l'auteur n'y parle pas. Voici que cette conception complexe et imitative se décolore et se décom-
pose; l'homme n'aperçoit plus les choses d'un jet,
mais par détails; il tourne autour d'elles pas à pas,
portant sa lampe tour à tour sur toutes leurs parties. La flamme qui d'une seule illumination les ré-
vélait s'est éteinte; il remarque des qualités, il note
des points de vue, il classe des groupes d'actions, il
juge et il raisonne. Les mots, tout à l'heure animés
et comme gonflés de séve, se flétrissent et se sèchent;
ils deviennent abstraits; ils cessent de susciter en lui
des figures et des paysages; ils ne remuent que des
restes de passions affaiblies; ils jettent à peine quelques lueurs défaillantes sur la toile uniforme de sa
conception ternie; ils deviennent exacts, presque scien-
tifiques, voisins des chiffres, et, comme les chiffres,
ls se disposent en séries, alliés par leurs analogies,

les premiers plus simples conduisant aux seconds plus composés, tous du même ordre, en telle sorte que l'esprit qui entre dans une voie la trouve unie et ne soit jamais contraint de la quitter. Dès lors une nouvelle carrière s'ouvre : l'homme a le monde entier à repenser ; le changement de sa pensée a changé tous les points de vue, et tous les objets vont prendre une nouvelle forme dans son esprit transformé. Il s'agit d'expliquer et de prouver ; c'est là tout le style classique, c'est tout le style de Dryden.

Il développe, il précise, il conclut ; il annonce sa pensée, puis la résume, pour que le lecteur la reçoive préparée, et, l'ayant reçue, la retienne. Il la fixe en termes exacts justifiés par le dictionnaire, en constructions simples justifiées par la grammaire, pour que le lecteur ait à chaque pas une méthode de vérification et une source de clarté. Il oppose les idées aux idées, et les phrases aux phrases, pour que le lecteur, guidé par le contraste, ne puisse dévier de la route tracée. Vous devinez quelle peut être la beauté dans une pareille œuvre. Cette poésie n'est qu'une prose plus forte. Les idées plus serrées, les oppositions plus marquées, les images plus hardies, ne font qu'ajouter de l'autorité au raisonnement. La mesure et la rime transforment les jugements en sentences. L'esprit, tendu par le rhythme, s'étudie davantage, et arrive à la noblesse par la réflexion. Les jugements s'enchâssent en des images abréviatives ou en des lignes symétriques qui leur donnent la solidité et la popularité d'un dogme. Les vérités générales atteignent la forme définitive qui les transmet à l'avenir et les propage dans le genre humain. Tel est le mérite de ces poëmes : ils plaisent par leurs bonnes expressions[1]. Sur un tissu plein et solide se détachent des fils habilement noués ou éclatants. Ici Dryden a rassemblé en un vers un long raisonnement; là une métaphore heureuse a ouvert sous l'idée principale une perspective nouvelle[2]; plus loin deux mots semblables collés l'un contre l'autre ont frappé l'esprit d'une preuve imprévue et victorieuse; ailleurs une comparaison cachée a jeté une teinte de gloire ou de honte sur le personnage qui ne s'y attendait pas[3]. Ce sont toutes les adresses et les réussites du style calculé, qui rend l'esprit attentif et le laisse persuadé ou convaincu.

1. Strong were our sires, and as they fought they writ,
Conqu'ring with force of arms and dint of wit.
Theirs was the giant race, before the flood.
And thus, when Charles return'd, our empire stood.
Like James, he the stubborn soil manur'd,
With rules of husbandry the rankness cur'd,
Tam'd us to manners, when the stage was rude
And boisterous English wit with art indu'd....
But what we gain'd in skill we lost in strength,
Our builders were with want of genius curs'd,
The second temple was not like the first.

2. Held up the buckler of the people's cause,
Against the crown and skulk'd against the laws....
Desire of power, on Earth a vicious weed
Yet sprung from high is of celestial seed!
(*Absalon et Achitophel*.).

3. Why then should I, encouraging the bad,
Turn rebel, and run opularly mad?

IX

A la vérité, il n'y a guère ici d'autre mérite littéraire. Si Dryden est un politique expérimenté, un controversiste instruit, bien muni d'arguments, sachant tous les tournants de la discussion, versé dans l'histoire des hommes et des partis, cette habileté de pamphlétaire, toute pratique et anglaise, le retient dans la basse région des combats journaliers et personnels, bien loin de la haute philosophie et de la liberté spéculative, qui impriment au style classique des contemporains français la durée et la grandeur. Au fond, dans ce siècle en Angleterre, toutes les discussions restent étroites. Excepté le terrible Hobbes, ils manquent tous de la grande invention. Dryden, comme les autres, reste confiné dans des raisonnements et des insultes de secte et de faction. Les idées alors sont aussi petites que les haines sont fortes; nulle doctrine générale n'ouvre au-dessus du tumulte de la bataille des perspectives poétiques : des textes, des traditions, une triste escorte de raisonnements rigides, voilà les armes; les préjugés et les passions se valent dans les deux partis. C'est pourquoi la matière manque à l'art d'écrire. Dryden n'a point de philosophie personnelle qu'il puisse développer; il ne fait que versifier des thèmes qui lui sont donnés par autrui. Dans cette stérilité, l'art se réduit bientôt à revêtir des pensées étrangères, et l'écrivain se fait antiquaire ou traducteur. En effet, la plus grande partie des vers de Dryden sont des imitations, des remaniements ou des copies. Il a traduit Perse, Virgile, une partie d'Horace, de Théocrite, de Juvénal, de Lucrèce et d'Homère, et mis en anglais moderne plusieurs contes de Boccace et de Chaucer. Ces traductions alors semblaient d'aussi grandes œuvres que des compositions originales. Quand il aborda l'*Énéide*, « la nation, dit Johnson, parut se croire intéressée « d'honneur à l'issue. » Addison lui fournit les arguments de chaque livre et un essai sur *les Géorgiques*; d'autres lui donnèrent des éditions, des notes; des grands seigneurs rivalisèrent pour lui offrir l'hospitalité; les souscripteurs abondèrent. On disait que le Virgile anglais allait donner le Virgile latin à l'Angleterre. Longtemps ce travail fut considéré comme sa première gloire; de même à Rome, sous Cicéron, dans la disette originelle de la poésie nationale, les traducteurs des pièces grecques étaient aussi loués que les inventeurs.

Cette stérilité d'invention altère le goût ou l'alourdit. Car le goût est un système instinctif, et nous mène par des maximes intérieures que nous ignorons; l'esprit, guidé par lui, sent des liaisons, fuit des dissonances, jouit ou souffre, choisit ou rejette, d'après des conceptions générales qui le maîtrisent et qu'il ne voit pas; elles ôtées, on voit disparaître le tact qu'elles produisent, et l'écrivain commet des maladresses, parce que la philosophie lui a manqué. Telle est l'imperfection des récits remaniés par Dryden d'après Chaucer ou Boccace. Dryden ne sent pas que des contes de fées ou de chevaliers ne conviennent qu'à une poésie enfantine, que des sujets naïfs demandent un style naïf, que les conversations de Renard et de Chanteclair, les aventures de Palémon et d'Arcite, les métamorphoses, les tournois, les apparitions, réclament la négligence étonnée et le gracieux babil du vieux Chaucer. Les vigoureuses périodes, les antithèses réfléchies oppriment ici ces aimables fantômes; les phrases classiques les accablent dans leurs plis trop serrés : on ne les voit plus; pour les retrouver, on se retourne vers leur premier père; on quitte la lumière trop crue d'un âge savant et viril; on ne les suit bien que dans leur premier style, dans l'aurore de la pensée crédule, sous la vapeur qui joue autour de leurs formes vagues, avec toutes les rougeurs et tous les sourires du matin. D'ailleurs, quand Dryden entre en scène, il écrase les délicatesses de son maître, insérant des tirades ou des raisonnements, effaçant les tendresses abandonnées et sincères. Quelle distance entre son récit de la mort d'Arcite et celui de Chaucer! Quelles misères que ses beaux mots d'auteur, sa galanterie, ses phrases symétriques, ses froids regrets, si on les compare aux cris douloureux, aux effusions vraies, à l'amour profond qui éclate chez l'autre! Mais, le pire défaut, c'est que, presque partout, il est copiste et conserve les fautes en traducteur littéral, les yeux collés sur son ouvrage, impuissant à l'embrasser pour le refondre, plus voisin du versificateur que du poëte. Quand La Fontaine a mis Ésope

Boccace en vers, il leur a soufflé un nouvel esprit; ne leur a pris qu'une matière; l'âme nouvelle, qui t'le prix de son œuvre, est à lui, n'est qu'à lui, et te âme convient à son œuvre. Au lieu des périodes éroniennes de Boccace, on voit courir de petits s lestes, finement moqueurs, de volupté friande, naïveté feinte, qui goûtent le fruit défendu parce 'il est fruit et parce qu'il est défendu. Le tragique n va, les souvenirs du moyen âge sont à mille ues; il ne reste que la gaieté malicieuse, gauloise bourgeoise, d'un frondeur et d'un gourmet. Ici les parates abondent, et Dryden en est si peu choqué il les importe ailleurs, dans ses poëmes théolo- ues, par exemple, représentant l'Église catholique une biche et les hérésies par diverses bêtes, qui putent entre elles aussi longuement et aussi sa- nment que des gradués d'Oxford[1]. Je ne l'aime pas antage dans ses *épîtres;* ordinairement elles ne sistent qu'en flatteries, presque toujours crues, vent mythologiques, parsemées de sentences un banales. « J'ai étudié Horace, dit-il[2], et je pense

Though Huguenots contemn our ordination
Succession, ministerial vocation, etc.

oilà les cailloux théologiques sur lesquels on trébuche dix fois livre.

But once possess'd of what with care you save,
The wanton boys would piss upon your grave.

elles sont les grossièretés dans lesquelles la polémique s'engage t fois par livre.
Préface de la *Religio Laici.*

« que le style de ses épîtres n'est pas mal imité ici[1]. »
N'en croyez rien. Les lettres d'Horace, quoique en vers, sont de vraies lettres, agiles, de mouvement inégal, toujours improvisées, naturelles. Rien de plus éloigné de Dryden que cet esprit original et mondain, philosophe et polisson[2], le plus délicat et le plus nerveux des épicuriens, parent (à dix-huit cents ans de distance) d'Alfred de Musset et de Voltaire. Il faut, comme Horace, être penseur et homme du monde pour écrire de la morale agréable, et Dryden, non plus que ses contemporains, n'est homme du monde ou penseur.

Mais d'autres traits non moins anglais le soutiennent. Tout d'un coup, au milieu des bâillements qu'excitaient ces épîtres, les yeux s'arrêtent. L'accent vrai, les idées neuves ont paru ; Dryden, écrivant à son cousin, gentilhomme de campagne[3], a rencontré une matière anglaise et originale. Il peint la vie d'un *squire* rural qui est l'arbitre de ses voisins, qui évite les procès et les médecins de la ville, qui se maintient en santé par la chasse et l'exercice. Il cause avec lui des affaires publiques. Il montre le bon député « servant « à la fois le roi et le peuple, conservant à l'un sa « prérogative, à l'autre son privilége, » placé comme une digue entre les deux fleuves, cédant davantage au

---

1. I have studied him and hope the style of his Epistles is not ill imitated here.
2. Le mot d'Auguste sur Horace est charmant, mais on ne peut citer, même en latin.
3. Treizième épître.

roi en temps de guerre et davantage au peuple en temps de paix, « empêchant l'un et l'autre de déborder et de tarir[1]. » Cette grave conversation indique un esprit politique nourri par le spectacle des affaires, ayant, en matière de débats publics et pratiques, la supériorité que les Français ont dans les dissertations spéculatives et les entretiens de société. Pareillement, au milieu des sécheresses de sa polémique éclatent des magnificences subites, un jet de poésie, une prière sortie du plus profond du cœur; la source anglaise de passion concentrée s'est tout d'un coup rouverte avec

---

1. How bless'd is he who leads a country life,
Unvex'd with anxious cares, and void of strife!
With crowds attended of your ancient race,
You seek the champaign sports or sylvan chase:
With well-breath'd beagles you surround the wood,
E'en then industrious of the common good;
And often have you brought the wily fox
To suffer for the firstlings of the flocks;
Chas'd e'en amid the folds, and made to bleed,
Like felons where they did the murderous deed.
This fiery game your active youth maintain'd,
Not yet by years extinguish'd, though restrain'd....
A patriot both the king and country serves,
Prerogative and privilege preserves;
Of each our laws the certain limit show;
One must not ebb, nor t'other overflow:
Betwixt the prince and parliament we stand,
The barriers of the state on either hand
May neither overflow, for then they drown the land.
When both are full they feed our bless'd abode,
Like those that water'd once the Paradise of God.
Some overpoise of sway, by turns, they share;
In peace the people; and the prince in war:
Consuls of moderate power in calms were made;
When the Gauls came, one sole Dictator sway'd.
Patriots in peace assert the people's right,
With noble stubbornness resisting might;
No lawless mandates from the court receive,
Nor lend by force, but in a body give.

une largeur et un élan qu'on ne rencontre point ailleurs :

Comme les rayons empruntés de la lune et des étoiles — luisent vainement pour le voyageur seul, las et égaré, — ainsi la pâle raison luit vainement pour l'âme. Et comme là-haut, — ces feux roulants ne découvrent que la voûte céleste — sans nous éclairer ici-bas ; tel le rayon vacillant de la raison — nous fut prêté, non pour assurer notre route incertaine, — mais pour nous guider là-haut vers un jour meilleur. — Et comme ces cierges de la nuit disparaissent — quand l'éclatant seigneur du jour gravit notre hémisphère, — ainsi pâlit la raison quand la religion se montre ; — ainsi la raison meurt et s'évanouit dans la lumière surnaturelle [1].

.... O Dieu miséricordieux, comme tu as bien préparé — pour nos jugements faillibles un guide infaillible ! — Ton trône est une obscurité dans l'abîme de lumière, — un flamboiement de gloire qui interdit le regard. — Oh ! enseigne-moi à croire en toi, tout caché que tu demeures, — à ne rien chercher au delà de ce que toi-même as révélé, — à prendre celle-là seule pour ma souveraine — que tu as promis de ne jamais abandonner ! — Ma jeunesse imprudente a volé parmi les vains désirs ; — mon âge viril, longtemps égaré par des feux vagabonds, — a suivi des lueurs fausses, et quand leur éclair a disparu, — mon orgueil a fait jaillir de lui-même d'aussi trompeuses étincelles. — Tel j'étais, tel par nature je suis encore. — A toi la gloire, à moi la honte. — Que toute

---

1. Dim as the borrow'd beams of moon and stars
  To lonely, weary, wand'ring travellers,
  Is reason to the soul : and as on high
  Those rolling fires discover but the sky,
  Nor light us here ; so Reason's glimm'ring ray
  Was lent, not to assure our doleful way,
  But guide us upward to a better day.
  And as those nightly tapers disappear
  When day's bright lord ascends our hemisphere ;
  So pale grows Reason at Religion's sight,
  So dies, and so dissolves in supernatural light.

ma tâche maintenant soit de bien vivre! Mes doutes sont finis[1].

Telle est la poésie de ces âmes sérieuses. Après avoir erré dans les débauches et les pompes de la Restauration, Dryden entrait dans les graves émotions de la vie intérieure; quoique catholique, il sentait en protestant les misères de l'homme et la présence de la grâce; il était capable d'enthousiasme. De temps en temps un vers virile et poignant décèle, au milieu de ses raisonnements, la puissance de la conception et le souffle du désir. Quand le tragique se rencontre, il s'y assoit comme dans son domaine; au besoin, il fouille dans l'horrible. Il a décrit la chasse infernale et le supplice de la jeune fille déchirée par les chiens avec la sauvage énergie de Milton[2]. Par contraste il a aimé la nature; ce goût a toujours duré en Angleterre; les sombres passions réfléchies se détendent dans la grande paix et l'harmonie des champs.

[1]. *Religio Laici, Hind and Panther.*

> But, gracious God! how well dost thou provide
> For erring judgments an unerring guide!
> Thy throne is darkness in th' abyss of light,
> A blaze of glory that forbids the sight.
> O teach me to believe thee thus conceal'd,
> And search no farther than thyself reveal'd;
> But her alone for my director take,
> Whom thou hast promised never to forsake!
> My thoughtless youth was wing'd with vain desires,
> My manhood, long misled by wandering fires,
> Follow'd false lights, and when their glimpse was gone,
> My pride struck out new sparkles of her own.
> Such was I; such by nature still I am;
> Be thine the glory, and be mine the shame!
> Good life be now my task; my doubts are done

[2]. *Theodore et Honoria.*

Au milieu de la dispute théologique se développent des paysages ; il voit « de nouveaux bourgeons fleu-
« rir, de nouvelles fleurs se lever, comme si Dieu eût
« laissé en cet endroit les traces de ses pas et réformé
« l'année. Les collines pleines de soleil brillaient
« dans le lointain sous les rayons splendides, et, dans
« les prairies au-dessous d'elles, les ruisseaux polis
« semblaient rouler de l'or liquide. Enfin ils enten-
« dirent chanter le coucou folâtre, dont la note pro-
« clamait la fête du printemps[1]. » On démêle sous ses vers réguliers une âme d'artiste[2] ; quoique rétréci par les habitudes du raisonnement classique, quoique roidi par la controverse et la polémique, quoique impuissant à créer des âmes ou à peindre les sentiments naïfs et fins, il reste vraiment poëte ; il est troublé, soulevé par les beaux sons et les belles formes ; il écrit hardiment sous la pression d'idées véhémentes ; il s'entoure volontiers d'images magnifiques ; il s'émeut au bruissement de leurs essaims, au chatoiement de leurs splendeurs ; il est au besoin

1. New blossoms flourish and new flowers arise,
As God had been abroad, and, walking there,
Had left his footsteps and reform'd the year.
The sunny hills from far were seen to glow
With glitt'ring beams, and in the meads below
The burnish'd brooks appear'd with gold to flow,
As last they heard the foolish cuckoo sing,
Whose note proclaim'd the holyday of spring.

2. For her the weeping heaven become serene,
For her the ground is clad in cheerful green,
For her the nightingales are taught to sing,
And nature for her has delayed the spring.

Ces vers charmants sur la duchesse d'York rappellent ceux de La Fontaine sur la princesse de Conti.

musicien et peintre; il écrit des airs de bravoure qui ébranlent tous les sens, s'ils ne descendent pas jusqu'au cœur. Telle est cette ode pour la fête de sainte Cécile, admirable fanfare où le mètre et le son impriment dans les nerfs les émotions de l'esprit, chef-d'œuvre d'entraînement et d'art que Victor Hugo seul a renouvelé[1]. Alexandre est sur son trône dans le palais de Persépolis; à côté de lui Thaïs florissante de beauté; devant lui, dans l'immense salle, tous ses glorieux capitaines. Et Timothée chante : il chante Bacchus, « Bacchus toujours beau, Bacchus toujours
« jeune; le joyeux dieu vient en triomphe : sonnez
« les trompettes! battez les tambours! Il vient la face
« empourprée, les yeux riants; que les hautbois résonnent! Il vient, il vient, Bacchus toujours beau,
« toujours jeune; Bacchus a le premier établi les
« joies du vin; les dons de Bacchus sont un trésor;
« le vin est le plaisir du soldat; riche est le trésor,
« doux est le plaisir; doux est le plaisir après la
« peine[2]. » — Et sous les sons vibrants, le roi se

---

1. Par exemple dans son *Chant du Cirque*.

2. The praise of Bacchus then the sweet musician sung,
   Of Bacchus, ever fair and ever young.
   The jolly god in triumph comes;
   Sound the trumpets, beat the drums.
   Flush'd with a purple grace,
   He shows his honest face.
   Now give the hautboys breath; he comes! he comes.
   Bacchus! ever fair and young,
   Drinking joys did first ordain;
   Bacchus' blessings are a treasure,
   Drinking is the soldiers's pleasure;
   Rich the treasure,
   Sweet the pleasure;
   Sweet is pleasure after pain.

trouble; ses joues s'enflamment, ses combats lui reviennent en mémoire ; il défie les hommes et les dieux. Alors un chant triste l'apaise : Timothée pleure la mort de Darius trahi. Puis un chant tendre l'amollit: Timothée célèbre l'amour et la rayonnante beauté de Thaïs. Tout à coup les sons de la lyre s'enflent; ils s'enflent plus haut; ils grondent comme un tonnerre; le roi assoupi se redresse égaré, les yeux fixes. « Ven-
« geance ! vengeance ! regarde les Furies qui se
« lèvent; regarde les serpents qu'elles brandissent,
« comme ils sifflent dans l'air ! et ces étincelles qui
« jaillissent de leurs yeux! Vois cette bande de spec-
« tres, chacun une torche à la main : ce sont les
« spectres des Grecs immolés dans les batailles, lais-
« sés sur la plaine sans sépulture, sans honneur !
« Regarde comme ils secouent leurs torches, comme
« ils les lèvent, comme ils montrent les palais per-
« sans, les temples étincelants des dieux leurs enne-
« mis [1] ! » — Les princes applaudissent, ils saisissent

1. Now strike the golden lyre again :
    And louder yet, and yet a louder strain.
    Break his bands of sleep asunder,
    And rouse him, like a rattling peal of thunder.
       Hark, hark, the horrid sound
         Has rais'd up his head,
         As awak'd from the dead,
       And amaz'd, he stares around.
    Revenge! revenge! Timotheus cries,
       See the furies arise !
       See the snakes that they bear,
       How they hiss in the air !
    And the sparkles that flash from their eyes !
       Behold a ghastly band,
       Each a torch in his hand !
    These are Grecian ghosts, that in battle were slain,
         And unbury'd remain
         Inglorious on the plain :

des flambeaux, ils courent, Thaïs la première, et la nouvelle Hélène brûle la nouvelle Troie ! Ainsi jadis la musique attendrissait, exaltait, maîtrisait les hommes ; les vers de Dryden retrouvent son pouvoir en le décrivant.

X

Ce fut là une de ses dernières œuvres ; toute brillante et poétique, elle était née parmi les pires tristesses. Le roi pour lequel il avait écrit était détrôné et chassé ; la religion qu'il avait embrassée était méprisée et opprimée ; catholique et royaliste, il était confiné dans un parti vaincu, que la nation considérait avec ressentiment et avec défiance comme l'adversaire naturel de la liberté et de la raison. Il avait perdu les deux places qui le faisaient vivre ; il subsistait misérablement, chargé de famille, obligé de soutenir ses fils à l'étranger, traité en mercenaire par un libraire grossier, forcé de lui demander de l'argent pour payer une montre qu'on ne voulait pas lui laisser à crédit, priant lord Bolingbroke de le protéger contre ses injures, vilipendé par son boutiquier quand

> Give the vengeance due
> To the valiant crew :
> Behold how they toss their torches on high,
> How they point to the Persian abodes,
> And glitt'ring temples of their hostile gods!
> The princes applaud with a furious joy,
> And the King seiz'd a flambeau with a zeal to destroy.
> Thaïs led the way,
> To light him to his prey,
> And, like another Helen, fir'd another Troy.

la page promise n'était pas pleine au jour dit. Ses ennemis le persécutaient de pamphlets; le puritain Collier flagellait brutalement ses comédies; on le damnait sans pitié et en conscience. Il était malade depuis longtemps, impotent, contraint de beaucoup écrire, réduit à exagérer la flatterie pour obtenir des grands l'argent indispensable que les éditeurs ne lui donnaient pas[1]. « Ce que Virgile a composé[2], disait-il,
« dans la vigueur de son âge, dans l'abondance et le
« loisir, j'ai entrepris de le traduire dans le déclin de
« mes années; luttant contre le besoin, opprimé par
« la maladie, contraint dans mon génie, exposé à
« voir mal interpréter tout ce que je dis, avec des
« juges qui, à moins d'être très-équitables, sont déjà
« indisposés contre moi par le portrait diffamatoire
« qu'on a fait de mon caractère. » Quoique bien disposé pour lui-même, il savait que sa conduite n'avait pas toujours été digne, et que tous ses écrits n'étaient pas durables. Né entre deux époques, il avait oscillé entre deux formes de vie et deux formes de pensée, n'ayant atteint la perfection ni de l'une ni de l'autre, ayant gardé des défauts de l'une et de l'autre, n'ayant point trouvé dans les mœurs environnantes un soutien digne de son caractère, ni dans les idées environnantes une matière digne de son talent. S'il avait institué la critique et le bon style, cette critique n'avait trouvé place qu'en des traités pédantesques ou des préfaces

---

1. On lui payait dix mille vers deux cent cinquante guinées.
2. *Post-scriptum* de la traduction de Virgile.

décousues ; ce bon style restait dépaysé dans des tragédies enflées, dispersé en des traductions multipliées, égaré en des pièces d'occasion, en des odes de commande, en des poëmes de parti, ne rencontrant que de loin en loin un souffle capable de l'employer et un sujet capable de le soutenir. Que d'efforts pour un effet médiocre ! C'est la condition naturelle de l'homme. Au bout de tout, voici venir la douleur et l'agonie. La gravelle, la goutte, depuis longtemps, ne lui laissaient plus de relâche ; un érésipèle couvrit sa jambe. Vers le mois d'avril 1700, il essaya de sortir ; son pied foulé se gangrena ; on voulut tenter l'opération, mais il jugea que ce qui lui restait de santé et de bonheur n'en valait pas la peine. Il mourut à soixante-neuf ans.

CHAPITRE III.

La Révolution.

I. La révolution morale au dix-huitième siècle. — Elle accompagne la révolution politique.
II. Brutalité du peuple. — Le gin. — Les émeutes. — Corruption des grands. — Les mœurs politiques. — Trahisons sous Guillaume et Anne. — Vénalité sous Walpole et Bute. — Les mœurs privées. — Les viveurs. — Les athées. — *Lettres de lord Chesterfield.* — Sa politesse et sa morale. — *L'Opéra du Gueux*, par Gay. — Ses élégances et sa satire.
III. Principes de la civilisation en France et en Angleterre. — La conversation en France. Comment elle aboutit à une révolution. — Le sens moral en Angleterre. Comment il aboutit à une réforme.
IV. La religion. — Les apparences visibles. — Le sentiment profond. — Comment la religion est populaire. — Comment elle est vivante. — Les ariens. — Les méthodistes.
V. La chaire. — Médiocrité et efficacité de la prédication. — Tillotson. — Sa lourdeur et sa solidité. — Barrow. — Son abondance et sa minutie. — South. — Son âcreté et son énergie. — Comparaison des prédicateurs en France et en Angleterre.
VI. La théologie. — Comparaison de l'apologétique en France et en Angleterre. — Sherlock, Stillingfleet, Clarke. — La théologie n'est pas spéculative, mais morale. — Les plus grands esprits se rangent du côté du christianisme. — Impuissance de la philosophie spéculative. — Berkeley, Newton, Locke, Hume, Reid. — Développement de la philosophie morale. — Smith, Price, Hutcheson.
VII. La constitution. — Le sentiment du droit. — *Traité du gouvernement*, par Locke. — La théorie du droit personnel est acceptée. — Comment le tempérament, l'orgueil et l'intérêt la soutiennent.

— La théorie du droit personnel est appliquée. — Comment les élections, les journaux, les tribunaux la mettent en pratique.
VIII. La tribune. — Énergie et rudesse de cette éloquence. — Lord Chatam. — Junius. — Fox. — Sheridan. — Pitt. — Burke.
IX. Issue du travail du siècle. — Transformation économique et morale. — Comparaison des portraits de Reynold et de ceux de Lely. — Doctrines et tendances contraires en France et en Angleterre. — Les révolutionnaires et les conservateurs. — Jugement de Burke et du peuple anglais sur la Révolution française.

Avec l'établissement de 1688, un nouvel esprit apparaît en Angleterre. Lentement, par degrés, la révolution morale accompagne la révolution sociale : l'homme change en même temps que l'État, dans le même sens et par les mêmes causes ; le caractère s'accommode à la situation, et l'on voit peu à peu dominer dans les mœurs et dans les lettres l'esprit sérieux, réfléchi, moral, capable de discipline et d'indépendance, qui seul peut soutenir et achever une constitution.

I

Ce ne fut pas sans peine, et au premier regard il semble qu'à cette révolution, dont elle est si fière, l'Angleterre n'ait rien gagné. L'aspect des choses sous Guillaume, Anne et les deux premiers Georges, est repoussant ; on est tenté de juger comme Swift : on se dit que s'il a peint le Yahou, c'est qu'il l'a vu ; nu ou traîné en carrosse, le Yahou n'est pas plus beau. On ne voit que corruption en haut, et brutalités en bas ; une troupe d'intrigants mène une populace de brutes.

La bête humaine, enflammée par les passions politiques, éclate en cris, en violences, brûle l'amiral Byng en effigie, exige sa mort, veut détruire sa maison et son parc, oscille tour à tour sous la main de chaque parti, et de son élan aveugle semble prête à démolir la société civile. Quand le docteur Sacheverell est mis en jugement, les garçons bouchers, les boueurs, les balayeurs de cheminée, les marchands de pommes, les filles de joie et toute la canaille, s'imaginant que l'Église est en danger, l'accompagnent avec des hurlements de colère et d'enthousiasme, et le soir se mettent à brûler et à piller les temples des dissidents. Quand lord Bute, en dépit de l'opinion populaire, est mis à la place de Pitt, il est assailli de pierres et obligé d'entourer sa voiture d'une forte garde de boxeurs. A chaque accident politique, on entend un grondement d'émeute, on voit des bousculades, des coups de poing, des têtes cassées. C'est pis lorsque l'intérêt personnel du peuple est en jeu. Le gin avait été inventé en 1684, et un demi-siècle après[1] l'Angleterre en consommait sept millions de gallons. Les marchands, sur leurs enseignes, invitaient les gens à venir s'enivrer pour deux sous; pour quatre sous, on avait de quoi tomber mort ivre; de plus, la paille gratis; le marchand traînait ceux qui tombaient dans un cellier où ils cuvaient leur eau-de-vie. On ne traversait pas les rues de Londres sans rencontrer des misérables inertes, insensibles, gisant sur le pavé,

---

1. 1742. Rapport de lord Lonsdale.

et que la charité des passants pouvait seule empêcher d'être étouffés dans la boue ou écrasés par les voitures. On voulut par un impôt modérer cette fureur ; ce fut en vain ; les juges n'osaient condamner, les dénonciateurs étaient assassinés. La chambre plia, et Walpole, se sentant au bord d'une révolte, retira sa loi[2]. Tous ces légistes en perruque solennelle et en hermine, ces évêques en dentelles, ces lords brodés et dorés, ce beau gouvernement adroitement équilibré est porté sur le dos d'une brute énorme et redoutable qui d'ordinaire chemine docilement, quoique grondante, mais qui tout d'un coup, d'un caprice, peut le secouer et l'écraser. On le vit bien en 1780, pendant l'émeute de lord Gordon. Sans raison ni direction, au cri de *à bas les papistes !* la populace soulevée démolit les prisons, lâcha les criminels, maltraita les pairs, et fut trois jours maîtresse de la ville, brûlant, pillant et se gorgeant. Les tonneaux de gin défoncés faisaient des ruisseaux dans les rues. Enfants et femmes à genoux y buvaient jusqu'à mourir. Les uns devenaient furieux, les autres s'affaissaient stupides, et l'incendie des maisons croulantes finissait par les brûler ou les engloutir. Onze ans plus tard, à Birmingham, ils saccagèrent et détruisirent les maisons des libéraux et des dissidents, et le lendemain on les trouva, par tas, ivres morts le long des chemins et dans les haies. L'instinct s'émeut dangereusement dans cette race

---

1. "In the present inflamed temper of the people, the act could not be carried into execution without an armed force." (Discours de Walpole.)

trop forte et trop nourrie. Le taureau populaire se lançait comme une masse sur le premier chiffon rouge qu'il croyait voir.

La haute société valait un peu moins que la basse. S'il n'y eut point de révolution plus bienfaisante que celle de 1688, il n'y en eut point qui fût lancée ou soutenue par de plus sales ressorts. La trahison est partout, non pas simple, mais double et triple. Sous Guillaume et sous Anne, amiraux, ministres, gentilshommes du conseil, favoris de l'antichambre, tous correspondent et conspirent avec les Stuarts qu'ils ont déjà vendus, sauf à les vendre encore, par une complication de marchés qui vont se détruisant l'un l'autre et par une complication de parjures qui vont se dépassant l'un l'autre jusqu'à ce que personne ne sache plus à qui il appartient ni qui il est. Le plus grand capitaine du temps, le duc de Marlborough, est un des plus bas coquins de l'histoire, entretenu par ses maîtresses, économe administrateur de la paye qu'il reçoit d'elles, occupé à voler ses soldats, trafiquant des secrets d'État, traître envers Jacques, envers Guillaume, envers l'Angleterre, capable de risquer sa vie pour épargner une paire de bottes mouillées, et de faire tomber dans une embuscade française une expédition de soldats anglais. Après lui vient Bolingbroke, sceptique et cynique, tour à tour ministre de la reine et du prétendant, aussi déloyal envers l'un qu'envers l'autre, marchand de consciences, de mariages et de promesses, ayant gaspillé du génie dans les débauches et les tripotages pour arriver à la dis-

grâce, à l'impuissance et au mépris[1]. Vient enfin Walpole, chassé de la chambre comme concussionnaire, premier ministre pendant vingt ans, et qui se vantait de savoir le tarif de chaque conscience. « Il y a des membres écossais, disait Montesquieu en 1729[2], qui n'ont que 200 livres sterling, et se vendent à ce prix. Les Anglais ne sont plus dignes de leur liberté. Ils la vendent au roi, et si le roi la leur redonnait ils la lui vendraient encore. » Il faut voir dans le journal de Dodington, espèce de Figaro malhonnête, la façon ingénieuse et les jolies tournures de ce grand commerce. « Un jour de vote difficile, dit le docteur King, Walpole, passant dans la cour des requêtes, aperçut un membre du parti contraire : il le tira à part et lui dit : « Donnez-moi votre voix, voici un billet de ban-
« que de deux mille livres sterling. » Le membre lui fit cette réponse : « Sir Robert, vous avez dernière-
« ment rendu service à quelques-uns de mes amis
« intimes, et la dernière fois que ma femme est venue
« à la cour, le roi l'a reçue très-gracieusement, ce
« qui certainement est arrivé par votre influence. Je
« me considérerais donc comme très-ingrat (et il mit
« le billet de banque dans sa poche) si je vous refu-
« sais la faveur que vous voulez bien me demander au-
« jourd'hui. » Voilà de quel air un homme de goût faisait ses affaires. La corruption était si bien dans les mœurs publiques et dans l'état politique qu'après la

1. Voyez le terrible discours de Walpole contre lui, 1734.
2. Notes sur son voyage en Angleterre.

chute de Walpole, lord Bute, qui l'avait dénoncée, fut obligé de la pratiquer et de l'accroître. Son collègue Fox changea les bureaux du trésor (*pay-office*) en marché, débattit son prix avec des centaines de membres, déboursa en une matinée 25 000 livres sterling. On ne pouvait avoir des votes qu'argent comptant, et encore aux moments importants ces mercenaires menaçaient de passer à l'ennemi, se mettaient en grève, et demandaient davantage. Et croyez que les chefs se faisaient leur part. Ils se vendent ou se payent en titres, en dignités, en sinécures; pour obtenir la vacance d'une place, on donne au titulaire une pension de deux, trois, cinq, et jusqu'à sept mille livres sterling. Pitt, le plus intègre de ces hommes politiques, le chef de ceux qui s'appelaient patriotes, donne et retire sa parole, attaque ou défend Walpole, propose la guerre ou la paix, le tout pour devenir ou rester ministre. Fox, son rival, est une sorte de pourri éhonté. Le duc de Newcastle, « dont le nom était perfidie, » espèce de caricature vivante, le plus maladroit, le plus ignorant, le plus moqué, le plus méprisé des nobles, reste ministre trente ans et dix ans premier ministre à cause de sa parenté, de sa fortune, des élections dont il dispose et des places qu'il peut donner. La chute des Stuarts a mis le gouvernement aux mains de quelques grandes familles qui, au moyen de bourgs pourris, de députés achetés et de discours sonores, oppriment le roi, manient les passions populaires, intriguent, mentent, se chamaillent et tâchent de s'escroquer le pouvoir.

CHAPITRE III. LA RÉVOLUTION.

Les mœurs privées sont aussi belles que les mœurs publiques. D'ordinaire le roi régnant déteste son fils ; ce fils fait des dettes, demande au parlement d'augmenter sa pension, et se ligue avec les ennemis de son père. George Ier tient sa femme en prison pendant trente-deux ans, et s'enivre le soir chez deux laiderons, ses maîtresses. George II, qui aime sa femme, prend des maîtresses pour avoir l'air galant, se réjouit de la mort de son fils, escroque le testament de son père. Son fils aîné[1] triche aux cartes, et un jour, à Kensington, ayant emprunté 5000 livres sterling à Dodington, dit en le voyant sous la fenêtre : « Cet « homme passe pour une des meilleures têtes de l'An- « gleterre, et pourtant, avec tout son esprit, je viens « de l'alléger de 5000 livres. » George IV est une espèce de cocher, joueur, viveur scandaleux, parieur sans probité, et que ses manœuvres manquèrent de faire exclure du Jockey-Club. Le seul honnête homme est George III, un pauvre lourdaud borné qui devint fou, et que sa mère avait tenu comme cloîtré pendant sa jeunesse. Elle donnait pour motif la corruption universelle des gens de qualité : « Les jeunes gens, « disait-elle, sont tous des viveurs, et les jeunes fem- « mes font la cour aux hommes au lieu d'attendre « qu'on la leur fasse[2]. » En effet, le vice est à la mode, et non pas délicat comme en France. « L'argent, écri- « vait Montesquieu, est ici souverainement estimé,

---

1. Frédéric, mort en 1751. *Mémoires de Walpole*, t. I, p. 76.
2. The young men were all rakes; the young women made love instead of waiting till it was made to them.

« l'honneur et la vertu peu. Il faut à l'Anglais un bon
« dîner, une fille et de l'aisance. Comme il n'est pas
« répandu et qu'il est borné à cela, dès que sa fortune
« se délabre, et qu'il ne peut plus avoir cela, il se tue
« ou se fait voleur. » Il y a dans les jeunes gens une
surabondance de séve grossière qui leur fait prendre
les brutalités pour les plaisirs. Les plus célèbres s'appelaient Mohicans, et la nuit tyrannisaient Londres.
Ils arrêtaient les gens, et les faisaient danser en leur
piquant les jambes à coups d'épée; parfois ils mettaient une femme dans un tonneau et la faisaient rouler ainsi du haut d'une pente; d'autres la posaient sur
la tête les pieds en l'air; quelques-uns aplatissaient
le nez du malheureux qu'ils avaient saisi, et avec les
doigts lui faisaient sortir les yeux de l'orbite. Swift,
les comiques et les romanciers ont peint la bassesse
de cette grosse débauche, qui a besoin de tapage, qui
vit d'ivrognerie, qui s'étale dans la crudité, qui aboutit à la cruauté, qui finit par l'irréligion et l'athéisme[1]. Ce tempérament batailleur et trop fort a
besoin de s'employer orgueilleusement et audacieusement à la destruction de ce que les hommes respectent et de ce que les institutions protégent. Ils attaquent les prêtres par le même instinct qu'ils rossent
le guet. Collins, Tindal, Bolingbroke sont leurs docteurs; la corruption des mœurs, l'habitude des trahisons, le choc des sectes, la liberté des discussions, le
progrès des sciences et la fermentation des idées sem-

1. Personnage de Birton, dans le *Jenny* de Voltaire.

blent dissoudre le christianisme. « Point de religion,
« disait Montesquieu, en Angleterre. Quatre ou cinq
« de la chambre des communes vont à la messe ou
« au sermon de la chambre.... Si quelqu'un parle de
« religion, tout le monde se met à rire. Un homme
« ayant dit de mon temps : Je crois cela comme arti-
« cle de foi, tout le monde se mit à rire. » En effet, la
phrase était provinciale et sentait son vieux temps.
L'important était d'avoir bon ton, et il est plaisant de
voir dans lord Chesterfield en quoi ce bon ton consiste. De justice, d'honneur, il ne parle qu'en courant
et pour la forme : « Avant tout, dit-il à son fils, ayez
« des manières. » Il y revient dans chaque lettre avec
une insistance, une abondance, une force de preuves,
qui font un contraste grotesque. « Mon cher ami,
« comment vont les manières, les agréments, les grâ-
« ces, et tous ces petits riens si nécessaires pour ren-
« dre un homme aimable? Les prenez-vous? y faites-
« vous des progrès?... Polissez-vous, ne curez point
« vos ongles en société, ne mettez pas vos doigts dans
« votre nez, posez bien vos pieds.... Votre maître de
« danse est à présent le plus important de tous....
« Surtout laissez de côté la rouille de Cambridge....
« On m'assure que Mme de.... est jolie comme un
« cœur, et que, nonobstant cela, elle s'en est tenue
« scrupuleusement à son mari, quoiqu'il y ait déjà
« plus d'un an qu'elle est mariée. Elle n'y pense pas;
« il faut décrotter cette femme-là. Décrottez-vous
« donc tous les deux réciproquement. » Et un peu
après : « Que vous dit Mme de...? Pour un attache-

« ment, je la préférerais à Mme...; mais pour une
« galanterie, je donnerais la préférence à la dernière.
« Tout cela peut s'arranger ensemble, et l'un n'em-
« pêche pas l'autre. » Soyez galant, adroit, délié;
plaisez aux femmes; « ce sont les femmes qui met-
« tent les hommes à la mode; » plaisez aux hommes;
« une souplesse de courtisan décidera de votre for-
« tune. » Et il lui cite en exemple Bolingbroke et Marlborough, les deux pires roués du siècle. Ainsi parle
un homme grave, ancien ministre, arbitre de l'éducation et du goût[1]. Il veut déniaiser son fils, lui donner
l'air français, ajouter aux solides connaissances diplo-
matiques et aux grandes visées d'ambition l'air engageant, sémillant et frivole. Ce vernis, qui à Paris est
la couleur vraie, n'est ici qu'un placage choquant.
Cette politesse transplantée est un mensonge, cette vivacité un manque de sens, et cette éducation mondaine ne semble propre qu'à faire des comédiens et
des coquins.

Ainsi jugea Gay dans son *Opéra du Gueux*, et la so-

1. « Les Anglais ont ordinairement vingt ans avant d'avoir parlé à quelque personne au-dessus de leur maître d'école et de leurs compagnons de collége; s'il arrive qu'ils aient du savoir, tout se termine au grec et au latin, mais pas un seul mot de l'histoire ou des langues modernes. Ainsi préparés ils se mettent à voyager; mais comme ils manquent de dextérité, qu'ils sont extrêmement honteux et timides et qu'ils n'ont point l'usage des langues étrangères, ils vivent entre eux et mangent ensemble dans les auberges. » (*Lettres de lord Chesterfield.*)

« Je souhaiterais que vous les priassiez de vous donner des lettres de recommandation pour les jeunes gens du bel air et pour les coquettes sur le bon ton, afin que vous pussiez être dans l'honnête débauche de Munich. » (*Ibidem.*)

ciété polie applaudit avec fureur au portrait qu'il traçait d'elle. Soixante-trois nuits de suite, la pièce fut jouée parmi un tonnerre de rires; les dames firent écrire les chansons sur leurs éventails, et l'actrice principale, dit-on, épousa un duc. Quelle satire! Les voleurs infestaient Londres, tellement qu'en 1728 la reine elle-même manqua d'être dévalisée; ils s'étaient formés en bandes, ayant des officiers, un trésor, un chef, et se multipliaient, quoique toutes les six semaines on les envoyât par « charretées » à la potence. Voilà la société que Gay mit en scène; à son avis, elle valait la grande; on avait peine à l'en distinguer: manières, esprit, conduite, morale, dans l'une et l'autre, tout est semblable. « En fait de vices
« à la mode, on ne peut dire si les gentilshommes
« du grand chemin imitent les gentilshommes à la
« mode, ou si les gentilshommes à la mode imitent les
« gentilshommes du grand chemin [1]. » En quoi, par exemple, Peachum diffère-t-il d'un grand ministre? Il est comme lui chef d'une bande de voleurs, il a comme lui un registre pour inscrire les vols, il reçoit comme lui de l'argent des deux mains, il fait comme lui prendre et pendre ses amis quand ses amis lui sont à charge, il se sert comme lui du langage parlementaire et des comparaisons classiques, il a comme lui de la gravité, de la tenue, et s'indigne éloquemment quand on soup-

---

1. Through the whole piece, you may observe such a similitude of manners in high and low life, that it is difficult to determine whether, in the fashionable vices, the fine gentlemen imitate the gentlemen of the road, or the gentlemen of the road the fine gentlemen.

çonne son honneur. Vous répondrez peut-être qu'il se dispute avec son associé au sujet des profits, et l'empoigne à la gorge? Mais dernièrement sir Robert Walpole et lord Townshend se sont colletés sur une question pareille. Écoutez les instructions que Peachum donne à sa fille; ne sont-ce pas les propres maximes du monde? « Ayez des amants, mademoiselle; une femme
« doit savoir être mercenaire, quand même elle ne se-
« rait jamais allée à la cour ni dans une assemblée....
« Comment! vous épousez M. Macheath, et votre belle
« raison est que vous l'aimez? L'aimer! l'aimer! Je
« croyais que mademoiselle était trop bien élevée
« pour cela. Ma fille doit être pour moi ce qu'une dame
« de la cour est pour un ministre d'État, la clef de
« toute la bande [1]. » Quant à M. Macheath, c'est le digne gendre d'un tel politique. S'il est moins brillant au conseil que dans l'action, cela convient à son âge. Trouvez-nous un jeune officier noble qui ait meilleure tournure ou fasse des actions plus belles. Il vole sur les grands chemins, voilà de la bravoure; il partage son butin avec ses amis, voilà de la générosité. « Vous
« voyez, messieurs, leur dit-il, je ne suis pas un simple
« ami de cour qui promet tout et ne donne rien. Que

---

[1]. My daughter to me should be, like a court lady to a minister of state, a key to a whole gang.

A woman knows how to be mercenary though she has never been in a court or at an assembly.

Why, foolish jade, thou wilt be as ill-used and as much neglected as if thou hadst married a Lord!

....I did not marry him as 'tis the fashion coolly and deliberately for honour or money. But I love him.

Love him, worse and worse! I thought the girl had been better bred.

« les courtisans se filoutent entre eux ; nous du
« moins, messieurs, nous avons gardé assez d'hon-
« neur pour nous maintenir purs parmi les corrup-
« tions du monde[1]. » Au reste, il est galant, il a une
demi-douzaine de femmes, une douzaine d'enfants, il
fréquente les mauvais lieux, il est aimable avec les
beautés qu'il y rencontre, il a de l'aisance, il salue
bien et à la ronde ; il tourne à chacune son compliment : « Mademoiselle Slammekin, toujours votre
« abandon et cet air négligé du grand monde ! Vous
« toutes, dames à la mode qui connaissez votre beauté,
« vous aimez le déshabillé. Mademoiselle Jenny, dai-
« gnerez-vous accepter un petit verre ? — Je ne bois
« jamais de liqueurs fortes, excepté quand j'ai la co-
« lique. — Justement l'excuse des dames à la mode :
« une personne de qualité a toujours la colique[2]. »
N'est-ce pas le vrai ton de la bonne compagnie ? Et
douterez-vous encore que M. Macheath soit un homme
de qualité quand vous apprendrez qu'il a mérité d'ê-
tre pendu et qu'il ne l'est pas ? A cette preuve tout
doit céder. Si pourtant vous en voulez une autre, il
ajoutera que « en matière de conscience et de morale
« moisie il n'est point du tout vulgaire ; cette consi-
« dération-là rogne aussi peu sur ses profits et sur
« ses plaisirs que sur ceux d'aucun gentilhomme d'An-

---

1. You see, gentlemen, I am not a mere court friend, who pro-
fesses every thing and will do nothing.... But we, gentlemen,
have still honour enough to break through the corruptions of the
world.

2. Mistress Slammekin ! As careless and genteel as ever ! all you
fine ladies who know your own beauty, affect an undress....

« gleterre[1]. » Après un tel mot, il faut bien se rendre. N'objectez pas la saleté de ces mœurs; vous voyez bien qu'elle n'a rien de rebutant, puisque la bonne compagnie s'en régale. Ces intérieurs de prison et de mauvais lieu, ces tripots, cette odeur de gin, ces marchandages d'entremetteuses et ces comptes de filous, rien ne dégoûte les dames, qui applaudissent dans leurs loges. Elles chantent les chansons de Polly; leurs nerfs n'ont peur d'aucun détail; elles ont déjà respiré ces senteurs de bouges dans les pastorales limées de l'aimable poëte[2]. Elles rient de voir Lucy qui montre sa grossesse à Macheath, et qui verse à Polly de la mort aux rats. Elles sont familières avec toutes les gracieu-

---

If any of the ladies chose gin, I hope they will be so free to call for it.

JENNY.

Indeed, sir, I never drink strong-waters, but when I have the cholic.

MACHEATH.

Just the excuse of the fine ladies! why, a lady of quality is never without the cholic....

MISTRESS SLAMMEKIN.

I am sure at least three men of his hanging should be set down to my account.

MISTRESS TRULL.

Mistress Slammekin, that is not fair. For you know one of them was taken in bed with me.

1. As to conscience and musty morals, I have as few drawbacks upon my profits or pleasures, as any man of quality in England; in those I am not at least vulgar.... To ruin a girl of severe education, is no small addition to the pleasure of our fine gentlemen.

Of all the animals of prey, man is the only sociable one.

2. Dans ces Églogues les dames expliquent en bon style que leurs amies ont pour amants des laquais :

Her favours Sylvia shares amongst mankind;

setés de la potence et toutes les gentillesses de la médecine. Mistress Trapes expose son métier devant elles, et se plaint d'avoir onze belles clientes entre les mains du chirurgien[1]. M. Filch, un pilier de prison, dit qu'ayant remplacé « le faiseur d'enfants, de-
« venu invalide, il a amassé quelque argent à procu-
« rer aux dames de l'endroit des grossesses pour leur
« faire avoir un sursis[2]. » Une verve atroce, aigrie d'ironie poignante, coule à travers l'œuvre comme un de ces ruisseaux de Londres dont Swift et Gay ont décrit les puanteurs corrosives; à cent ans de distance, elle déshonore encore le monde qui s'est éclaboussé et miré dans son bourbier.

II

Ce n'étaient là que des dehors, et les bons observateurs, Voltaire par exemple, ne s'y sont point trom-

    Such gen'rous Love could never be confin'd.

Ailleurs la servante dit à la dame :

    Have you not fancy'd in his frequent kiss
    Th'ungrateful leavings of a filthy miss?

1. I have eleven fine customers now down, under the surgeon's hand....

2. Since the favourite child-getter was disabled by mishap, I have picked up a little money, by helping the ladies to a pregnancy against their being called down to sentence....

                  LUCY.

See how I am forced to bear about the load of infamy you have laid upon me ...

Not the greatest lady in the land could have better strong-waters in her closet, for her own private drinking.

pés. Entre la vase du fond et l'écume de la surface roulait le grand fleuve national, qui, s'épurant par son mouvement propre, laissait déjà voir par intervalles sa couleur vraie, pour étaler bientôt la régularité puissante de sa course et la limpidité salubre de son eau. Il avançait dans son lit natal; chaque peuple a le sien et coule sur sa pente. C'est cette pente qui donne à chaque civilisation son degré et sa forme, et c'est elle qu'il faut tâcher de décrire et de mesurer.

Pour cela, nous n'avons qu'à suivre les voyageurs des deux pays qui à ce moment franchissent la Manche. Jamais l'Angleterre n'a regardé et imité davantage la France, ni la France l'Angleterre. Pour voir les courants distincts où glissait chacune des deux nations, il n'y avait qu'à ouvrir les yeux. A Paris, disait lord Chesterfield à son fils, recherchez la conversation polie; « elle tourne sur quelque sujet de goût, quelques points d'histoire, de critique et même de philosophie, qui conviennent mieux à des êtres raisonnables que les dissertations anglaises sur le temps et sur le whist[1]. » En effet, nous nous sommes civilisés par la conversation; les Anglais, point. Sitôt que le Français sort du labeur machinal et de la grosse vie physique, même avant d'en être sorti, il cause; c'est là son achèvement et son plaisir[2].

---

1. Voyez par contraste dans les œuvres de Swift un fac-simile de la conversation anglaise : *Essay on polite conversation*.

2. Encore en 1826, Sidney Smith arrivant à Calais écrit (tome II, 274) :
What pleases me is the taste and ingenuity displayed in the shops

A peine a-t-il échappé aux guerres de religion et à l'isolement féodal, il fait la révérence et dit son mot. Avec l'hôtel de Rambouillet, les salons s'ouvrent; le bel entretien qui va durer deux siècles commence; Allemands, Anglais, toute l'Europe novice ou balourde l'écoute, bouche béante, et de temps en temps essaye maladroitement de l'imiter. Qu'ils sont aimables, nos causeurs! Quels ménagements! quel tact inné! Avec quelle grâce et quelle dextérité ils savent persuader, intéresser, amuser, caresser la vanité malade, retenir l'attention distraite, insinuer la vérité dangereuse, et voler toujours à cent pieds au-dessus de l'ennui où leurs rivaux barbotent de tout leur poids natif! Mais surtout comme ils se sont déliés vite! D'instinct et sans effort, ils ont rencontré le geste aisé, la parole facile, l'élégance soutenue, le trait piquant, la clarté parfaite. Leurs phrases, encore compassées sous Balzac, se dégagent, s'allègent, s'élancent, courent, et sous Voltaire ont pris des ailes. Vit-on jamais pareil désir et pareil art de plaire? Les sciences pédantes, l'économie politique, la théologie, les habitantes renfrognées de l'Académie et de la Sorbonne, ne parlent qu'en épigrammes. L'*Esprit des Lois* de Montesquieu est aussi « l'esprit sur les lois. » Les périodes de Rousseau, qui enfanteront une révolution, ont été, dix-huit heures durant,

---

and the good manners and politeness of the people. Such is the state of manners, that you appear almost to have quitted a land of barbarians. — I have not seen a cobbler who is not better bred than an English gentleman.

tournées, polies, balancées dans sa tête. La philosophie de Voltaire petille en millions d'étincelles. Toute idée doit devenir un bon mot ; on ne pense plus qu'en saillies ; il faut que toute vérité, la plus épineuse ou la plus sainte, devienne un joli jouet de salon, lancé, puis relancé comme un volant doré par les mains mignonnes des dames, sans faire tache sur les sabots de dentelle d'où pendent languissamment leurs bras fluets, sur les guirlandes que déroulent dans les panneaux les Amours roses. Tout doit reluire, scintiller ou sourire. On atténue les passions, on affadit l'amour, on multiplie les bienséances, on outre le savoir-vivre. L'homme raffiné devient « sensible. » De sa douillette de taffetas, il tire incessamment le mouchoir brodé dont il essuiera le commencement d'une larme ; il pose la main sur son cœur, il s'attendrit, il est devenu si délicat et si correct que les Anglais le prennent tour à tour pour une femmelette ou pour un maître de danse [1]. Regardez de plus près cependant ce freluquet enrubanné qui roucoule les chansons de Florian dans un habit vert tendre. L'esprit de société qui l'a conduit dans ces fadaises l'a aussi conduit ail-

---

1. *Evelina*, par miss Burney ; voyez le personnage du pauvre et gentil Français, M. Dubois, qu'on fait tomber dans le ruisseau. — Ces jeunes filles si correctes vont voir jouer *Love for Love* de Congreve ; les parents ne craignent pas de leur donner miss Prue en spectacle. — Voyez aussi par contraste le personnage du capitaine anglais, si rustre ; il est l'hôte de Mme Duval, et la jette deux fois dans la boue ; il dit à sa fille : « Molly, je vous conseille, si vous faites quelque cas de mes bonnes grâces, de ne plus avoir un goût à vous, en ma présence. » — Le changement est surprenant, depuis soixante ans.

leurs; car la conversation, en France du moins, est une chasse aux idées. Encore aujourd'hui, dans la défiance et la tristesse des mœurs modernes, c'est à table, pendant le café, qu'apparaissent la haute politique et la philosophie première. Penser, surtout penser vite, est une fête. L'esprit y trouve une sorte de bal; jugez de quel empressement il s'y porte! Toute notre culture vient de là. A l'aurore du siècle, les dames, entre deux révérences, développent des portraits étudiés et des dissertations subtiles; elles entendent Descartes, goûtent Nicole, approuvent Bossuet. Bientôt les petits soupers commencent, et on y agite au dessert l'existence de Dieu. Est-ce que la théologie, la morale, mises en beau style ou en style piquant, ne sont pas des jouissances de salon et des parures de luxe? La verve s'y emploie, ondule et pétille comme une flamme légère au-dessus de tous les sujets dont elle se nourrit. Quel essor que celui du dix-huitième siècle! Jamais société fut-elle plus curieuse de hautes vérités, plus hardie à les chercher, plus prompte à les découvrir, plus ardente à les embrasser? Ces marquises musquées, ces fats en dentelles, tout ce joli monde paré, galant, frivole, court à la philosophie comme à l'Opéra; l'origine des êtres vivants et les anguilles de Needham, les aventures de Jacques le Fataliste et la question du libre arbitre, les principes de l'économie politique et les comptes de l'Homme aux quarante écus, tout est matière pour eux à paradoxes et à découvertes. Toutes les lourdes roches que les savants de métier taillaient et minaient péniblement à l'écart, entraînées et polies dans le torrent public, roulent par myriades, entre-choquées avec un bruissement joyeux, précipitées par un élan toujours plus rapide. Nulle barrière, nul heurt; on n'est point retenu par la pratique; on pense pour penser; les théories peuvent se déployer à l'aise. En effet, c'est toujours ainsi qu'en France on a causé. On y joue avec les vérités générales; on en retire agilement quelqu'une du monceau des faits où elle gît cachée, et on la développe; on plane au-dessus de l'observation dans la raison et la rhétorique; on se trouve mal et terre à terre tant qu'on n'est pas dans la région des idées pures. Et le dix-huitième siècle à cet égard continue le dix-septième. On avait décrit le savoir-vivre, la flatterie, la misanthropie, l'avarice : on examine la liberté, la tyrannie, la religion; on avait étudié l'homme en soi, on étudie l'homme abstrait. Les écrivains religieux et monarchiques sont de la même famille que les écrivains impies et révolutionnaires; Boileau conduit à Rousseau, et Racine à Robespierre. La raison oratoire avait formé le théâtre régulier et la prédication classique; la raison oratoire produit la Déclaration des Droits et le *Contrat social*. On se fabrique une certaine idée de l'homme, de ses penchants, de ses facultés, de ses devoirs, idée mutilée, mais d'autant plus nette qu'elle est plus réduite. D'aristocratique elle devient populaire; au lieu d'être un amusement, elle est une foi; des mains délicates et sceptiques, elle passe aux mains enthousiastes et grossières. D'un lustre de salon ils font un flambeau et une torche. Voilà le courant sur lequel a vogué l'esprit français pendant deux siècles, caressé par les raffinements d'une politesse exquise, amusé par un essaim d'idées brillantes, enchanté par les promesses des théories dorées, jusqu'au moment où, croyant toucher les palais de nuages qu'illuminait la distance, tout d'un coup il perdit terre et roula dans la tempête de la Révolution.

Tout autre est la voie par laquelle a cheminé la civilisation anglaise. Ce n'est pas l'esprit de société qui l'a faite, c'est le sens moral, et la raison en est que l'homme là-bas est autre que chez nous. Nos Français qui en ce moment découvrent l'Angleterre en sont frappés. « En France, dit Montesquieu, je fais
« amitié avec tout le monde; en Angleterre, je n'en
« fais à personne. Il faut faire ici comme les Anglais,
« vivre pour soi, ne se soucier de personne, n'aimer
« personne et ne compter sur personne. » Ce sont
« des génies singuliers, » partant solitaires et tristes.
« Ils sont recueillis, vivent beaucoup en eux-mêmes
« et pensent tout seuls. La plupart, avec de l'esprit,
« sont tourmentés par leur esprit même. Dans le dé-
« dain ou le dégoût de toutes choses, ils sont mal-
« heureux avec tant de sujets de ne l'être pas. »
Et Voltaire, comme Montesquieu, revient incessamment sur l'énergie sombre de ce caractère. Il dit qu'à Londres il y a des journées de vent d'est où l'on se pend; il conte en frissonnant qu'une jeune fille s'est coupé la gorge, et que l'amant, sans rien dire, a racheté le couteau. Il est surpris de voir « tant

de Timons, de misanthropes atrabilaires. » De quel côté trouveront-ils leur voie? Il y en a une qui s'ouvre tous les jours plus large. L'Anglais, naturellement sérieux, méditatif et triste, n'est point porté à regarder la vie comme un jeu ou comme un plaisir; il a les yeux habituellement tournés non vers le dehors et la nature riante, mais vers le dedans et vers les événements de l'âme; il s'examine lui-même, il descend incessamment dans son intérieur, il se confine dans le monde moral et finit par ne plus voir d'autre beauté que celle qui peut y luire; il pose la justice en reine unique et absolue de la vie humaine, et conçoit le projet d'ordonner toutes ses actions d'après un code rigide. Et les forces ne lui manquent pas dans cette entreprise; car l'orgueil en lui vient aider la conscience. Ayant choisi sa route lui-même et lui seul, il aurait honte de s'en écarter; il repousse les tentations comme des ennemis; il sent qu'il combat et triomphe [1], qu'il fait une œuvre difficile, qu'il est digne d'admiration, qu'il est un homme. D'autre part, il se délivre de l'ennui, son ennemi capital, et contente son besoin d'action; le devoir conçu donne un emploi aux facultés et un but à la vie, provoque les associations, les fondations, les prédications, et, rencontrant des âmes et des nerfs plus endurcis, les lance, sans trop les faire souffrir, dans les longues luttes, à travers le ridicule et le danger. Le naturel

---

[1]. « The consciousness of silent endurance, so dear to every Englishman, of standing out against something and not giving in. » *Tom Brown's School-days.*

réfléchi a donné la règle morale, le naturel batailleur donne la force morale. L'intelligence ainsi dirigée est plus propre que toute autre à comprendre le devoir; la volonté ainsi armée est plus capable que toute autre d'exécuter le devoir. C'est là la faculté fondamentale qu'on retrouve dans toutes les parties de la vie publique, enfouie, mais présente, comme une de ces roches primitives et profondes qui, prolongées au loin dans la campagne, donnent à tous les accidents du sol leur assiette et leur soutien.

III

Au protestantisme d'abord, et c'est par cette structure d'esprit que l'Anglais est religieux. Traversez ici l'écorce rugueuse et déplaisante. Voltaire en rit, il s'amuse des criailleries des prédicants et du rigorisme des fidèles. « Point d'opéra, point de comédie, « point de concert à Londres le dimanche; les cartes « même y sont si expressément défendues, qu'il n'y « a que les personnes de qualité et ce qu'on appelle « les honnêtes gens qui jouent ce jour-là. » Il s'égaye aux dépens des Anglicans, « si attentifs à recevoir les « dîmes, » des presbytériens, « qui ont l'air fâché et « prêchent du nez, » des quakers, « qui vont dans « leurs églises attendre l'inspiration de Dieu le cha- « peau sur la tête. » Mais n'y a-t-il rien à remarquer que ces dehors? Et croyez-vous connaître une religion, parce que vous connaissez des particularités de formulaire et de surplus? Il y a une foi commune sous toutes ces différences de sectes; quelle que soit la forme du protestantisme, son objet et son effet sont la culture du sens moral; c'est par là qu'il est ici populaire; principes et dogmes, tout l'approprie aux instincts de la nation. Le sentiment d'où tout part chez le réformé est l'inquiétude de la conscience; il se représente la justice parfaite, et sent que sa justice, telle quelle, ne subsistera point devant celle-là. Il pense au jugement final et se dit qu'il y sera condamné. Il se trouble et se prosterne; il implore de Dieu le pardon de ses fautes et le renouvellement de son cœur. Il voit que, ni par ses désirs, ni par ses actions, ni par aucune cérémonie, ni par aucune institution, ni par lui-même, ni par aucune créature, il ne peut ni mériter l'un ni obtenir l'autre. Il a recours au Christ, le médiateur unique; il le supplie, il le sent présent, il se trouve par sa grâce justifié, élu, guéri, transformé, prédestiné. Ainsi entendue, la religion est une révolution morale; ainsi simplifiée, la religion n'est qu'une révolution morale. Devant cette grande émotion, métaphysique et théologie, cérémonies et discipline, tout s'efface ou se subordonne, et le christianisme n'est plus que la purification du cœur. Regardez maintenant ces gens vêtus de brun qui nasillent le dimanche autour d'une boîte de bois noir, pendant qu'un homme en rabat, « avec l'air d'un « Caton, » marmotte un psaume. N'y a-t-il rien dans leur cœur que des « billevesées » théologiques ou des phrases machinales? Il y a un grand sentiment, la vénération. Ce temple nu des dissidents, cet office et cette église simple des anglicans, les laissent tout entiers à l'impression de ce qu'ils lisent et de ce qu'ils entendent. Car ils entendent et ils lisent ; la prière faite en langue vulgaire, les psaumes traduits en langue vulgaire, peuvent entrer à travers leurs sens jusqu'à leur âme. Ils y entrent, soyez-en sûr, et c'est pour cela qu'ils ont l'air si recueilli. Car la race est, par nature, capable d'émotions profondes, disposée, par la véhémence de son imagination, à comprendre le grandiose et le tragique, et cette Bible, qui est à leurs yeux la propre parole du Dieu éternel, leur en fournit. Je sais bien que pour Voltaire elle n'est qu'emphatique, décousue et ridicule ; les sentiments dont elle est pleine sont hors de proportion avec les sentiments français. Ici, les auditeurs sont au niveau de son énergie et de sa rudesse. Les cris d'angoisse ou d'admiration de l'Hébreu solitaire, les transports, les éclats imprévus de passion sublime, la soif de la justice, le grondement des tonnerres et des justices de Dieu, viennent, à travers trente siècles, remuer ces âmes bibliques. Leurs autres livres y aident. Ce *Prayer book*, qui se transmet par héritage avec la vieille Bible de famille, fait entendre à tous, au plus lourd paysan, à l'ouvrier des mines, l'accent solennel de la prière vraie. La poésie naissante et la religion renaissante au seizième siècle y ont imprimé leur gravité magnifique, et l'on y sent palpiter, comme dans Milton lui-même, la double inspiration qui alors souleva l'homme hors de lui-même et le porta jusqu'au ciel. Les genoux plient quand on l'écoute. Cette confession de foi, ces *collects* prononcés pendant la maladie, devant le lit des mourants, en cas de malheur public et de deuil privé, ces hautes sentences d'une éloquence passionnée et soutenue, emportent l'homme dans je ne sais quel monde inconnu et auguste. Que les beaux gentilshommes bâillent, se moquent, et réussissent à ne pas comprendre : je suis sûr que, parmi les autres, beaucoup sont troublés. L'idée de la mort obscure et de l'océan infini où va descendre la pauvre âme fragile, la pensée de cette justice invisible, partout présente, partout prévoyante, sur laquelle s'appuie l'apparence changeante des choses visibles, les illuminent d'éclairs inattendus. Le monde corporel et ses lois ne leur semblent qu'un fantôme et une figure; ils ne voient plus rien de réel que la justice, elle est le tout de l'homme comme de la nature. Voilà le sentiment profond qui, le dimanche, ferme les théâtres, interdit les plaisirs, remplit les églises; c'est lui qui perce la cuirasse de l'esprit positif et de la lourdeur corporelle. Ce marchand qui toute la semaine a compté des ballots ou aligné des chiffres, ce *squire* éleveur de bestiaux, qui ne sait que brailler, boire et sauter à cheval par-dessus des barrières, ces *yeomen*, ces *cottagers*, qui, pour se divertir, s'ensanglantent de coups de poing ou passent la tête dans un collier de cheval afin de faire assaut de grimaces, toutes ces âmes incultes, plongées dans la vie physique, reçoivent ainsi de leur religion la vie morale. Ils l'aiment; on le voit aux clameurs d'émeute qui montent comme un tonnerre sitôt qu'un imprudent touche ou semble toucher à l'église. On le voit à la vente des livres de piété protestants, le *Pilgrim's progress*, le *Whole duty of man*, seuls capables de se frayer leur voie jusqu'à l'appui de fenêtre du *yeoman* et du *squire*, où dorment, parmi les engins de pêche, quatre volumes, toute la bibliothèque. Vous ne remuerez les hommes de cette race que par des réflexions morales et des émotions religieuses. L'esprit puritain attiédi couve encore sous terre et se jette du seul côté où se rencontrent l'aliment, l'air, la flamme et l'action.

On s'en aperçoit quand on regarde les sectes. En France, jansénistes et jésuites semblent des pantins de l'autre siècle occupés à se battre pour le divertissement de celui-ci. Ici les quakers, les indépendants, les baptistes, subsistent, sérieux, honorés, reconnus par l'État, illustrés par des écrivains habiles, par des savants profonds, par des hommes vertueux, par des fondateurs de nations[1]. Leur piété fait leurs disputes ; c'est parce qu'ils veulent croire qu'ils diffèrent de croyance ; les seuls hommes sans religion sont ceux qui ne s'occupent pas de religion. Une foi immobile est bientôt une foi morte, et quand un homme devient sectaire, c'est qu'il est fervent. Ce christianisme vit, car il se développe ; on voit la séve toujours coulante de l'examen et de la foi protestante rentrer dans de vieux dogmes, desséchés depuis quinze cents ans. Voltaire, arrivant ici, est surpris de trouver des ariens,

1. Penn.

et parmi eux les premiers penseurs de l'Angleterre, Clarke, Newton lui-même. Ce n'est pas seulement le dogme, c'est le sentiment qui se renouvelle; par delà les ariens spéculatifs perçaient les méthodistes pratiques, et derrière Newton et Clarke venaient Whitefield et Wesley.

Nulle histoire n'éclaire plus à fond le caractère anglais. En face de Hume, de Voltaire, ils fondent une secte monacale et convulsionnaire, et triomphent chez eux par le rigorisme et l'exagération qui les perdraient chez nous. Wesley est un lettré, un érudit d'Oxford, et il croit au diable; il lui attribue des maladies, des cauchemars, des tempêtes, des tremblements de terre. Sa famille a entendu des bruits surnaturels; son père a été poussé trois fois par un revenant; lui-même voit la main de Dieu dans les plus vulgaires événements de la vie; un jour, à Birmingham, ayant été surpris par la grêle, il découvre qu'il reçoit cet avertissement parce qu'à table il n'a point exhorté les gens qui dînaient avec lui; quand il s'agit de prendre un parti, il tire au sort, pour se décider, parmi les textes de la Bible. A Oxford, il jeûne et se fatigue jusqu'à cracher le sang et manquer de mourir; sur le vaisseau, quand il part pour l'Amérique, il ne mange plus que du pain et dort par terre; il mène la vie d'un apôtre, donnant tout ce qu'il gagne, voyageant et prêchant toute l'année, et chaque année, jusqu'à quatre-vingt-huit ans[1];

---

1. Dans une tournée, il coucha trois semaines sur le plancher. Un jour, à trois heures du matin, il dit à Nelson, son compagnon : « Mon

on calcule qu'il donna 30 000 livres sterling, qu'il fit cent mille lieues et qu'il prêcha quarante mille sermons. Qu'est-ce qu'un pareil homme eût fait dans notre dix-huitième siècle ? Ici on l'écoute, on le suit ; à sa mort, il avait quatre-vingt mille disciples ; aujourd'hui il en a un million. Les inquiétudes de conscience qui l'ont jeté dans cette voie poussent les autres sur sa trace. Rien de plus frappant que les confessions de ses prédicateurs, la plupart gens du peuple et laïques : Georges Story a le *spleen*, rêve et réfléchit tristement, s'occupe à se dénigrer et à dénigrer les occupations humaines. Mark Bond se croit damné parce qu'étant petit garçon il a prononcé un blasphème ; il lit et prie sans cesse et sans effet, et enfin, désespéré, s'enrôle avec l'espérance d'être tué. John Haime a des visions, hurle et croit sentir le diable. Un autre, boulanger, a des scrupules parce que son maître continue à cuire le dimanche, se dessèche d'inquiétude, et bientôt n'est plus qu'un squelette. Voilà les âmes timorées et passionnées qui fournissent matière à la religion et à l'enthousiasme. Elles sont nombreuses en ce pays, et c'est sur elles que la doctrine a prise. Wesley déclare « qu'un chapelet d'opinions numérotées n'est pas « plus la foi chrétienne qu'un chapelet de grains en-« filés n'est la sainteté chrétienne. La foi n'est point « l'assentiment donné à une opinion, ni à un nombre « quelconque d'opinions ; » c'est la sensation de la

---

frère Nelson, ayons bon courage ; j'ai encore un côté sain, car la peau n'est partie que d'un côté. »

présence divine, c'est la communication de l'âme avec le monde invisible, c'est le renouvellement complet et imprévu du cœur. « La foi justifiante comprend pour « celui qui l'a, non-seulement la révélation person- « nelle et l'évidence du christianisme, mais encore « une ferme et solide assurance que le Christ est mort « pour *son* péché, qu'il *l'a* aimé, qu'il a donné sa vie « pour *lui*[1]. » Le fidèle sent en lui-même l'attouchement d'une main supérieure et la naissance d'un être inconnu. L'ancien homme a disparu, un homme nouveau a pris la place, pardonné, purifié, transfiguré, pénétré de joie et de confiance, incliné vers le bien avec autant de force qu'il était jadis entraîné vers le mal. Un miracle s'est fait, et à chaque instant, subitement, en toute circonstance, sans préparation, il peut se faire. Tout à l'heure peut-être, tel pécheur, le plus envieilli, le plus endurci, sans l'avoir voulu, sans y avoir songé, va tomber pleurant, le cœur fondu par la grâce. Les sourdes pensées qui ont longuement fermenté dans ces imaginations mélancoliques éclatent tout d'un coup en orages, et le lourd tempérament

---

[1]. « A string of opinions is no more Christian faith than a string of beads is Christian holiness.... It is not assent to any opinion, or any number of opinions. » — « The justifying faith is not only the personal revelation, the internal evidence, of christianity, but likewise a sure and firm confidence, that Christ died for *his* sin, loved *him*, and gave his life for *him*. (Life by Southey, tome I, 176.)

By a christian, I mean one who so believes in Christ, as that sin hath no more dominion over him. (I, 151.)

Law, l'auteur du célèbre livre *a Serious Call*, disait de même à Wesley : « Religion is the most plain simple thing in the world; It is only : we love him, because he first loved us. »

brutal est secoué par des accès nerveux qu'il n'a pas encore connus. Wesley, Whitefield et leurs prédicateurs allaient par toute l'Angleterre, prêchant aux pauvres, aux paysans, aux ouvriers, en plein air, quelquefois devant des congrégations de vingt mille personnes, et « le feu s'allumait dans tout le pays » sous leurs pas. Il y avait des sanglots, des cris. A Kingswood, Whitefield, ayant rassemblé les mineurs, race sauvage « et païenne, pire que les païens eux-mêmes,
« voyait les traînées blanches que les larmes faisaient
« en coulant sur leurs joues noires[1]. » D'autres tremblaient ou tombaient; d'autres avaient des transports de joie, des extases. « Après le sermon, dit Thomas
« Oliver, mon cœur fut brisé, et je n'aurais pu expri-
« mer le puissant désir que je sentais de la justice. Je
« sentais comme si j'aurais pu à la lettre m'envoler
« dans le ciel. » Le dieu et la bête que chacun de nous porte en soi étaient lâchés; la machine physique se bouleversait; l'émotion tournait à la folie, et la folie devenait contagieuse. A Everton, dit un témoin oculaire, « quelques-uns gémissaient, d'autres hurlaient
« tout haut. L'effet le plus général était une respira-
« tion bruyante comme celle de gens à demi étranglés
« et qui halètent pour avoir de l'air. Et en effet la plu-
« part des cris étaient comme de créatures humaines
« qui meurent dans une angoisse amère. Beaucoup

---

1. The fire is kindled in the country.... He saw the white gutters made by the tears, which plentifully fell down from their black cheeks, black as they came out from their coal-pits. (Life by Southey.)

« pleuraient sans bruit, d'autres tombaient comme
« morts.... En face de moi, il y avait un jeune homme,
« un paysan vigoureux, frais et bien portant; en un
« moment, quand il paraissait ne penser à rien, il s'a-
« battit avec une violence inconcevable. J'entendis
« le battement de ses pieds qui semblaient près de
« rompre les planches, tant les convulsions étaient
« fortes pendant qu'il gisait au fond du banc.... Je vis
« aussi un petit garçon bien bâti d'environ huit ans,
« qui hurlait par-dessus tous ses camarades; sa face
« était rouge comme l'écarlate; presque tous ceux sur
« qui Dieu mettait sa main devenaient ou très-rouges,
« ou presque noirs[1]. » Ailleurs une femme, choquée
de cette démence, voulut sortir. « Elle n'avait pas fait
« quatre pas qu'elle tomba par terre dans une agonie
« aussi violente que les autres. » Les conversions suivaient ces transports ; les convertis payaient leurs
dettes, quittaient l'ivrognerie, lisaient la Bible, priaient
et allaient exhorter les autres. Wesley les rassemblait
en sociétés, instituait des réunions d'examen et d'é-

---

1. Some shrieking, some roaring aloud.... The most general was a loud breathing, like that of people half strangled and gasping for life. And indeed almost all the cries were like those of human creatures dying in bitter anguish. Great number wept without any noise; others fell down as dead. I stood upon the pew-seat, as did a young man in the opposite pew, an able-bodied fresh and healthy country-man. But in a moment when he seemed to think of nothing else down he dropt with a violence inconceivable.... I heard the stamping of his feet, ready to break the boards, as he lay in strong convulsions at the bottom of the pew. — I saw a sturdy boy, about eight years old, who roared above his fellows.... his face was red as scaret, and almost all those on whom God laid his hand turned eithe. very red or almost black

dification mutuelle, soumettait la vie spirituelle à une discipline méthodique, bâtissait des temples, choisissait des prédicateurs, fondait des écoles, organisait l'enthousiasme. Aujourd'hui encore ses disciples dépensent trois millions par an en missions dans toutes les parties du monde, et, sur les bords du Mississipi et de l'Ohio, les *shoutings* répètent le délire et les conversions de l'inspiration primitive. Le même instinct se révèle encore par les mêmes signes; la doctrine de la grâce subsiste toujours vivante, et la race, comme au seizième siècle, met sa poésie dans l'exaltation du sens moral.

IV

Une sorte de fumée théologique couvre et cache ce foyer ardent qui brûle en silence. Un étranger qui en ce moment visiterait le pays ne verrait dans cette religion qu'une vapeur suffocante de raisonnements, de controverses et de sermons. Tous ces docteurs et prédicateurs célèbres, Barrow, Tillotson, South, Stillingfleet, Sherlock, Burnet, Baxter, Barclay, prêchent, dit Addison, comme des automates, du même ton, sans remuer les bras. Pour un Français, pour Voltaire, qui les lit, car il lit tout, quelle étrange lecture! Voici d'abord Tillotson, le plus autorisé de tous, sorte de Père de l'Église, tellement admiré que Dryden déclare avoir appris de lui l'art de bien écrire, et que ses sermons, seule propriété qu'il laisse à sa veuve, sont achetés par un libraire deux mille cinq cents livres sterling. En effet, l'ouvrage est de poids ; il y en a trois volumes in-folio, chacun de sept cents pages. Pour les ouvrir, il faut être critique de profession ou vouloir absolument faire son salut. Enfin nous les ouvrons. *Qu'il y a de la sagesse à être religieux*[1] : c'est là son premier sermon, fort célèbre de son temps et qui commença sa fortune. « Cette phrase, dit-il, « comprend deux termes qui ne sont point différents « de sens, tellement qu'ils ne diffèrent que comme la « cause et l'effet, lesquels, par une métonymie em- « ployée par tous les genres d'auteurs, sont souvent « mis l'un pour l'autre[2]. » Ce début inquiète ; est-ce que par hasard ce grand écrivain serait un grammairien d'école ? Poursuivons pourtant : « Ayant ainsi ex- « pliqué les mots, j'arrive maintenant à la proposition « qu'ils forment, à savoir que la religion est le meil- « leur des savoirs et la meilleure des sagesses. Et je « m'efforcerai d'établir cette vérité de trois façons : « premièrement par une preuve directe; seconde- « ment en montrant par contraste la folie et l'igno- « rance de l'irréligion et du vice ; troisièmement en « défendant la religion contre les accusations ordi- « naires qui semblent la taxer d'ignorance ou de dé- « raison. Je commence par la preuve directe[3]. » Là-

---

1. The Wisdom of being religious.
2. Those words consist of two propositions, which are not distinct in sense.... so that they differ only as cause and effect, which by a metonymy used in all sorts of authors are frequently put one for other.
3. Having thus explained the words, I come now to consider the proposition contained in them, which is this :

dessus il donne ses divisions. Quel démonstrateur solide! on est tenté de le lire du pouce et non des yeux. — *Quarante-deuxième sermon; contre la Médisance.* — « Premièrement, j'examinerai la nature de ce
« vice et ce en quoi il consiste ; secondement, je
« considérerai jusqu'où s'étend la défense qui nous
« est faite de nous y livrer ; troisièmement, je mon-
« trerai le mal de cette habitude tant dans ses causes
« que dans ses effets ; quatrièmement, j'ajouterai quel-
« ques considérations supplémentaires pour en dé-
« tourner les hommes ; cinquièmement, je donnerai
« quelques règles et directions qui serviront à l'éviter
« et à le guérir[1]. » Quel style! Et il est partout pareil.

That religion in the best knowledge and wisdom. This I shall endeavour to make good these three ways.
1° By a direct proof of it.
2°. By shewing on the contrary the folly and ignorance of irreligion and wickedness.
3° By vindicating religion from those common imputations which seem to charge it with ignorance or imprudence. I begin with the direct proof of it....
1. *Firstly :* I shall consider the nature of this vice and wherein it consists.
Secondly : I shall consider the due extent of this prohibition.
Thirdly : I shall show the evil of this practice both in the causes and effects of it.
Fourthly : I shall add some farther considerations to dissuade men of it.
Fifthly : I shall give some rules and directions for the prevention and cure of it.
I proceed to :
Third Place : To consider the evil of this practice, both in the causes and consequences of it.
Firstly : We will consider the causes of it; and it commonly springs from one or more af these evil roots.

Rien de vivant ; c'est un squelette avec toutes ses attaches grossièrement visibles. Toutes les idées sont étiquetées et numérotées. Les scolastiques n'étaient pas pires. Ni verve, ni véhémence, point d'esprit, point d'imagination, nulle idée originale et brillante, nulle philosophie, des citations d'érudit vulgaire, des énumérations de manuel. La lourde raison raisonnante arrive avec son casier de classifications sur une grande vérité de cœur ou sur un mot passionné de la Bible, l'examine « positivement, puis négativement, » y démêle, « un enseignement, puis un encourage- « ment, » met chaque morceau sous une étiquette, patiemment, infatigablement, si bien que parfois il faut trois sermons complets pour achever la division et la preuve, et que chacun d'eux, à l'exorde, contient le mémento méthodique de tous les points traités et de tous les arguments fournis. Les disputes de notre Sorbonne ne se faisaient pas autrement. A la cour de Louis XIV, on l'eût pris pour un échappé de séminaire ; Voltaire l'appellerait curé de village. Il a tout ce qu'il faut pour choquer les gens du monde, et il n'a rien de ce qu'il faut pour les attirer. C'est qu'il ne s'adresse point à des gens du monde, mais à des chrétiens ; ses auditeurs n'ont pas besoin ni envie d'être piqués ou amusés ; ils ne demandent pas des raffinements d'analyse, des nouveautés en matière de sentiments. Ils viennent pour qu'on leur explique l'Écriture et qu'on

---

First : One of the deepest and most common causes of evil speaking is ill nature and cruelty of disposition.

leur prouve la morale. La force de leur zèle ne se manifeste que par le sérieux de leur attention. Que d'autres fassent du texte un prétexte; pour eux, ils s'y attachent; c'est la parole même de Dieu, on ne peut trop s'y appesantir. Ils veulent qu'on cherche le sens de chaque mot, qu'on interprète le passage phrase à phrase, par lui-même, par ses alentours, par les passages semblables, par l'ensemble de la doctrine. Ils consentent à ce qu'on cite les diverses leçons, les diverses traductions, les diverses interprétations; ils sont contents de voir l'orateur se faire grammairien, helléniste, scoliaste. Ils ne se rebutent pas de toute cette poussière d'érudition qui s'échappe des in-folio pour leur voler sur la figure. Et le précepte posé, ils exigent l'énumération de toutes les raisons qui l'appuient; ils veulent être convaincus, emporter dans leur tête une provision de bons motifs vérifiés pour toute la semaine. Ils sont venus là sérieusement, comme à leur comptoir ou à leur champ, pour s'ennuyer et abattre de la besogne, pour peiner et piocher consciencieusement dans la théologie et dans la logique, pour s'amender et s'améliorer. Ils seraient fâchés d'être éblouis. Leur grand sens et leur gros bon sens s'accommodent bien mieux des discussions froides; ils demandent des enquêtes et des rapports méthodiques en matière de morale comme en matière de douane, et traitent de la conscience comme du porto ou des harengs.

C'est en cela que Tillotson est admirable. Sans doute il est « pédant, » comme disait Voltaire; il a

« toute la mauvaise grâce contractée à l'univer-
« sité : » il n'a point été « poli par le commerce
« des femmes, » il ne ressemble pas à ces prédicateurs français, académiciens, beaux diseurs, qui par un
air de cour, par un Avent bien prêché, par les finesses
d'un style épuré, gagnent le premier évêché vacant et
la faveur de la bonne compagnie. Mais il écrit en parfait honnête homme, on voit qu'il ne cherche point
du tout la gloire d'orateur; il veut persuader solidement, rien de plus. On jouit de cette clarté, de ce naturel, de cette justesse, de cette loyauté entière. « La
« sincérité, dit-il quelque part, a tous les avantages
« de l'apparence et beaucoup d'autres encore. Si l'é-
« talage d'une chose est bon en quelque façon, il est
« sûr que la sincérité est meilleure. En effet, pour-
« quoi un homme dissimule-t-il ou semble-t-il être
« ce qu'il n'est pas, sinon parce qu'il est bon d'avoir
« la qualité qu'il veut prendre? Car contrefaire et dis-
« simuler, c'est mettre sur soi l'apparence de quelque
« mérite. Or le meilleur moyen du monde pour un
« homme de paraître quelque chose, c'est d'être réel-
« lement ce qu'il veut paraître, outre que bien des
« fois il est aussi incommode de soutenir le semblant
« d'une bonne qualité que de l'avoir. Et si un homme
« ne l'a pas, il y a dix à parier contre un qu'on décou-
« vrira qu'il en est dépourvu, et alors tout son travail
« et toutes les peines qu'il a prises pour la feindre sont
« perdus. Il est difficile de jouer un rôle et de faire
« le comédien longtemps, car lorsque la vérité n'est
« pas au fond, le naturel s'efforcera toujours de reve-

« nir, percera et se trahira un jour ou l'autre. C'est
« pourquoi, si un homme juge à propos de sembler
« bon, qu'il le soit effectivement, et alors sa bonté
« apparaîtra de façon à ce que personne n'en doute,
« de sorte que, tout compte fait, la sincérité est la
« vraie sagesse[1]. » On est tenté de croire un homme
qui parle ainsi; on se dit : « Cela est vrai, il a raison,
« il faut agir comme il le dit. » L'impression qu'on
reçoit est morale, non littéraire; le discours est efficace, non oratoire; il ne donne point un plaisir, il
conduit vers une action.

Dans cette grande manufacture de morale, où
chaque métier tourne aussi régulièrement que son
voisin avec un bruit monotone, on en distingue deux
qui résonnent plus haut et mieux que les autres, Bar-

---

[1]. Truth and reality have all the advantages of appearance, and many more. If the show of anything be good for anything, I am sure sincerity is better : for why does any man dissemble, or seem to be that which he is not, but because he thinks it good to have such a quality as he pretends to? for to counterfeit and dissemble, is to put on the appearance of some real excellency. Now, the best way in the world for a man to seem to be anything, is really to be what he would seem to be. Besides that it is many times as troublesome to make good the pretence of a good quality, as to have it; and if a man have it not, it is ten to one but he is discovered to want it, and then all his pains and labour to seem to have it are lost. There is something unnatural in painting, which a skilful eye will easily discern from native beauty and complexion.

It is hard to personate and act a part long; for where truth is not at the bottom, nature will always be endeavouring te return, and will peep out and betray herself one time or other. Therefore, if any man think it convenient to seem good, let him be so indeed, and then his goodness will appear to every body's satisfaction; so that, upon all accounts, sincerity is true wisdom.

row et South : non pas que la lourdeur leur manque; Barrow avait toute l'apparence d'un cuistre de collége, et s'habillait si mal qu'un jour, prêchant à Londres devant un auditoire qui ne le connaissait pas, il vit la congrégation presque entière quitter l'église à l'instant. Il expliquait le mot εὐχαριστεῖν en chaire avec tous les agréments d'un dictionnaire, commentant, traduisant, divisant et subdivisant comme le plus hérissé des scoliastes[1], ne se souciant pas plus du public que de lui-même, si bien qu'une fois ayant parlé trois heures et demie devant le lord-maire, il répondit à ceux qui lui demandaient s'il n'était pas fatigué : « Oui, en effet, je commençais à être las d'être debout « si longtemps. » Mais le cœur et l'esprit étaient si pleins et si riches que ses défauts se tournaient en puissance. Il eut une méthode et une clarté de géomètre[2], une fécondité inépuisable, une impétuosité

---

1. 8ᵉ Sermon : *Giving thanks always for all things unto God.*
These words although (as the very syntax doth immediately discover) they bear a relation to, and have a fit coherence with those that precede, may yet (especially considering St. Paul's style and manner of expression in the preceptive and exhortative parts of his Epistles) without any violence or prejudice on either hand, be severed from the context, and considered distinctly by themselves.... First then concerning the duty itself, *to give thanks*, or rather *to be thankful* (for Εὐχαριστεῖν doth not only signifie *gratias agere, reddere, dicere, to give, render, or declare thanks*, but also *gratias habere, grate affectum esse, to be thankfully disposed*, to entertain a grateful affection, sense, or memory.... I say, concerning this duty itself (abstractedly considered) as it involves a respect to benefits or good things received, so, in its employment about them, it imports, requires, or supposes these following particulars.

2. Il était mathématicien du premier ordre, et avait cédé sa chaire à Newton.

et une ténacité de logique extraordinaires, écrivant le même sermon trois et quatre fois de suite, insatiable dans son besoin d'expliquer et de prouver, obstinément enfoncé dans sa pensée déjà regorgeante, avec une minutie de divisions, une exactitude de liaisons, une surabondance d'explications si étonnantes que l'attention de l'auditeur à la fin défaille, et que pourtant l'esprit tourne avec l'énorme machine, emporté et ployé comme par le poids roulant d'un laminoir.

Écoutez ses discours sur l'*amour de Dieu* et du *prochain*. On n'a jamais vu en Angleterre une plus copieuse et une plus véhémente analyse, une si pénétrante et si infatigable décomposition d'une idée en toutes ses parties, une logique plus puissante, qui enserre plus rigoureusement dans un réseau unique tous les fils d'un même sujet :

Quoiqu'il ne puisse arriver à Dieu ni bien ni avantage qui augmente sa félicité naturelle et inaltérable, ni mal ou dommage qui la diminue (car il ne peut être réellement plus ou moins riche, ou glorieux, ou heureux qu'il ne l'est, et nos désirs ou nos craintes, nos plaisirs ou nos peines, nos projets ou nos efforts n'y peuvent rien et n'y contribuent en rien), cependant il a déclaré qu'il y a certains objets et intérêts que par pure bonté et condescendance il affectionne et poursuit comme les siens propres, et comme si effectivement il recevait un avantage de leur bon succès ou souffrait un tort de leur mauvaise issue ; qu'il désire sérieusement certaines choses et s'en réjouit grandement, qu'il désapprouve certaines autres choses et en est grièvement offensé, par exemple qu'il porte une affection paternelle à ses créatures et souhaite sérieusement leur bien-être, et se plaît à les voir jouir des biens qu'il leur a préparés ; que pareillement il est fâché du contraire, qu'il a pitié de leur misère, qu'il s'en afflige, que par conséquent il est très-satisfait lorsque la piété, la paix, l'ordre, la justice, qui sont les principaux moyens de notre bien-être, sont florissants ; qu'il est fâché lorsque l'impiété, l'injustice, la dissension, le désordre, qui sont pour nous des sources certaines de malheur, règnent et dominent ; qu'il est content lorsque nous lui rendons l'obéissance, l'honneur et le respect qui lui sont dus ; qu'il est hautement offensé lorsque notre conduite à son égard est injurieuse et irrévérencieuse par les péchés que nous commettons et par la violation que nous faisons de ses plus justes et plus saints commandements, de sorte que nous ne manquons point de matière suffisante pour témoigner à la fois par nos sentiments et nos actions notre bon vouloir envers lui, et nous nous trouvons capables non-seulement de lui souhaiter du bien, mais encore en quelque façon de lui en faire en concourant avec lui à l'accomplissement des choses qu'il approuve et dont il se réjouit [1].

Cet enchevêtrement vous lasse ; mais quelle force et quel élan dans cette pensée si méditée et si com-

---

[1]. Although no such benefit or advantage can accrue to God, which may increase his essential and indefectible happiness; no harm or dammage can arrive, that may impair it (for he can be neither really more or less rich or glorious or joyfull than he is; neither have our desire or fear, our delight or our grief, our designs or our endeavours any object, any ground in those respects), yet hath he declared that there be certain interests and concernments, which, out of his abundant goodness and condescension, he doth tender and prosecute as his own; as if he did really receive advantage by the good, and prejudice by the bad success respectively belonging to them; that he earnestly desires, and is greatly delighted with some things, very much dislikes, and is grievously displeased with other things; for instance, that he bears a fatherly affection toward his creatures, and earnestly desires their welfare; and delights to see them enjoy the good he designed them; and also dislikes the contrary events; doth commiserate and condole their misery; that he is consequently well pleased, when piety and justice, peace and order (the chief

plète ! La vérité ainsi appuyée sur toutes ses assises ne saurait plus être ébranlée. Et remarquez que la rhétorique est absente. Il n'y a point d'art ici ; tout l'artifice de l'orateur consiste dans la volonté de bien expliquer et de bien prouver ce qu'il veut dire. Même il est négligé, naïf ; et justement cette naïveté l'élève jusqu'au style antique. Vous trouveriez chez lui telle image qui semble appartenir aux plus beaux temps de la simplicité et de la majesté latines. « Nous pou-
« vons observer, dit-il, que c'est ordinairement dans
« le milieu des cités, aux endroits les mieux garantis,
« les plus beaux et les plus marquants, qu'on choisit
« une place pour les statues et les monuments dédiés
« à la mémoire des hommes de bien qui ont noble-
« ment mérité de leur patrie ; pareillement nous de-
« vrions dans le cœur et le centre de notre âme, dans
« le meilleur et le plus riche de ses logis, dans les
« endroits les plus exposés à la vue ordinaire et les
« mieux défendus contre les invasions des pensées
« mondaines, élever des effigies vivantes et des com-

---

means conducing to our welfare) do flourish; and displeased when impiety and injustice, dissensions and disorder (those certain sources of mischief to us) do prevail; that he is well satisfied with our rendering to him that obedience, honour and respect which are due to him; and highly offended with our injurious and disrespectful behaviour toward him, as commission of sin and violation of his most just and holy commandments : so that there wants not sufficient matter of our exercising good-will both in affection and action toward God : we are capable both of wishing and (in a manner, as he will interpret and accept it) of doing good to him by our concurrence with him in promoting those things which he approves and delights in, and in removing the contrary.

« mémorations durables de la bonté de Dieu¹. » Il y a ici comme une effusion de gratitude, et sur la fin du discours, quand on le croit épuisé, l'épanchement devient plus abondant par l'énumération des biens infinis, où nous nageons comme les poissons dans la mer, sans les apercevoir, parce que nous en sommes entourés et inondés. Pendant dix pages, l'idée déborde en une seule phrase continue du même tour, sans crainte de l'entassement et de la monotonie, en dépit de toutes les règles, tant le cœur et l'imagination sont comblés et contents d'apporter et d'amasser toute la nature comme une seule offrande « devant celui qui,
« par ses nobles fins et sa façon obligeante de donner,
« surpasse ses dons eux-mêmes et les augmente de
« beaucoup; qui, sans être contraint par aucune né-
« cessité, ni tenu par aucune loi ou par aucun con-
« trat préalable, ni conduit par des raisons extérieures,
« ni engagé par nos mérites, ni fatigué par nos im-
« portunités, ni poussé par les passions importunes
« de la pitié, de la honte et de la crainte, comme nous
« avons coutume de l'être ; ni flatté par des promesses
« de récompense, ni séduit par l'attente de quelque
« avantage qui pourrait lui revenir; mais étant maître

---

1. The middle, we may observe, and the safest and the fairest and the most conspicuous places in cities are usually deputed for the erection of statues and monuments, dedicated to the memory of worthy men, who have nobly deserved of their countries. In like manner should we in the heart and centre of our soul, in the best and highest appartments thereof, in the places most exposed to ordinary observation, and most secure from the invasions of wordly care, erect lively representations and lasting memorials unto the Divine bounty.

CHAPITRE III. LA RÉVOLUTION.

« absolu de ses propres actions, seul législateur et
« conseiller de lui-même, se suffisant, et incapable
« de recevoir un accroissement quelconque de son
« parfait bonheur, tout volontairement et librement,
« par pure bonté et générosité, se fait notre ami et
« notre bienfaiteur ; prévient non-seulement nos dé-
« sirs, mais encore nos idées, surpasse non-seulement
« nos mérites, mais nos désirs et même nos imagi-
« nations, par un épanchement de bienfaits que nul
« prix ne peut égaler, que nulle reconnaissance ne
« peut payer ; n'ayant d'autre objet en nous les con-
« férant que notre bien effectif et notre félicité, notre
« profit et notre avantage, notre plaisir et notre con-
« tentement [1]. »

La force du zèle et le manque de goût : tels sont les traits communs à toute cette éloquence. Quittons ce mathématicien, homme de cabinet, homme an-

---

[1]. To him the excellent quality, the noble end, the most obliging manner of whose beneficence doth surpass the matter thereof, and hugely augment the benefits : who not compelled by any necessity, not obliged by any law, or previous compact, not induced by any extrinsick arguments, not inclined by our merit, not wearied by our importunities, not instigated by troublesome passions of pity, shame or fear (as we are wont to be), nor flattered with promises of recompense, nor bribed with expectation of emolument thence to accrue himself, but being absolute master of his own actions, only both lawgiver and counsellor to himself, all sufficient and incapable of admitting any accession to his perfect blissfulness, most willingly and freely, out of pure bounty and good will, is our friend and benefactor, preventing not only our desires, but our knowledge, surpassing not our deserts only, but our wishes, yea even our conceits; in the dispensation of his inestimable and irrequitable benefits, having no other drift in the collation of them, beside our real good, and welfare, our profit and advantage, our pleasure and content.

tique, qui prouve trop et s'acharne, et voyons parmi les gens du monde celui qu'on appelait « le plus spi-« rituel » des ecclésiastiques, Robert South, homme aussi différent de Barrow par son caractère et sa vie que par ses œuvres et son esprit ; tout armé en guerre, royaliste passionné, partisan du droit divin et de l'obéissance passive, controversiste acrimonieux, diffamateur des dissidents, adversaire de l'Acte de tolérance, et qui ne refusa jamais à ses inimitiés la licence d'une injure ou d'un mot cru. A côté de lui, le P. Bridaine, qui nous sembla si rude, était poli. Ses sermons ont l'air d'une conversation, d'une conversation du temps, et vous savez de quel style on causait à ce moment en Angleterre. Il n'y a point d'image populaire et passionnée dont il ait peur. Il expose les petits faits vulgaires avec leurs détails bas et frappants. Il ose toujours, il ne se gêne jamais ; il est peuple. Il a le style de l'anecdote, saillant, brusque, avec les changements de ton, les gestes énergiques et bouffons, avec toutes les originalités, les violences et les témérités. Il ricane en chaire, il invective, il se fait mime et comédien. Il peint les gens comme s'il les avait sous les yeux. Le public les reconnaîtra dans la rue ; il n'y a plus qu'à écrire des noms sous ses portraits. Lisez ce morceau sur les tartufes. « Supposez
« un homme infiniment ambitieux et également ran-
« cunier et malicieux, quelqu'un qui empoisonne les
« oreilles des grands par des chuchotements venimeux
« et s'élève par la chute de gens qui valent mieux
« que lui. Pourtant, s'il s'avance avec une mine de

« vendredi et une face de carême, avec un « doux
« Jésus ! » et une complainte gémissante sur les vices
« du siècle, oh! alors, c'est un saint sur la terre, un
« Ambroise, un Augustin, non pour la science des
« livres, qui est une chose toute terrestre, une drogue
« (car, hélas ! ils sont au-dessus d'elle, ou du moins
« elle est au-dessus d'eux), mais pour le zèle et les
« jeûnes, et les yeux dévotement levés au ciel, et la
« sainte rage contre les péchés d'autrui. Et heureuses
« ces personnes religieuses, ces dames qui peuvent
« avoir pour confesseurs de tels hommes, si pleins
« d'abnégation, si prospères, si capables ! Et trois fois
« heureuses les familles où ils daignent prendre leur
« collation du vendredi, pour prouver au monde quelle
« abstinence chrétienne, quelle vigueur antique, quel
« zèle pour les mortifications il y a dans l'abandon
« d'un dîner qui leur rend l'estomac plus dispos pour
« le souper[1] ! » Un homme qui a ce franc parler de-

---

[1]. Suppose a man infinitely ambitious, and equally spiteful and malicious; one who poisons the ears of great men by venomous whispers, and rises by the fall of better men than himself; yet if he steps forth with a Friday look and a lenten face, with a blessed Jesu! and a mornful ditty for the vices of the times; oh! then he is a saint upon earth : an Ambrose or an Augustine (I mean not for that earthly trash of book-learning; for, alas! such are above that, or at least that's above them), but for zeal and for fasting, for a devout elevation of the eyes, and a holy rage against other men's sins. And happy those ladies and religious dames characterised in the 2d of Timothy, c. iii. 5, 6, who can have such self-denying, thriving, able men for their confessors! and thrice happy those families where they vouchsafe to take their Friday night's refreshments! thereby demonstrate to the world what Christian abstinence, and what primitive, self-mortifying vigour there is in forbearing a dinner, that

vait louer la franchise; il l'a louée avec l'ironie poignante, avec la brutalité d'un Wycherley. La chaire avait le sans-façon et la rudesse du théâtre, et, dans cette peinture des braves gens énergiques que le monde taxe de mauvais caractères, on retrouvait la familiarité âcre du *Plain-Dealer.* « Certainement il y a
« des gens qui ont une mauvaise roideur naturelle de
« langue, en sorte qu'ils ne peuvent point se mettre
« au pas et applaudir ce vaniteux ou ce hâbleur qui
« fait la roue, se loue lui-même et conte d'insipides
« histoires à son propre éloge pendant trois ou quatre
« heures d'horloge, pendant qu'en même temps il
« vilipende le reste du genre humain et lui jette de la
« boue. — Il y a aussi certains hommes singuliers et
« d'un mauvais caractère qu'on ne peut engager, par
« crainte ni espérance, par froncement de sourcils ni
« sourires, à se laisser mettre sur les bras quelque
« parente de rebut, quelque nièce délaissée, mendiante, d'un lord ou d'un grand spirituel ou temporel. — Enfin il y a des gens d'un si mauvais caractère, qu'ils jugent très-légitime et très-permis d'être
« sensibles quand on leur fait tort et qu'on les opprime, quand on diffame leur bonne renommée et
« quand on nuit à leurs justes intérêts, et qui par surcroît osent déclarer ce qu'ils pensent et sentent, et

---

they may have the better stomach to their supper. In fine, the whole world stands in admiration of them : fools are fond of them, and wise men are afraid of them; they are talked of, they are pointed out; and, as they order the matter, they draw the eyes of all men after them, and generally something else.

« ne sont point des bêtes de somme pour porter hum-
« blement ce qu'on leur jette sur le dos, ni des épa-
« gneuls pour lécher le pied qui les frappe et pour
« remercier le bon seigneur qui leur confère toutes
« ces faveurs d'arrière-train[1]. » Dans ce style sau-
grenu, tous les coups portent : on dirait un assaut de
boxe où les ricanements accueillent les meurtrissures.
Mais regardez l'effet de ces trivialités de butors. On
sort de là l'âme remplie de sentiments énergiques ;
on a vu les objets eux-mêmes, tels qu'ils sont, sans
déguisement; on se trouve froissé, mais empoigné par
une main vigoureuse. Cette chaire agit, et en effet, si
on la compare à la chaire française, tel est son carac-

---

1. Again, there are some who have a certain ill-natured stiffness
(forsooth) in their tongue, so as not to be able to applaud and keep
pace with this or that self-admiring, vain-glorious Thraso, while he
is pluming and praising himself, and telling fulsome stories in his
own commendation for three or four hours by the clock, and at the
same time reviling and throwing dirt upon all mankind besides.

There is also a sort of odd ill-natured men, whom neither hopes
nor fears, frowns nor favours, can prevail upon to have any of the
cast, beggarly, forlorn nieces or kinswomen of any lord or grandee,
spiritual or temporal, trumped upon them.

To which we may add another sort of obstinate ill-natured persons, who are not to be brought by any one's guilt or greatness to
speak or write, or to swear or lie, as they are bidden, or to give up
their own consciences in a compliment to those who have none
themselves.

And lastly, there are some so extremely ill-natured, as to think
it very lawful and allowable for them to be sensible, when they are
injured and oppressed, when they are slandered in their own good
names, and wronged in their just interests; and, withal, to dare to
own what they find and feel, without being such beasts of burden
as to bear tamely whatsoever is cast upon them; or such spaniels as
to lick the foot which kicks them, or to thank the goodly great one
for doing them all these back-favours.

tère. Ces sermons n'ont point l'art et l'artifice, la correction et la mesure des sermons français ; ils ne sont pas comme eux des monuments de style, de composition, d'agrément, de science dissimulée, d'imagination tempérée, de logique déguisée, de goût continu, de proportion exquise, égaux aux harangues du *forum* romain ou de l'*agora* athénienne. Ils ne sont point classiques. C'est qu'ils sont pratiques. Il fallait cette grosse pioche de travail, rudement maniée et tout encrassée de rouille pédantesque, pour creuser dans cette civilisation grossière. L'élégant jardinage français n'y eût rien fait. Si Barrow est redondant, Tillotson pesant, South trivial, le reste illisible, ils sont tous convaincants ; leurs discours ne sont point des modèles d'éloquence, mais des instruments d'édification. Leur gloire n'est point dans leurs livres, mais dans leurs œuvres. Ils ont fait des mœurs et non des écrits.

Ce n'est pas tout de former les mœurs, il faut défendre les croyances ; avec le vice il faut combattre le doute, et la théologie accompagne le sermon. Elle pullule à ce moment en Angleterre. Anglicans, presbytériens, indépendants, quakers, baptistes, antitrinitariens, se réfutent « avec autant de cordialité qu'un « janséniste damne un jésuite, » et ne se lassent pas de fabriquer des armes de combat. Qu'y a-t-il à prendre ou à garder dans tout cet arsenal? En France, du moins, la théologie est belle ; les plus fines fleurs de l'esprit et du génie s'y sont épanouies sur les ronces de la scolastique ; si le sujet rebute, la parure attire. Pascal et Bossuet, Fénelon et La Bruyère, Voltaire,

Diderot et Montesquieu, amis et ennemis, tous y ont prodigué toutes leurs perles et tout leur or. Sur la trame usée des doctrines arides, le dix-septième siècle a brodé une majestueuse étole de pourpre et de soie, et le dix-huitième siècle qui la chiffonne et la déchire, la disperse en milliers de fils d'or qui chatoient comme une robe de bal. Ici tout est lourd, sec et triste; les grands hommes eux-mêmes, Addison et Locke, lorsqu'ils se mêlent de défendre le christianisme, deviennent plats et ennuyeux. Depuis Chillingworth jusqu'à Paley, les apologies, réfutations, expositions, discussions, pullulent et font bâiller; ils raisonnent bien, et c'est tout. Le théologien entre en campagne contre les papistes au dix-septième siècle, contre les déistes au dix-huitième [1], en tacticien, selon les règles, prend position sur un principe, établit tout à l'entour une maçonnerie d'arguments, recouvre le tout de textes, et chemine paisiblement sous terre dans les longs boyaux qu'il a creusés; on approche, et l'on voit sortir une sorte de pionnier pâle, le front contracté, les mains roidies, les habits sales; il se croit à l'abri de toute attaque; ses yeux fichés en terre n'ont pas vu à côté de son bastion le large chemin commode par lequel l'ennemi va le tourner et le surprendre. Une sorte de médiocrité incurable les tient la bêche à la main dans des tranchées où personne ne passera. Ils n'entendent ni leurs textes ni

1. I thought it necessary to look into the Socinian pamphlets, which have swarmed so much among us within a few years. (Stillingfleet, In vindication of the doctrine of Trinity. 1697.)

leurs formules. Ils sont impuissants dans la critique et la philosophie. Ils traitent les figures poétiques des Écritures, les audaces de style, les à-peu-près de l'improvisation, les émotions hébraïques et mystiques, les subtilités et les abstractions de la métaphysique alexandrine, avec une précision de juristes et de psychologues. Ils veulent absolument faire de l'Évangile un code exact de prescriptions et de définitions combinées par des législateurs en parlement. Ouvrez le premier venu, un des plus anciens, John Hales. Il commente un passage de saint Matthieu où il est question d'une chose défendue le jour du sabbat. Quelle était cette chose? « Était-ce d'aller dans le « blé? ou d'en éplucher les épis? ou d'en manger? » Là-dessus les divisions et les argumentations pleuvent par myriades[1]. Prenez les plus célèbres. Sherlock, appliquant la psychologie nouvelle, invente une explication de la Trinité, et suppose trois âmes divines, chacune d'elles ayant conscience de ce qui se passe dans les deux autres. Stillingfleet réfute Locke,

---

1. Il examine entre autres « le péché contre le Saint-Esprit. » On aurait bien voulu savoir en quoi consistait ce péché dont parle l'Évangile. Mais rien de plus obscur; Calvin et les autres théologiens en donnaient chacun une définition différente. Après une dissertation minutieuse, John Hales conclut ainsi : « And though negative proofs « from scripture are not demonstrative, yet the general silence of « the apostles may at least help to infer a probability that the blas-« phemy against the Holy Ghost is not committable by any Chris-« tian who lived not in the time of our Saviour (1636). » — Cela apprend à raisonner. De même, en Italie, les intrigues pour donner ou ôter des culottes aux capucins développaient l'habileté politique et diplomatique.

qui pensait que l'âme, à la résurrection, quoique ayant un corps, n'aura peut-être pas précisément le corps dans lequel elle aura vécu. Allez jusqu'au plus illustre, au savant Clarke, mathématicien, philosophe, érudit, théologien : il s'occupe à refaire l'arianisme. Le grand Newton lui-même commente l'Apocalypse et prouve que le pape est l'Antechrist. Ils ont beau avoir du génie ; dès qu'ils touchent à la religion, ils redeviennent surannés, bornés ; ils n'avancent pas, ils sont aheurtés, et obstinément choquent leur tête à la même place. Génération après génération, ils viennent s'enterrer dans le trou héréditaire avec une patience et une conscience anglaises, pendant qu'une lieue plus loin l'ennemi défile : cependant on consulte dans le trou ; on le fait carré, puis rond, on le revêt de pierres, puis de briques, et on s'étonne de voir que malgré tous ces expédients l'ennemi avance toujours. J'ai lu une foule de ces traités, et je n'en ai pas retiré une idée. On s'afflige de voir tant de travail perdu ; on s'étonne que, pendant tant de générations, des hommes si vertueux, si zélés, si réfléchis, si loyaux, si bien munis de lectures, si bien exercés par la discussion, ne soient parvenus qu'à remplir des bas-fonds de bibliothèques. On rêve tristement à cette seconde scolastique, et l'on finit par découvrir que si elle s'est trouvée sans effet dans le royaume de la science, c'est qu'elle ne s'employait véritablement qu'à féconder le royaume de l'action.

Tous ces spéculatifs ne sont tels qu'en apparence. Ce sont des apologistes et non pas des chercheurs. Ils

se préoccupent non de la vérité, mais de la morale[1].
Ils s'alarmeraient de traiter Dieu comme une hypothèse et la Bible comme un document. Ils verraient une disposition vicieuse dans la large indifférence du critique et du philosophe. Ils auraient des remords de conscience, s'ils se lançaient sans arrière-pensée dans le libre examen. En effet, il y a une sorte de péché dans l'examen vraiment libre, puisqu'il suppose le doute, chasse le respect, pèse le bien et le mal dans la même balance, et accepte également toutes les doctrines, scandaleuses ou édifiantes, sitôt qu'elles sont prouvées. Ils écartent ces spéculations dissolvantes; ils les regardent comme des occupations d'oisifs; ils ne cherchent dans le raisonnement que des motifs et des moyens de se bien conduire. Ils ne l'aiment pas pour lui-même, ils le répriment dès qu'il veut être indépendant; ils exigent que la raison soit chrétienne et protestante, ils la démentiraient sous une autre forme; ils la réduisent à l'humble rôle de servante, et lui donnent pour souverain leur sens intime biblique et utilitaire. En vain, au commencement du siècle, les libres penseurs s'élèvent; quarante ans plus tard[2], ils sont noyés dans l'oubli.

---

1. « The scripture is a book of morality and not of philosophy. Every thing there relates to practice.... It is evident from a cursory view of the Old and New Testament that they are miscellaneous books, some parts of which are history, others writ in a poetical style, and others prophetical, but the design of them all is professedly to recommend the practice of true religion and virtue.
(John Clarke, chapelain du roi, 1721.)

2. Burke, 133, *Réflexions sur la Révolution française*.

Le déisme et l'athéisme ne sont ici qu'une éruption passagère que le mauvais air du grand monde et le trop-plein des forces natives développent à la surface du corps social. Les professeurs d'irréligion, Toland, Tindal, Mandeville, Bolingbroke, rencontrent des adversaires plus forts qu'eux. Les chefs de la philosophie expérimentale[1], les plus doctes et les plus accrédités entre les érudits du siècle[2], les écrivains les plus spirituels, les plus aimés et les plus habiles[3], toute l'autorité de la science et du génie s'emploie à les abattre. Les réfutations surabondent. Chaque année, selon la fondation de Robert Boyle, des hommes célèbres par leur talent ou leur savoir viennent prêcher à Londres huit sermons « pour établir la reli-
« gion chrétienne contre les athées, les théistes, les
« païens, les mahométans et les juifs. » Et ces apologies sont solides, capables de convaincre un esprit libéral, infaillibles pour convaincre un esprit moral. Les ecclésiastiques qui les écrivent, Clarke, Bentley, Law, Watt, Warburton, Butler, sont au niveau de la science et de l'intelligence laïques. Par surcroît les laïques les aident. Addison compose la *Défense du Christianisme*, Locke la *Conformité du Christianisme et de la Raison*, Ray la *Sagesse de Dieu manifestée dans les œuvres de la création*. Par-dessus ce concert de voix graves perce une voix stridente : Swift, de sa terrible ironie, complimente les coquins élégants qui ont eu

1. Ray, Boyle, Barrow, Newton.
2. Bentley, Clarke, Warburton, Berkeley.
3. Locke, Addison, Swift, Johnson, Richardson.

la salutaire idée d'abolir le christianisme. Quand ils seraient dix fois plus nombreux, ils n'en viendraient pas à bout; car ils n'ont pas de doctrine qu'ils puissent mettre à sa place. La haute spéculation, qui seule peut en tenir lieu, s'est montrée ou déclarée impuissante. De toutes parts les conceptions philosophiques avortent ou languissent. Si Berkeley en rencontre une, la suppression de la matière, c'est isolément, sans portée publique, par un coup d'État théologique, en homme pieux qui veut ruiner par la base l'immoralité et le matérialisme. Newton atteint tout au plus une idée manquée de l'espace, il n'est que mathématicien. Locke, presque aussi pauvre[1], tâtonne, hésite, n'a guère que des conjectures, des doutes, des commencements d'opinion que tour à tour il avance et retire, sans en voir les suites lointaines, et surtout sans rien pousser à bout. En somme, il s'interdit les hautes questions et se trouve fort porté à nous les interdire. Il a fait son livre pour savoir « quels ob-
« jets sont à notre portée ou au-dessus de notre com-
« préhension. » Ce sont nos limites qu'il cherche; il les rencontre vite et ne s'en afflige guère. Enfermons-nous dans notre petit domaine et travaillons-y diligemment. « Notre affaire en ce monde n'est pas de
« connaître toutes choses, mais celles qui regardent
« la conduite de notre vie. » Si Hume, plus hardi, va plus loin, c'est sur la même route; il ne conserve rien de la haute science; c'est la spéculation entière

---

1. *Paupertina philosophia* (Leibnitz).

qu'il abolit; à son avis, nous ne connaissons ni substances, ni causes, ni lois; quand nous affirmons qu'un fait est attaché à un fait, c'est gratuitement, sans preuve valable, par la force de la coutume; « les événements semblent être par nature isolés et « séparés[1]; » si nous leur attribuons un lien, c'est notre imagination qui le fabrique; il n'y a de vrai que e doute; encore faut-il en douter; la conclusion est que nous ferons bien de purger notre esprit de toute théorie et de ne croire que pour agir. Examinons nos ailes, mais pour les couper, et bornons-nous à marcher avec nos jambes. Un pyrrhonisme aussi achevé n'est bon qu'à rejeter le public vers les croyances établies. En effet, l'honnête Reid s'alarme; il voit la société qui se dissout, Dieu qui disparaît en fumée, la famille qui s'évapore en hypothèses: il réclame en père de famille, en bon citoyen, en homme religieux, et institue le sens commun comme souverain juge de la vérité. Rarement, je crois, dans ce monde la spéculation est tombée plus bas. Reid n'entend même pas les systèmes qu'il discute; il lève les bras au ciel quand il essaye d'exposer Aristote et Leibnitz. Si quelque corps municipal commandait un système,

1. After the constant conjunction of two objects, heat and flame for instance, weight and solidity, we are determined by custom alone to expect the one from the appearance of the other. All inferences from experience are effects of custom not of reasoning.... Upon the whole, there appears not, throughout all nature, any one instance of connexion which is conceivable by us. All events seem entirely loose and separate; one event follows another; but we can never observe any tie between them. They seem conjoined, but never connected.

ce serait cette philosophie de marguilliers. Au fond, les gens de ce pays ne se soucient pas de la métaphysique ; pour les intéresser, il faut qu'elle se réduise à la psychologie. A ce titre, elle est une science d'observation, positive et utile comme la botanique ; encore les meilleurs fruits qu'ils en retirent, c'est la théorie des sentiments moraux. C'est dans ce domaine que Shaftesbury, Hutcheson, Price, Smith, Ferguson et Hume lui-même travaillent de préférence ; c'est là qu'ils ont trouvé leurs idées les plus originales et les plus durables. Sur ce point l'instinct public est si fort qu'il enrôle les plus indépendants à son service, et ne leur permet de découvertes que celles qui tournent à son profit. Sauf deux ou trois, littérateurs par excellence, et qui d'esprit sont français ou francisés, ils ne se préoccupent que de morale. C'est cette pensée qui rallie autour du christianisme toutes les forces que Voltaire tourne contre lui en France. Ils le défendent tous au même titre, comme lien de la société civile et comme appui de la vertu privée. Jadis l'instinct le soutenait ; à présent l'opinion le consacre, et c'est la même force secrète qui, par un travail insensible, ajoute maintenant l'autorité de l'opinion à la pression de l'instinct. C'est le sens moral qui, après lui avoir gardé la fidélité des basses classes, lui a conquis l'assentiment des hautes intelligences. C'est le sens moral qui de la conscience publique le fait passer dans le monde littéraire, et de populaire le rend officiel.

V

A regarder de loin la constitution anglaise, on ne se douterait guère de cette inclination publique; à regarder de près la constitution, on l'aperçoit d'abord. Elle semble un amas de priviléges, c'est-à-dire d'injustices consacrées; la vérité est qu'elle est un corps de contrats, c'est-à-dire de droits reconnus. Chacun a le sien, petit ou grand, qu'il défend de toute sa force. Ma terre, mon bien, mon droit garanti par ma charte, quel qu'il soit, suranné, indirect, inutile, privé, public, personne n'y touchera, ni roi, ni lords, ni communes; il s'agit d'un écu, je le défendrai comme un million : c'est ma personne qu'on entame. Je quitterai mes affaires, je perdrai mon temps, je jetterai mon argent, j'entreprendrai des ligues, je payerai des amendes, j'irai en prison, je mourrai à la peine : il n'importe; je n'aurai pas fait de lâcheté, je n'aurai pas plié sous l'injustice, je n'aurai pas cédé une seule parcelle de mon droit.

C'est par ce sentiment qu'on conquiert et qu'on garde la liberté politique. C'est ce sentiment qui, après avoir renversé Charles Ier et Jacques II, se précise en principes dans la déclaration de 1688, et se développe chez Locke en démonstrations[1]. Au com-

---

[1]. Il faut lire dans sir Robert Filmer la théorie régnante, pour voir de quel bourbier de sottises on sortait. Sir Robert Filmer disait qu'Adam avait reçu en naissant un pouvoir absolu et royal sur tout

mencement de toute société, dit-il, il faut poser l'indépendance de l'homme. Chacun a par nature et primitivement le droit d'acquérir, de juger, de punir, de faire la guerre, de gouverner sa famille et ses gens. La société n'est qu'un contrat ultérieur entre de petits souverains préétablis, qui, ayant traité et transigé entre eux, « conviennent de former une communauté
« pour vivre avec sûreté, paix et bien-être les uns
« avec les autres, pour jouir avec sécurité de leurs
« biens, et pour être mieux protégés contre ceux qui
« ne sont pas de leur ligue. Ceux qui sont unis en un
« seul corps, qui ont une loi commune établie et une
« judicature à laquelle ils puissent en appeler, et en
« outre une autorité pour punir les délinquants, sont
« en société civile les uns avec les autres[1]. » Des

l'univers; que dans toute réunion d'hommes il y en avait un qui était roi légitime, comme plus proche héritier d'Adam. " Some say it was by lot, and others that Noah sailed round the Mediterranean in ten years, and divided the world into Asia, Afric, and Europa, portions for his three sons. " — Comparez Bossuet, *Politique fondée sur l'Écriture*. Les sciences morales se dégagent en ce moment de la théologie.

1. Those who are united in one body and have a common established law and judicature to appeal to, with authority to punish offenders, are in civil society one with another.

Every one quits his executive power of nature, and resigns it to the public.

As for the ruler, (it is said) he ought to be absolute, because he has power to do more hurt and wrong; it is right when he does it. — This is to think that men are so foolish, that they take care to avoid what mischiefs may be done them by polecats or foxes; but are content, may think it safety, to be devoured by lions.

The only way whereby any one divests himself of his natural liberty, and puts on the bonds of civil society is by agreeing with other men to join and unite into a community, for their comforta-

arbitres, des règles d'arbitrage, voilà tout ce que leur
fédération peut leur imposer. Ce sont des hommes
libres qui, ayant traité entre eux, sont encore libres.
Leur société ne fonde pas leurs droits, elle les garantit. Et les actes officiels soutiennent ici la théorie abstraite. Quand le Parlement déclare le trône vacant, son
premier argument est que le roi a violé « le contrat
« originel » par lequel il était roi. Quand les communes
intentent un procès à Sacheverell, c'est pour soutenir
publiquement[1] que « la constitution d'Angleterre est
« fondée sur un contrat, et que les sujets de ce
« royaume ont, dans leurs diverses capacités publi-
« ques et privées, un titre aussi légal à la possession
« des droits qui leur sont reconnus par la loi que le
« prince à la possession de la couronne. » Quand lord
Chatam défend l'élection de Wilkes, c'est en établissant
que « les droits des moindres sujets comme ceux des
« plus grands reposent sur la même base, l'inviolabi-
« lité de la loi commune, et que, si le peuple perd ses
« droits, ceux de la pairie deviendront bientôt insi-
« gnifiants[2]. » Ce n'est point une supposition, ni une

---

ble, safe and peaceable living one amongst another, in secure enjoyment of their properties and a greater security against any that are not of it.

Nothing can make a man subject or member of a commonwealth but his actually entering into it by positive engagement and express promise and compact.

The great and chief end of men uniting into commonwealths and putting themselves under government is the preservation of their property. (Locke, *of Civil Government*.)

1. Discours du général Stanhope, un des *managers*.
2. The rights of the greatest and of the meanest subjects now stand upon the same foundation, — the security of law common to

philosophie qui les fonde, c'est un acte et un fait, j'entends la grande Charte, la Pétition des droits, l'acte de l'*habeas corpus*, et tout le corps des lois votées en parlement. Ces droits sont là, inscrits sur des parchemins, consacrés dans des archives, signés, scellés, authentiques; celui du fermier et celui du prince sont couchés sur la même page, de la même encre, par le même scribe; tous deux traitent de pair sur ce vélin la main gantée y touche la main calleuse. Ils ont beau être inégaux, ils ne le sont que par accord réciproque; le paysan est aussi maître dans sa chaumière, avec son pain de seigle et ses neuf shillings par semaine[1], que le duc de Marlborough dans son Blenheim-Castle, avec ses quatre-vingt-dix mille livres sterling par an de places et de pensions.

Voilà des hommes debout et prêts à se défendre. Suivez ce sentiment du droit dans le détail de la vie politique; la force du tempérament brutal et des passions concentrées ou sauvages vient lui fournir des armes. Si vous assistez à une élection, la première chose que vous aperceviez, ce sont des tables pleines[2].

---

all.... When the people had lost their rights, those of the peerage would soon become insignificant. (Discours de lord Chatam, affaire de Wilkes.)

1. Evaluation de De Foe.
2. Their eating, indeed, amazes me; had I five hundred heads, and were each head furnished with brains, yet would they all be insufficient to compute the number of cows, pigs, geese, and turkies, which upon this occasion die for the good of their country!...
On the contrary, they seem to lose their temper as they lose their appetites; every morsel they swallow, and every glass they pour

On s'empiffre aux frais du candidat; l'ale, le gin et l'eau-de-vie coulent en plein air; la mangeaille descend dans les ventres électoraux, les trognes deviennent rouges. Mais en même temps elles deviennent furieuses. « A chaque verre qu'ils entonnent, leur
« animosité croît. Maint honnête homme, qui auparavant était aussi inoffensif qu'un lapin apprivoisé,
« une fois rempli, devient aussi dangereux qu'une
« coulevrine chargée. » Le débat devient une lutte, et l'instinct batailleur, une fois lâché, a besoin de coups. Les candidats s'enrouent l'un contre l'autre. On les promène en l'air sur des fauteuils, au grand péril de leur cou; la foule hue, applaudit et s'échauffe par le mouvement, la contradiction, le tapage; les grands mots patriotiques ronflent, la colère et la boisson enflent les veines, les poings se serrent, les gourdins travaillent, et des passions de bouledogues manœuvrent les grands intérêts du pays; qu'on prenne garde de les tourner contre soi : lords, communes ou roi, elles n'épargneront personne, et quand le gouvernement voudra opprimer un homme en dépit d'elles, elles contraindront le gouvernement à abroger sa loi.

On ne les musellera pas, car elles s'enorgueillissent de ne pas être muselées. L'orgueil ici s'ajoute à l'in-

---

down, serves to increase their animosity. — Many an honest man, before as harmless as a tame rabbit, when loaded with a single election dinner, has become more dangerous than a charged culverin.

The mob meet upon the debate; fight themselves sober; and hen draw off to get drunk again, and charge for another encounter. (Goldsmith.) Voyez aussi Hogarth.

stinct pour défendre le droit. Chacun sent que « sa « maison est son château, » et que la loi veille à sa porte. Chacun se dit qu'il est à l'abri de l'insolence privée, que l'arbitraire public n'arrivera pas jusqu'à lui, qu'il « a son corps, » qu'il peut répondre à des coups par des coups, à des blessures par des blessures, qu'il sera jugé par un jury indépendant et d'après une loi commune à tous. « Quand un homme en « Angleterre, dit Montesquieu, aurait autant d'enne-
« mis qu'il a de cheveux sur la tête, il ne lui en ar-
« riverait rien. Les lois n'y étant pas faites pour un
« particulier plutôt que pour un autre, chacun se re-
« garde comme monarque, et les hommes dans cette
« nation sont plutôt des confédérés que des conci-
« toyens. » Cela va si loin, « qu'il n'y a guère de jour
« où quelqu'un ne perde le respect au roi d'Angle-
« terre.... Dernièrement milady Bell Molineux, maî-
« tresse fille, envoya arracher les arbres d'une petite
« pièce de terre que la reine avait achetée pour Ken-
« sington, et lui fit procès sans avoir jamais voulu,
« sous quelque prétexte, s'accommoder avec elle, et fit
« attendre le secrétaire de la reine trois heures.... »
Quand ils viennent en France, ils sont tout étonnés de voir le régime du bon plaisir, la Bastille, les lettres de cachet, un gentilhomme qui n'ose résider sur sa terre, à la campagne, par crainte de l'intendant; un écuyer de la maison du roi qui, pour une coupure de rasoir, tue impunément un pauvre barbier[1]. Chez eux, « au-

---

1. Smollett, *Peregrine Pickle*, ch. 40.

« un citoyen ne craint aucun citoyen. » Causez avec le premier venu, vous verrez combien cette sécurité relève leurs cœurs et leurs courages. Tel matelot qui mène Voltaire en barque, et demain sera *pressé* pour la flotte, se préfère à lui et le regarde avec compassion en recevant son écu. L'énormité de l'orgueil éclate à chaque pas et à chaque page. Un Anglais, dit Chesterfield, se croit en état de battre trois Français. Ils diraient volontiers qu'ils sont, dans le troupeau des hommes, comme des taureaux dans un troupeau de bœufs. Vous les entendez s'enorgueillir de leurs coups de poing, de leur viande, de leur ale, de tout ce qui peut entretenir la force et la fougue de la volonté virile. « Le *roastbeef* et la bière[1] font des bras « plus forts que l'eau claire et les grenouilles. » Aux yeux de la foule, leurs voisins sont des perruquiers affamés, papistes et serfs, sortes de créatures inférieures qui n'ont ni la propriété de leurs corps ni le gouvernement de leurs consciences, marionnettes et machines dans la main d'un maître et d'un prêtre. Pour eux, ils sont « les princes de l'espèce humaine. »
« Je les vois passer, l'orgueil dans le maintien, le défi
« dans les yeux, tendus vers de hauts desseins, troupe
« sérieuse et pensive. Les formes ne les ont point po-
« lis ; ils sortent intacts des mains de la nature, âpres
« dans leur hardiesse native de cœur, fidèles à ce
« qu'ils croient le juste, supérieurs à la contrainte.
« Chez eux, le paysan lui-même se glorifie de sur-

1. Hogarth.

« veiller ses droits et apprend à vénérer son titre
« d'homme [1]. »

Des hommes ainsi faits peuvent se passionner pour les affaires publiques, car ce sont leurs affaires; en France, ce ne sont que les affaires du roi et de Mme de Pompadour [2]. Ici, les partis sont ardents comme les sectes : gens de la haute et de la basse Église, capitalistes et propriétaires fonciers, noblesse de cour et châtelains rustiques, ils ont leurs dogmes, leurs théories, leurs mœurs et leurs haines, comme les presbytériens, les anglicans et les quakers. Le *squire* de campagne déblatère, après boire, contre la maison de Hanovre, et porte la santé du roi au delà de l'eau; le whig de la ville, le 13 janvier, porte celle de l'homme au masque [3], et ensuite de l'homme qui fera la même chose sans masque. Ils se sont emprisonnés, exilés, décapités tour à tour, et le Parlement retentit tous les jours de la fureur de leurs invectives. La vie politique, comme la vie religieuse, surabonde et déborde, et ses explosions ne font que marquer la

---

1. Stern o'er each bosom reason holds her state;
With daring aims irregularly great.
Pride in their port, defiance in their eye,
I see the lords of human kind pass by;
Intent on high designs, a thoughtful band,
By forms unfashioned, fresh from nature's hand;
Fierce in their native hardiness of soul,
True to imagined right, above control,
While even the peasant boasts these rights to scan,
And learns to venerate himself a man.
(Goldsmith.)

2. Lord Chesterfield remarque qu'un Français d'alors n'entend point le mot de patrie; qu'il faut lui parler de son prince.

3. L'exécuteur de Charles Ier.

force de la flamme qui l'entretient. L'acharnement des partis dans l'État comme dans la foi est une preuve de zèle; la tranquillité constante n'est que l'indifférence générale, et s'ils se battent aux élections, c'est qu'ils prennent intérêt aux élections. Ici, « un couvreur se fait apporter sur les toits la gazette « pour la lire. » Un étranger qui lirait les journaux « croirait le pays à la veille d'une révolution. » Quand le gouvernement fait une démarche, le public se sent engagé; c'est son honneur et c'est son bien dont le ministre dispose; que le ministre prenne garde à lui, s'il en dispose mal. Chez nous, M. de Conflans, qui par lâcheté a perdu sa flotte, en est quitte pour une épigramme; ici, l'amiral Byng, qui par prudence a évité de risquer la sienne, est fusillé. Chacun, dans sa condition et selon sa force, prend part aux affaires; la populace casse la tête des gens qui ne veulent pas boire à la santé de Sacheverell; les gentilshommes viennent en cavalcade à sa rencontre. Toujours quelque favori ou ennemi public provoque des démonstrations publiques. C'est Pitt, que le peuple acclame, et sur qui « les municipalités font pleuvoir « des boîtes d'or. » C'est Grenville, que l'on va siffler au sortir de la chambre. C'est lord Bute, que la reine aime, qu'on hue, et dont on brûle les emblèmes, une botte et une jupe. C'est le duc de Bedford, dont le palais est attaqué par une émeute, et ne peut être défendu que par une garnison de fantassins et de cavaliers. C'est Wilkes, dont le gouvernement a saisi les papiers, et à qui le jury assigne sur le gouvernement une indemnité de mille *pounds*. Chaque matin, les journaux et les pamphlets viennent discuter les affaires, juger les caractères, invectiver par leur nom les lords, les orateurs, les ministres, le roi lui-même. Qui veut parler parle. Dans ce tumulte d'écrits et de ligues, l'opinion grossit, s'enfle comme une vague, et, tombant sur le Parlement et la cour, noie les intrigues et entraîne les dissentiments. Au fond, en dépit des bourgs pourris, c'est elle qui gouverne. Le roi a beau être obstiné, les grands ont beau faire des ligues; sitôt qu'elle gronde, tout plie ou craque. Les deux Pitt ne montent si haut que parce qu'ils sont portés par elle, et l'indépendance de l'individu aboutit à la souveraineté de la nation.

Dans un pareil état, « toutes les passions étant « libres[1], la haine, l'envie, la jalousie, l'ardeur de « s'enrichir et de se distinguer, paraissent dans toute « leur étendue. » Jugez de la force et de la sève avec lesquelles l'éloquence doit s'y implanter et végéter. Pour la première fois depuis la ruine de la tribune antique, elle a trouvé le sol dans lequel elle peut s'enraciner et vivre, et une moisson d'orateurs se lève, égale, par la diversité des talents, par l'énergie des convictions et par la magnificence du style, à celle qui couvrit jadis l'*agora* grecque et le *forum* romain. Depuis longtemps, il semblait que la liberté de discussion, la pratique des affaires, l'importance des

---

[1] Montesquieu, liv. XIX, chap. XXVII.

intérêts engagés et la grandeur des récompenses offertes dussent provoquer sa croissance ; mais elle avortait, encroûtée dans la pédanterie théologique, ou restreinte dans les préoccupations locales, et le secret des séances parlementaires lui ôtait la moitié de sa force en lui ôtant la plénitude du jour. Voici qu'enfin la lumière se fait ; une publicité d'abord incomplète, puis entière, donne au Parlement la nation pour auditoire. Le discours s'élève et s'élargit en même temps que le public se dégrossit et se multiplie. L'art classique, devenu parfait, fournit la méthode et les développements. La culture moderne fait entrer dans le raisonnement technique la liberté des entretiens et l'ampleur des idées générales. Au lieu d'argumenter, ils conversent ; de procureurs ils deviennent orateurs. Avec Addison, avec Steele et Swift, le goût et le génie font irruption dans la polémique. Voltaire ne sait « si les harangues méditées « qu'on prononçait autrefois dans Athènes et dans « Rome l'emportent sur les discours non préparés « du chevalier Windham, de lord Carteret » et de leurs rivaux. Enfin le discours achève de percer la sécheresse des questions spéciales et la froideur de l'action compassée[1] qui l'ont comprimé si longtemps ; il déploie audacieusement et irrégulièrement sa force et son luxe, et l'on voit paraître, en face des jolis abbés de salon qui arrangent en France des compliments d'académie, la mâle éloquence de Junius, de

---

1. Jugement d'Addison

lord Chatam, de Fox, de Pitt, de Burke et de Sheridan.

Je n'ai point à raconter leurs vies, ni à développer leurs caractères ; il faudrait entrer dans le détail politique. Trois d'entre eux, lord Chatam, Fox et Pitt, ont été ministres[1], et leur éloquence est une portion de leur pouvoir et de leur action. Elle appartient à ceux qui raconteront les affaires qu'ils ont conduites; je ne puis qu'en marquer le ton et l'accent.

Un souffle extraordinaire, une sorte de frémissement de volonté tendue, court à travers toutes ces harangues. Ce sont des hommes qui parlent, et ils parlent comme s'ils combattaient. Ni ménagements, ni politesse, ni retenue. Ils sont déchaînés, ils se livrent, ils se lancent, et s'ils se contiennent, ce n'est que pour frapper plus impitoyablement et plus fort. Lorsque Pitt remplit pour la première fois la chambre des communes de sa voix vibrante, il avait déjà son indomptable audace. En vain Walpole essaya « de le « museler, » puis de l'accabler; son sarcasme lui fut renvoyé avec une prodigalité d'outrages, et le tout-puissant ministre plia, souffleté sous la vérité de la poignante insulte que le jeune homme lui infligeait. Une hauteur d'orgueil qui ne fut surpassée que par celle de son fils, une arrogance qui réduisait ses collègues à l'état de subalternes, un patriotisme romain

---

1. Junius a écrit sous l'anonyme et les critiques n'ont pu encore démêler avec certitude son véritable nom. — Pour Sheridan, voyez tome II, p. 85, et tome III, p. 408. — Pour Burke, tome III, p. 88.

CHAPITRE III. LA RÉVOLUTION.

qui réclamait pour l'Angleterre la tyrannie universelle, une ambition qui prodiguait l'argent et les hommes, communiquait à la nation sa rapacité et sa fougue, et n'apercevait de repos que dans les perspectives lointaines de la gloire éblouissante et de la puissance illimitée, une imagination qui transportait dans le Parlement la véhémence de la déclamation théâtrale, les éclats de l'inspiration saccadée, la témérité des images poétiques, voilà les sources de son éloquence :

Hier encore l'Angleterre eût pu se tenir debout contre le monde; aujourd'hui, « personne si pauvre qui lui rende hommage !... » Milords, vous ne pouvez pas conquérir l'Amérique. Nous serons forcés à la fin de nous rétracter; rétractons-nous pendant que nous le pouvons encore, avant que nous y soyons forcés. Je dis que nous devons nécessairement abroger ces violents actes oppressifs; ils doivent être rappelés, vous les rappellerez, je m'y engage d'honneur; vous finirez par les rappeler, j'y joue ma réputation; je consentirai à être pris pour un idiot, si à la fin ils ne sont pas rappelés !... Vous avez beau enfler toute dépense et tout effort, accumuler et empiler tous les secours que vous pourrez acheter ou emprunter, trafiquer ou brocanter avec chaque petit misérable prince allemand qui vend et expédie ses sujets aux boucheries des princes étrangers : vos efforts sont pour toujours vains et impuissants, doublement impuissants par l'aide mercenaire qui vous sert d'appui, car elle irrite jusqu'à un ressentiment incurable l'âme de vos ennemis. Quoi ! lancer sur eux les fils mercenaires de la rapine et du pillage ! les dévouer, eux et leurs possessions, à la rapacité d'une cruauté soudoyée ! Si j'étais Américain comme je suis Anglais, tant qu'un bataillon étranger aurait le pied sur mon pays, je ne poserais pas mes armes ! Jamais, jamais, jamais ! Mais, milords, quel est l'homme qui, pour combler ces hontes et ces méfaits de notre armée, a osé autoriser et associer à nos armes le tomahawk et le couteau à scalper du sauvage! Appeler dans une alliance civilisée le sauvage féroce et inhumain des forêts, — lancer contre nos établissements, parmi nos parentés, nos anciennes amitiés, le cannibale impitoyable qui a soif du sang des hommes, des femmes et des enfants, — désoler leur pays, vider leurs demeures, extirper leur race et leur nom par ces horribles chiens d'enfer de la guerre sauvage! milords, ces énormités crient et appellent tout haut réparation et punition! Si on ne les efface à fond et tout entières, il y aura une tache sur notre réputation nationale. C'est une violation de la constitution : je crois que cela est contre la loi [1].

Il y a quelque chose de Milton et de Shakspeare dans cette pompe tragique, dans cette solennité pas-

---

1. But yesterday, and *England* might have stood against the world; now « none so poor to do her reverence. »

We shall be forced ultimately to retract; let us retract while we can, not when we must. I say we must necessarily undo these violent oppressive acts: they must be repealed — you will repeal them; I pledge myself for it, that you will in the end repeal them; I stake my reputation on it : — I will consent to be taken for an idiot, if they are not finally repealed.

You may swell every expence, and every effort, still more extravagantly pile and accumulate every assistance you can buy or borrow ; traffic and barter with every little pitiful German prince, that sells and sends his subjects to the shambles of a foreign prince; your efforts are for ever vain and impotent — doubly so from this mercenary aid on which you rely; for it irritates, to an incurable resentment, the minds of your enemies. — to overrun them with the mercenary sons of rapine and plunder ; devoting them and their possessions to the rapacity of hireling cruelty! If I were an American, as I am an Englishman, while a foreign troop was landed in my country, I never would lay down my arms — never — never — never!

But, my Lords, who is the man, that in addition to these disgraces and mischiefs of our army, has dared to authorize and associate to our arms the tomahawk and scalping-knife of the savage? To call into civilized alliance the wild and inhuman savage of the woods;

sionnée, dans l'éclat sombre et violent de ce style surchargé et trop fort. C'est de cette pourpre superbe et sanglante que se parent les passions anglaises; c'est sous les plis de ce drapeau qu'elles se rangent en bataille, d'autant plus puissantes qu'au milieu d'elles il y en a une toute sainte, le sentiment du droit, qui les rallie, les emploie et les ennoblit.

Je me réjouis que l'Amérique ait résisté; trois millions d'hommes assez morts à tous les sentiments de liberté pour souffrir volontairement qu'on les fasse esclaves auraient été des instruments convenables pour rendre le reste esclave aussi.... L'esprit qui maintenant résiste à vos taxes en Amérique est le même qui autrefois s'est opposé en Angleterre aux dons gratuits, à la taxe des vaisseaux; c'est le même esprit qui a dressé l'Angleterre sur ses pieds, et par le bill des droits a revendiqué la constitution anglaise; c'est le même esprit qui a établi ce grand, ce fondamental et essentiel principe de vos libertés, que nul sujet de l'Angleterre ne peut être taxé que de son propre consentement. Ce glorieux esprit whig anime en Amérique trois millions d'hommes qui préfèrent la pauvreté avec la liberté à des chaînes dorées et à la richesse ignoble, et qui mourront pour la défense de leurs droits en hommes et en hommes libres.... Comme Anglais par naissance et par principes, je reconnais aux Américains un droit suprême et inaliénable sur leur propriété, un droit par lequel ils sont justifiés à la défendre jusqu'à la dernière extrémité [1].

to delegate to the merciless Indian the defence of disputed rights, and to wage the horrors of barbarous war against our brethren? My Lords, these enormities cry aloud for redress and punishment; unless thoroughly done away, it will be a stain on the national character — it is a violation of the Constitution — I believe it is against law.

1. I rejoice that America bas resisted; three millions of people so dead to all the feelings of liberty, as voluntarily to let themselve

Si Pitt sent son droit, il sent aussi celui des autres; c'est avec cette idée qu'il a remué et manié l'Angleterre. Il en appelait aux Anglais contre eux-mêmes; et, en dépit d'eux-mêmes, ils reconnaissaient leur plus cher instinct dans cette maxime, que chaque volonté humaine est inviolable dans sa province limitée et légale, et qu'elle doit se dresser tout entière contre la plus petite usurpation.

Des passions effrénées et le plus viril sentiment du droit, voilà l'abrégé de toute cette éloquence. Au lieu d'un orateur, homme public, prenez un écrivain, simple particulier; voyez ces lettres de Junius[1] qui, au milieu de l'irritation et des inquiétudes nationales, tombèrent une à une comme des gouttes de feu sur les membres fiévreux du corps politique. Si celui-ci serre

---

be made slaves, would have been fit instruments to make slaves of all the rest.

Let the sacredness of their property remain inviolate; let it be taxable only by their own consent given in their provincial assemblies; else it will cease to be property.

This glorious spirit of whiggism animate three millions in America, who prefer liberty with poverty to gilded chains and sordid affluence, and who will die in defense of their rights as men, as freemen.... The spirit which now resists your taxation in America is the same which formerly opposed loans, benevolences, and ship money in England; the same spirit that called England on its legs, and by the bill of rights vindicated the English constitution; the same spirit which established the great, fundamental essential maxim of your liberties : that no subject of England shall be taxed but by his own consent.

As an Englishman by birth and principle, I recognise to the American their supreme inalienable right in their property, a right which they are justified in the defense of, to the last extremity.

1. Probablement Junius est Philip Francis. — 1769-1772.

ses phrases et choisit ses épithètes, ce n'est point par amour du style, c'est pour mieux imprimer l'insulte. Les artifices oratoires deviennent entre ses mains des instruments de supplice, et lorsqu'il lime ses périodes c'est pour enfoncer plus avant et plus sûrement le couteau ; avec quelle audace d'invective, avec quelle roideur d'animosité, avec quelle ironie corrosive et brûlante, appliquée sur les parties les plus secrètes de la vie privée, avec quelle insistance inexorable de persécution calculée et méditée, les textes seuls pourront le dire : « Milord, écrit-il au duc de Bedford, vous êtes
« si peu accoutumé à recevoir du public quelque mar-
« que de respect ou d'estime, que si dans les lignes
« qui suivent un compliment ou un terme d'approba-
« tion venait à m'échapper, vous le prendrez, je le
« crains, pour un sarcasme lancé contre votre répu-
« tation établie ou peut-être pour une insulte infligée
« à votre discernement[1].... » « Il y a quelque chose,
« écrit-il au duc de Grafton, dans votre caractère et
« dans votre conduite qui vous distingue non-seulement
« de tous les autres ministres, mais encore de tous
« les autres hommes : ce n'est pas seulement de faire
« le mal par dessein, mais encore de n'avoir jamais
« fait le bien par méprise ; ce n'est pas seulement d'a-
« voir employé avec un égal dommage votre indolence

---

1. My lord, you are so little accustomed to receive any marks of respect or esteem from the public, that if in the following lines a compliment, or expression of applause should escape me, I fear you would consider it as a mockery of your established character, and perhaps an insult to your understanding.

« et votre activité, c'est encore d'avoir pris pour prin-
« cipe premier et uniforme, et, si je puis l'appeler ainsi,
« pour génie dominant de votre vie, le talent de tra-
« verser tous les changements et toutes les contradic-
« tions possibles de conduite, sans que jamais l'appa-
« rence ou l'imputation d'une vertu ait pu s'appliquer
« à votre personne, ni que jamais la versatilité la
« plus effrénée ait pu vous tromper et vous séduire
« jusqu'à vous engager dans une seule sage ou hono-
« rable action[1]. » Il continue et s'acharne ; même
lorsqu'il le voit tombé et déshonoré, il s'acharne
encore. Il a beau avouer tout haut qu'en l'état où
il est, son ennemi « désarmerait une rancune privée ; »
il redouble. « Pour ma part, je ne prétends point com-
« prendre ces prudentes formes du décorum, ces
« douces règles de discrétion que certaines gens es-
« sayent de concilier avec la conduite des plus grandes
« et des plus hasardeuses affaires. Je dédaignerais de
« pourvoir mon avenir d'un asile ou de conserver des
« égards pour un homme qui ne garde point de mé-
« nagements avec la nation. Ni l'abjecte soumission
« avec laquelle il déserte son poste à l'heure du dan-

---

1. There is something in both your character and conduct, which distinguishes you not only from all other ministers, but from all other men. It is not that you do wrong by design, but that you should never do right by mistake. It is not that your indolence and your activity have been equally misapplied, but that the first uniform principle, or, if I may call it, the genius of your life, should have carried you through every possible change and contradiction of conduct, without the momentary imputation or colour of virtue, and that the wildest spirit of inconsistency should never even have betrayed you into a wise or honourable action.

« ger, ni même l'inviolable bouclier de lâcheté dont
« il se couvre, ne le protégeraient. Je le poursuivrais
« jusqu'au bout de ma vie et je tendrais le dernier ef-
« fort de ma volonté pour sauver de l'oubli son op-
« probre éphémère et pour rendre immortelle l'infa-
« mie de son nom[1]. » Excepté Swift, y a-t-il une
créature humaine qui ait plus volontairement concentré et aigri dans son cœur le poison de la haine?
Celle-ci n'est point vile cependant, car elle se croit au
service du juste. Au milieu de leurs excès, c'est cette
persuasion qui les relève; ils se déchirent, mais ils ne
rampent pas; quel que soit l'adversaire, ils se tiennent debout devant lui.

Sire, écrit Junius au roi, c'est le malheur de votre vie et
la cause originelle de tous les reproches et de toutes les cala-
mités qui ont accompagné votre gouvernement, que vous
n'avez jamais connu le langage de la vérité, tant que vous ne
l'avez point entendu dans les plaintes de votre peuple. Il n'est
point trop tard cependant pour corriger l'erreur de votre édu-

---

1. You have every claim to compassion that can arise from misery
and distress. The condition you are reduced to would disarm a
private enemy of his resentment, and leave no consolation to the
most vindictive spirit, but that such an object, as you are, would
disgrace the dignity of revenge.
For my own part I do not pretend to understand those prudent
forms of decorum, those gentle rules of discretion, which some men
endeavour to unite with the conduct of the greatest and most hazar-
dous affairs; I should scorn tho provide for a future retreat, or to
keep terms with a man, who preserves no measures with the public.
Neither the abject submission of deserting his post in the hour of
danger, nor even the sacred shield of cowardice should protect him.
I would pursue him through life, and try the best exertion of my
ability to preserve the perishable infamy of his name and make it
immortal.

cation. Nous sommes encore disposés à tenir un compte indulgent des pernicieuses leçons que vous avez reçues dans votre jeunesse et à fonder les plus hautes espérances sur la bienveillance naturelle de vos inclinations. Nous sommes loin de vous croire capable d'un dessein délibéré et d'un attentat direct contre les droits originels sur lesquels toutes les libertés civiles et politiques de vos sujets sont assises. Si nous avions pu nourrir un soupçon si déshonorant pour votre renommée, nous aurions depuis longtemps adopté un style de remontrances fort éloigné de l'humilité de la plainte. Le peuple d'Angleterre est fidèle à la maison de Hanovre, non parce qu'il préfère vainement une famille à une autre, mais parce qu'il est convaincu que l'établissement de cette famille était nécessaire au maintien de ses libertés civiles et religieuses. Le prince qui imite la conduite des Stuarts doit être averti par leur exemple, et pendant qu'il se glorifie de la solidité de son titre, il fera bien de se souvenir que, si sa couronne a été acquise par une révolution, elle peut être perdue par une autre [1].

Cherchons des génies moins âpres, et tâchons de rencontrer un accent plus doux. Il y a un homme,

---

1. Sir — It is the misfortune of your life, and originally the cause of every reproach and distress which has attended your government, that you should never have been acquainted with the language of truth till you heard it in the complaints of your people. It is not, however, too late to correct the error of your education. We are still inclined to make an indulgent allowance for the pernicious lessons you received in your youth, and to form the most sanguine hopes from the natural benevolence of your disposition. We are far from thinking you capable of a direct deliberate purpose to invade those original rights of your subjects on which all their civil and political liberties depend. Had it been possible for us to entertain a suspicion so dishonourable to your character, we shoulld long since have adopted a style of remonstrance very distant from the humility of complaint.
The people of England are loyal to the house of Hanover, not from a vain preference of one family to another, but from a conviction

Charles Fox, qui s'est trouvé heureux dès le berceau, qui a tout appris sans études, que son père a élevé dans la prodigalité et l'insouciance, que, dès vingt et un ans, la voix publique a désigné comme le prince de l'éloquence et le chef d'un grand parti, libéral, humain, sociable, fidèle aux généreuses espérances, à qui ses ennemis eux-mêmes pardonnaient ses fautes, que ses amis adoraient, que le travail n'avait point lassé, que les rivalités n'avaient point aigri, que le pouvoir n'avait point gâté, amateur de la conversation, des lettres, du plaisir, et qui a laissé l'empreinte de son riche génie dans l'abondance persuasive, dans le beau naturel, dans la clarté et la facilité continue de ses discours. Le voici qui prend la parole, pensez aux ménagements qu'il doit garder ; c'est un homme d'État, un premier ministre, qui parle en plein Parlement, qui parle des amis du roi, des lords de la chambre à coucher, des plus illustres familles du royaume, qui a devant lui leurs alliés et leurs proches, qui sent que chacune de ses paroles s'enfoncera comme une flèche ardente dans le cœur et dans l'honneur des cinq cents hommes assis pour l'écouter. Il n'importe, on l'a trahi ;

---

that the establishment of that family was necessary to the support of their civil and religious liberties. This, sir, is a principle of allegiance equally solid and rational; fit for Englishmen to adopt, and well worthy of your majesty's encouragement. We cannot long be deluded by nominal distinctions. The name of Stuart of itself is only contemptible : armed with the sovereign authority, their principles are formidable. The prince who imitates their conduct should be warned by their example; and while he plumes himself upon the security of his title to the crown, should remember that, as it was acquired by one revolution, it may be lost by another.

il veut punir les traîtres, et voici à quel pilori il attache « les janissaires d'antichambre » qui, par ordre du prince, viennent de déserter au milieu du combat:

> Le domaine entier du langage ne fournit pas de termes assez forts et assez poignants pour marquer le mépris que je ressens pour leur conduite. C'est un aveu effronté d'immoralité politique, comme si cette espèce de trahison était moindre qu'aucune autre. Ce n'est pas seulement une dégradation d'un rang qui ne devrait être occupé que par la loyauté la plus pure et la plus exemplaire ; c'est un acte qui les fait déchoir de leurs droits à la renommée de gentilshommes, et les réduit au niveau des plus bas et des plus vils de leur espèce, qui insulte à la noble et ancienne indépendance caractéristique de la pairie anglaise, et qui est calculé pour déshonorer et avilir la législature anglaise aux yeux de toute l'Europe et devant la plus lointaine postérité. Par quelle magie la noblesse peut-elle ainsi changer le vice en vertu, je ne le sais pas, et je ne souhaite pas le savoir; mais en tout autre sujet que la politique, et parmi toutes autres personnes que des lords de la chambre à coucher, un tel exemple de la plus grossière perfidie serait flétri, comme il le mérite, par l'infamie et l'exécration [1].

[1]. The whole compass of language affords no terms sufficiently strong and pointed to mark the contempt which I feel for their conduct. It is an impudent avowal of political profligacy as if that species of treachery were less infamous than any other. It is not only a degradation of a station which ought to be occupied only by the highest and most exemplary honour, but forfeits their claim to the character of gentlemen and reduces them to a level with the meanest and the basest of their species. It insults the noble, the ancient, and the characteristic independence of the English pearage and is calculated to traduce and vilify the British legislature in the eyes of all Europe, and to the latest posterity. By what magic nobility cant hus charm vice into virtue, I know not nor wish to know, but in any other thing than politics, and among any other men than lords of the bedchamber, such an instance of the grossest perfidy would, as it well deserves, be branded with infamy and execration.

Puis se retournant vers les communes :

Un Parlement ainsi lié et contrôlé, sans cœur et sans liberté, au lieu de limiter la prérogative de la couronne, l'étend, l'établit et la consolide au delà de tout précédent, de toute condition et de toute limite. Mais quand la chambre des communes anglaises serait si ignominieusement morte à la conscience du poids dont elle doit peser dans la constitution, quand elle aurait si entièrement oublié ses anciennes luttes et ses anciens triomphes dans la grande cause de la liberté et de l'humanité, quand elle serait si indifférente à l'objet et à l'intérêt premier de son institution originelle, j'ai la confiance que le courage caractéristique de cette nation serait encore au niveau de cette épreuve ; j'ai la confiance que le peuple anglais serait aussi jaloux des influences secrètes qu'il est supérieur aux violences ouvertes ; j'ai la confiance qu'il n'est pas plus disposé à défendre son intérêt contre la déprédation et l'insulte étrangère qu'à rencontrer face à face et jeter par terre cette conspiration nocturne contre la constitution [1].

Voilà les explosions d'un naturel par excellence doux et aimable ; jugez des autres. Une sorte d'exagération passionnée règne dans les débats que soulèvent

---

[1]. A parliament thus fettered and controlled, without spirit and without freedom, instead of limiting, extends, substantiates, and establishes beyond all precedent, latitude, or condition, the prerogatives of the crown. But though the British House of Commons were so shamefully lost to its own weight in the constitution, were so unmindful of its former struggles and triumphs in the great cause of liberty and mankind, were so indifferent to those primary objects and concerns for which it was originally instituted, I trust the characteristic spirit of this country is still equal to the trial; I trust Englishmen will be as jealous of secret influences as superior to open violence ; I trust they are not more ready to defend their interest against foreign depredation and insult, than to encounter and defeat this midnight conspiracy against the constitution. (Fox' speeches t. II, 262.)

le procès de Warren Hastings et la Révolution française, dans la rhétorique acrimonieuse et dans la déclamation outrée de Sheridan, dans le sarcasme impitoyable et dans la pompe sentencieuse du second Pitt. Ils aiment la vulgarité brutale des couleurs voyantes; ils recherchent les grands mots accumulés, les oppositions symétriquement prolongées, les périodes énormes et retentissantes. Ils ne craignent point de rebuter, et ils ont besoin de faire effet. La force, c'est là leur trait, et celui du plus grand d'entre eux, le premier esprit de ce temps, Edmund Burke. « Prenez Burke à partie, disait Jonhson, sur tel sujet « qu'il vous plaira; il est toujours prêt à vous tenir « tête. » Il n'était point entré au Parlement, comme Fox et les deux Pitt, dès l'aurore de la jeunesse, mais à trente-cinq ans, ayant eu le temps de s'instruire à fond de toutes choses, savant dans le droit, l'histoire, la philosophie, les lettres, maître d'une érudition si universelle qu'on l'a comparé à lord Bacon. Mais ce qui le distinguait entre tous les autres, c'était une large intelligence compréhensive qui, exercée par des études et des compositions philosophiques[1], saisissait les ensembles, et, par delà les textes, les constitutions et les chiffres, apercevait la direction invisible des événements et l'esprit intime des choses, en couvrant de son dédain « ces prétendus hommes d'État, troupeau « profane de manœuvres vulgaires, qui nient l'exi-« stence de tout ce qui n'est point grossier et maté-

---

1. *Recherches sur l'origine de nos idées du beau et du sublime.*

« riel, et qui, bien loin d'être capables de diriger le
« grand mouvement d'un empire, ne sont pas dignes
« de tourner une roue dans la machine. » Par-dessus
tant de dons, il avait une de ces imaginations fécondantes et précises qui croient que la connaissance
achevée est une vue intérieure, qui ne quittent point
un sujet sans l'avoir revêtu de ses couleurs et de ses
formes, et qui, traversant les statistiques et le fatras
des documents arides, recomposent et reconstruisent
devant les yeux du lecteur un pays lointain et une nation étrangère avec ses monuments, ses costumes, ses
paysages et tout le détail mouvant des physionomies
et des mœurs. A toutes ces puissances d'esprit qui font
le systématique, il ajoutait toutes les énergies du
cœur qui font l'enthousiaste. Pauvre, inconnu, ayant
dépensé sa jeunesse à compiler pour les libraires, il
était parvenu, à force de travail et de mérite, avec
une réputation pure et une conscience intacte, sans
que les épreuves de sa vie obscure ou les séductions
de sa vie brillante eussent entamé son indépendance
ou terni la fleur de sa loyauté. Il apportait dans la politique une horreur du crime, une vivacité et une sincérité de conscience, une humanité, une sensibilité,
qui ne semblent convenir qu'à un jeune homme. Il
appuyait la société humaine sur des maximes de morale, réclamait pour les sentiments nobles la conduite
des affaires, et semblait avoir pris à tâche de relever
et d'autoriser tout ce qu'il y a de généreux dans le
cœur humain. Il avait noblement combattu pour de
nobles causes : contre les attentats du pouvoir en An-

gleterre, contre les attentats du peuple en France, contre les attentats des particuliers dans l'Inde. Il avait défendu, avec des recherches immenses et un désintéressement incontesté, les Hindous tyrannisés par l'avidité anglaise, et « ces derniers misérables
« cultivateurs qui survivaient attachés au sol, le dos
« écorché par le fermier, puis une seconde fois mis à
« vif par le cessionnaire, livrés à une succession de
« despotismes que leur brièveté rendait plus rapaces,
« et flagellés ainsi de verges en verges, tant qu'on leur
« trouvait une dernière goutte de sang pour leur ex-
« torquer un dernier grain de riz[1]. » Il s'était fait partout le champion d'un principe et le persécuteur d'un vice, et on le voyait lancer à l'attaque toutes les forces de son étonnant savoir, de sa haute raison, de son style splendide, avec l'ardeur infatigable et intempérante d'un moraliste et d'un chevalier.

Ne le lisez que par grandes masses; ce n'est qu'ainsi qu'il est grand : autrement l'outré, le commun, le bizarre vous arrêteront et vous choqueront; mais si vous vous livrez à lui, vous serez emporté et entraîné. La masse énorme des documents roule impétueusement dans un courant d'éloquence. Quelquefois le discours parlé ou écrit n'a pas trop d'un volume pour

---

1. Every man of rank and landed fortune being long since extinguished, the remaining miserable last cultivator who grows to the soil, after having his back scored by the farmer, has it again flayed by the whip of the assignee, and is thus by a ravenous because a short-lived succession of claimants lashed from oppressor to oppressor, while a single drop of blood is left as the means of extorting a single grain of corn.

déployer le cortége de ses preuves multipliées et de ses courageuses colères. C'est l'exposé de toute une administration, c'est l'histoire entière de l'Inde anglaise, c'est la théorie complète des révolutions et de l'état politique qui arrive comme un vaste fleuve débordant pour choquer, de son effort incessant et de sa masse accumulée, quelque crime qu'on veut absoudre ou quelque injustice qu'on veut consacrer. Sans doute il y a de l'écume sur ses remous, il y a de la bourbe dans son lit ; des milliers d'étranges créatures se jouent tempêtueusement à la surface ; il ne choisit pas, il prodigue ; il précipite par myriades ses imaginations pullulantes, emphase et crudités, déclamations et apostrophes, plaisanteries et exécrations, tout l'entassement grotesque ou horrible des régions reculées et des cités populeuses que sa science et sa fantaisie infatigables ont traversées. Il dira, en parlant de ces prêts usuraires à quarante-huit pour cent et à intérêts composés par lesquels les Anglais ont dévasté l'Inde, que « cette dette forme l'ignoble sanie putride
« dans laquelle s'est engendrée toute cette couvée
« rampante d'ascarides, avec les replis infinis insa-
« tiablement noués nœuds sur nœuds de ces ténias
« invincibles qui dévorent la nourriture et rongent
« les entrailles de l'Inde[1]. » Rien ne lui paraîtra excessif,

---

1. That debt forms the foul putrid mucus in which are engendered the whole brood of creeping ascarides, and the endless involutions, the eternal knot added to a knot of those inexpugnabl tape-worms which devour the nutriment and eat up the bowels o India.

ni la description des supplices, ni l'atrocité des images, ni le cliquetis assourdissant des antithèses, ni la fanfare prolongée des malédictions, ni la gigantesque bizarrerie des bouffonneries. Entre ses mains, le duc de Bedford, qui lui a reproché sa pension, deviendra, « parmi les créatures de la couronne, le léviathan « qui, deci delà, roule sa masse colossale, joue et « gambade dans l'océan des bontés royales, qui pour- « tant, tout énorme qu'il soit et quoique couvrant « une lieue de son étendue, n'est après tout qu'une « créature, puisque ses côtes, ses nageoires, ses fa- « nons, son lard, ses ouïes elles-mêmes, par les- « quelles il lance un jet d'eau contre son origine et « éclabousse les autres d'écume, tout en lui et autour « de lui vient du trône[1]. » Il n'a point de goût, ses pareils non plus. La fine déduction grecque ou française n'a jamais trouvé place chez les nations germaniques; tout y est gros ou mal dégrossi; il ne sert de rien à celui-ci d'étudier Cicéron et d'emprisonner son élan dans les digues régulières de la rhétorique latine. Il reste à demi barbare, empâté dans l'exagération et la violence; mais sa fougue est si soutenue, sa

---

1. The grants to the house of Russel were so enormous, as not only to outrage economy, but even to stagger credibility. The Duke of Bedford is the leviathan among all the creatures of the crown. He tumbles about his unwieldy bulk; he plays and frolics in the ocean of the royal bounty. Huge as he is, and whilst 'he lies floating many a rood,' he is still a creature. His ribs, his fins, his whalebone, his blubber, the very spiracles through which he spouts a torrent of brine against his origin, and covers me all over with the spray — everything of him and about him is from the throne.

conviction si forte, son émotion si chaleureuse et si surabondante, qu'on se laisse aller, qu'on oublie toute répugnance, qu'on ne voit plus dans ses irrégularités et ses débordements que les effusions d'un grand cœur et d'un profond esprit trop ouverts et trop pleins, et qu'on admire avec une sorte de vénération inconnue cet épanchement extraordinaire, impétueux comme un torrent, large comme une mer, où ondoie l'inépuisable variété des couleurs et des formes sous le soleil d'une imagination magnifique qui communique à cette houle limoneuse toute la splendeur de ses rayons.

VI

Ouvrez Reynolds pour revoir d'un coup d'œil toutes ces figures, et mettez en regard les fins portraits français de ce temps, ces ministres allègres, ces archevêques galants et gracieux, ce maréchal de Saxe qui, dans le monument de Strasbourg, descend vers son tombeau avec le goût et l'aisance d'un courtisan sur l'escalier de Versailles. Ici[1], sous des ciels noyés de brouillards pâles, parmi de molles ombres vaporeuses, apparaissent des têtes expressives ou réfléchies; la rude saillie du caractère n'a point fait peur à l'artiste; le bouffi brutal et bête, l'étrange oiseau de proie lugubre, le mufle grognon du mauvais dogue,

---

1. Lord Heathfield, the Earl of Mansfield, Major Stringer Lawrence, lord Ashburton, lord Edgecombe, etc.

il a tout mis; chez lui, la politesse niveleuse n'a point effacé les aspérités de l'individu sous un agrément uniforme. La beauté s'y trouve, mais ailleurs, dans la froide décision du regard, dans le profond sérieux et dans la noblesse triste du visage pâle, dans la gravité consciencieuse et l'indomptable résolution du geste contenu. Au lieu des courtisanes de Lély, on voit à côté d'eux des dames honnêtes, parfois sévères et actives, de bonnes mères entourées de leurs petits enfants qui les baisent et s'embrassent; la morale est venue, et avec elle le sentiment du *home* et de la famille, la décence du costume, l'air pensif, la tenue correcte des héroïnes de miss Burney. Ils ont réussi. Bakewell transforme et réforme leur bétail, Arthur Young leur agriculture, Howard leurs prisons, Arkwright et Watt leur industrie, Adam Smith leur économie politique, Bentham leur droit pénal, Locke, Hutcheson, Ferguson, Joseph Butler, Reid, Stewart, Price leur psychologie et leur morale. Ils ont épuré leurs mœurs privées, ils purifient leurs mœurs publiques. Ils ont assis leur gouvernement, ils se sont confirmés dans leur religion. Johnson peut dire avec vérité « qu'aucune nation dans le monde ne cultive « mieux son sol et son esprit. » Il n'y en a pas de si riche, de si libre, de si bien nourrie, où les efforts publics et privés soient dirigés avec tant d'assiduité, d'énergie et d'habileté vers l'amélioration de la chose privée et publique. Un seul point leur manque, la haute spéculation ; c'est justement ce point qui, dans le manque du reste, fait à ce moment la gloire de la France, et leurs caricatures montrent avec un bon sens burlesque, face à face et dans une opposition étrange, d'un côté le Français dans une chaumière lézardée, grelottant, les dents longues, maigre, ayant pour tout repas des escargots et une poignée de racines, du reste enchanté de son sort, consolé par une cocarde républicaine et des proclamations humanitaires; de l'autre l'Anglais rouge et bouffi de graisse, attablé dans une chambre confortable devant le plus succulent des *roastbeefs*, avec un pot de bière écumante, occupé à gronder contre la détresse publique et ces traîtres de ministres qui vont tout ruiner.

Ils arrivent ainsi au seuil de la Révolution française, conservateurs et chrétiens, en face des Français libres penseurs et révolutionnaires. Sans le savoir, les deux peuples roulent depuis deux siècles vers ce choc terrible; sans le savoir, ils n'ont travaillé que pour l'aggraver. Tout leur effort, toutes leurs idées, tous leurs grands hommes ont accéléré l'élan qui les précipite vers ce conflit inévitable. Cent cinquante ans de politesse et d'idées générales ont persuadé aux Français d'avoir confiance en la bonté humaine et en la raison pure. Cent cinquante ans de réflexions morales et de luttes politiques ont rattaché l'Anglais à la religion positive et à la constitution établie. Chacun a son dogme contraire et son enthousiasme contraire. Aucun des deux ne comprend l'autre, et chacun des deux déteste l'autre. Ce que l'un appelle rénovation, l'autre l'appelle destruction; ce que l'un révère comme l'établissement du droit, l'autre le maudit comme le renversement de tous les droits. Ce qui semble à l'un l'anéantissement de la superstition paraît à l'autre l'abolition de la morale. Jamais le contraste des deux esprits et des deux civilisations ne s'est marqué en caractères plus visibles, et c'est encore Burke, qui, avec la supériorité d'un penseur et l'hostilité d'un Anglais, s'est chargé de nous les montrer.

Il s'indigne à l'idée de cette « farce tragi-comique » qu'on appelle à Paris la régénération du genre humain. Il nie que la contagion d'une pareille folie puisse jamais empoisonner l'Angleterre. Il raille les badauds, qui, éveillés par les bourdonnements des sociétés démocratiques, se croient sur le bord d'une révolution. « Parce qu'une demi-douzaine de sau-
« terelles sous une fougère font retentir la prairie
« de leur importun bruissement, pendant que des
« milliers de grands troupeaux, reposant sous l'om-
« bre des chênes britanniques, ruminent leur pâture
« et se tiennent silencieux, n'allez pas vous imaginer
« que ceux qui font du bruit soient les seuls habi-
« tants de la prairie, qu'ils doivent être en grand
« nombre, ou qu'après tout ils soient autre chose
« qu'une petite troupe maigre, desséchée, sautil-
« lante, quoique bruyante et incommode, d'insectes
« éphémères [1]. » La véritable Angleterre, « tous

---

1. Burke, *Reflexions on the French Revolution*, 1790.
Because half a dozen grashoppers under a fern make the field ring with their importunate chink, while thousands of great cattle

« ceux¹ qui ont sur leur tête un bon toit et sur leur
« dos un bon habit, » n'a que de l'aversion et du dé-
dain² pour les maximes et les actes de la Révolution
française. « La seule idée de fabriquer un nouveau
« gouvernement suffit pour nous remplir de dégoût
« et d'horreur. Nous avons toujours souhaité dériver
« du passé tout ce que nous possédons, comme un
« héritage légué par nos ancêtres³. » Nos titres ne
flottent pas en l'air dans l'imagination des philosophes; ils sont consignés dans la Grande Charte. « Nous
« réclamons nos franchises, non comme les droits
« des hommes, mais comme les droits des hommes
« de l'Angleterre. » Nous méprisons ce verbiage
abstrait, qui vide l'homme de toute équité et de tout
respect pour le gonfler de présomption et de théories.
« Nous n'avons pas été préparés et troussés, comme
« des oiseaux empaillés dans un muséum, pour être
« remplis de loques, de paille et de misérables chif-
« fons de papier sali à propos des droits de l'homme⁴. »

reposed beneath the shadow of the British oak, chew the cud and are silent, pray, do not imagine that those who make the noise are the only inhabitants of the field; that of course they are many in number; or that after all they are other that the little shrivelled, meagre, hopping, though loud and troublesome insects of the hour.

1. Macaulay, *Life of William Pitt.*
2. I almost venture to affirm that not one in a hundred among us participates in the triumph of the Revolution Society.
3. The very idea of the fabrication of a new government is enough to fill us with disgust and horror. We wished always to derive all we possess as an inheritance from our forefathers.... (We claim) our franchises not as the rights of men, but as the rights of Englishmen.
4. Burke, *Appeal from the new to the old whigs.*
We have not been drawn and trussed in order that we may be

Notre constitution n'est pas un contrat fictif de la fabrique de votre Rousseau, bon pour être violé tous les trois mois, mais un contrat réel par leque roi, nobles, peuple, Église, chacun tient les autres e se sent tenu. La couronne du prince et le privilége du noble y sont aussi sacrés que la terre du paysan ou l'outil du manœuvre. Quelle que soit l'acquisition ou l'héritage, nous respectons chacun dans son acquisition ou dans son héritage, et notre loi n'a qu'un objet, qui est de conserver à chacun son bien et son droit. « Nous regardons les rois avec vénération, les parlements avec affection, les magistrats avec soumission, les prêtres avec respect, les nobles avec déférence[1]. Nous sommes décidés à garder une Église établie, une monarchie établie, une aristocratie établie, une démocratie établie, chacune au degré où elle existe et non à un plus grand. » Nous révérons la propriété partout, celle des corporations comme celle des individus, celle de l'Église comme celle du laïque. Nous ju geons que ni un homme ni une assemblée d'hommes n'a le droit de dépouiller un homme ni une assemblée d'hommes de ce qui est son bien authentique et son héritage transmis. « Il n'y a pas un personnage « public dans ce royaume qui ne réprouve la « déshonnête, perfide et cruelle confiscation que

---

filled, like stuffed birds in a museum, with chaff and rags and paltry blurred shreds of papers about the rights of men.

1. We fear God, we look up with awe to kings, with affection to parliaments, with duty to magistrates, with reverence to priests, and with respect to nobility.

« votre assemblée nationale a été contrainte d'exer-
« cer sur votre Église[1]. » Nous ne souffrirons jamais
que chez nous le domaine établi de la nôtre soit converti en une pension qui la mette dans la dépen-
dance du trésor. Nous avons fait notre Église, comme
notre roi et notre noblesse, indépendante; « nous
« voyons sans chagrin ni mauvaise humeur un
« archevêque précéder un duc, un évêque de Durham
« ou de Winchester posséder dix mille livres ster-
« ling de rente. » Nous répugnons à votre vol,
d'abord parce qu'il est un attentat à la propriété,
ensuite parce qu'il est une tentative contre la religion. Nous estimons qu'il n'y a pas de société sans
croyances; nous dérivons la justice de son origine
sacrée, et nous sentons qu'en tarissant sa source on
dessèche tout le ruisseau. Nous avons rejeté comme
un venin l'infidélité qui a sali les commencements
de notre siècle et du vôtre, et nous nous en sommes
purgés pendant que vous vous en êtes imbus. « Au-
« cun des hommes nés chez nous depuis quarante
« ans n'a lu un mot de Collins, Toland, Tindal

---

1. There is not one public man in this kingdom who does not re-
probate the dishonest, perfidious and cruel confiscation which the
national assembly has been compelled to make.... Church and state
are ideas inseparable in our minds.... Our education is in a manner
wholly in the hands of ecclesiastics, and in all stages, from infancy
to manhood.... They never will suffer the fixed estate of the church
to be converted into a pension, to depend on the treasury.... They
made their church like their nobility, independant. They can see
without pain or grudging an archbishop precede a Duke. They can
see a bishop of Durham or of Winchester in possession of ten thousand a year.

« et de tout ce troupeau qui prenait le nom de libres
« penseurs. L'athéisme n'est pas seulement contre
« notre raison, il est encore contre nos instincts.
« Nous sommes protestants, non par indifférence,
« mais par zèle[1]. L'Église et l'État sont dans nos
« esprits deux idées inséparables. » Nous asseyons
notre établissement sur le sentiment du droit, et le
sentiment du droit sur le respect de Dieu.

A la place du droit et de Dieu, qui reconnaissez-vous
pour maître? Le peuple souverain, c'est-à-dire l'arbitraire changeant de la majorité comptée par têtes.
Nous nions que le plus grand nombre ait le droit de
défaire une constitution. « La constitution d'un pays
« une fois établie par un contrat tacite ou exprimé, il
« n'y a pas de pouvoir existant qui puisse l'altérer
« sans violer le contrat, à moins que ce ne soit du
« consentement de toutes les parties[2]. » Nous nions
que le plus grand nombre ait le droit de faire une
constitution; il faudrait que d'abord l'unanimité eût
conféré ce droit au plus grand nombre. Nous nions que

---

1. Who born within the last forty years has read a word of Collins, and Toland, and Tindal.... and that whole race who called themselves free-thinkers?

We are protestants not from indifference but from zeal.

Atheism is against not only our reason but our instincts.

We are resolved to keep an established church, and established monarchy, and established aristocracy, and an established democracy, each in the degree it exists, and in no greater.

2. The constitution of a country being once settled upon some compact, tacit or expressed, there is no power existing of force to alter it without the breach of the covenant, or the consent of all the parties.

la force brutale soit l'autorité légitime, et que la populace soit la nation [1]. « Une véritable aristocratie natu-
« relle n'est point dans l'État un intérêt séparé ni
« séparable. Quand de grandes multitudes agissent
« ensemble sous cette discipline de la nature, je recon-
« nais le *peuple*; mais, si vous séparez l'espèce vulgaire
« des hommes de leurs chefs naturels pour les ranger
« en bataille contre leurs chefs naturels, je ne recon-
« nais plus le corps vénérable que vous appelez le
« peuple dans ce troupeau débandé de déserteurs et
« de vagabonds [2]. » Nous détestons de toute notre haine le droit de tyrannie que vous leur donnez sur les autres, et nous détestons encore davantage le droit d'insurrection que vous leur livrez contre eux-mêmes. Nous croyons qu'une constitution est un dépôt transmis à la génération présente par les générations passées pour être remis aux générations futures, et que si une génération peut en disposer comme de son bien, elle doit aussi le respecter comme le bien d'autrui. Nous estimons que si un réformateur « porte la main sur

---

1. A government of five hundred country attornies and obscure curates is not good for twenty four millions of men, though it were chosen by eight and forty millions.
As to the share of power, authority, direction, which each individual ought to have in the management of the state, that I must deny to be amongst the direct original rights of man in civil society.

2. A true natural aristocracy is not a separate interest in the state or separable from it.... When great multitudes act together under that discipline of nature, I recognise the people.... When you separate the common sort of men from their proper chieftains so as to form them into an adverse army, I no longer know that venerable object called the people in such a disbanded race of deserters and vagabonds.

« les fautes de l'État, ce doit être comme sur les bles-
« sures d'un père, avec une vénération pieuse et une
« sollicitude tremblante.... Par votre facilité désor-
« donnée à changer l'État aussi souvent, aussi profon-
« dément, en autant de manières qu'il y a de caprices
« et de modes flottantes, la continuité et la chaîne
« entière de la communauté seront rompues. Aucune
« génération ne sera plus rattachée aux autres. Les
« hommes vivront et mourront isolés comme les mou-
« ches d'un été[1]. » Nous répudions cette raison courte
et grossière qui sépare l'homme de ses attaches et ne
voit en lui que le présent, qui sépare l'homme de la
société et ne le compte que pour une tête dans un
troupeau. Nous méprisons « cette philosophie d'éco-
« liers et cette arithmétique de douaniers[2], » par laquelle vous découpez l'État et les droits d'après les
lieues carrées et les unités numériques. Nous avons
horreur de cette grossièreté cynique qui, « arrachant
« rudement la décente draperie de la vie, réduit une
« reine à n'être qu'une femme et une femme à n'être
« qu'un animal[3], » qui jette à bas l'esprit chevale-

---

1. A perfect democracy is the most shameless thing in the world.... and the most fearless.

By this unprincipled facility of changing the state as often, and as much and in as many ways as there are floating fancies and fashions, the whole continuity and chain of the commonwealth would be broken. No one generation could link with the other. Men would become little better than the flies of a summer.

2. The metaphysics of an undergraduate and the mathematics of an exciseman.

3. All the decent drapery of life is to be rudely torn off.... Now a queen is but a woman, and a woman is but an animal.

resque et l'esprit religieux, les deux couronnes de la nature humaine, pour les plonger avec la science dans la bourbe populaire et les fouler « sous les sabots « d'une multitude bestiale [1]. » Nous avons horreur de ce nivellement systématique qui, désorganisant la société civile, amène au gouvernement « des avocats « chicaniers, des usuriers poussés par une tourbe de « femmes éhontées, d'hôteliers, de clercs, de garçons « de boutique, de perruquiers, de danseurs de théâ- « tre [2], » et qui finira, « si la monarchie reprend « jamais l'ascendant en France, par livrer la nation au « pouvoir le plus arbitraire qui ait jamais paru sous « le ciel [3]. »

1. Learning with its natural protectors and guardians will be cast into the mire and trodden down under the hoofs of a swinish multitude.
2. I am satisfied beyond a doubt that the project of turning a great empire into a vestry or into a collection of vestries, and of governing it in the spirit of a parochial administration is senseless and absurd, in any mode, or with any qualifications. I can never be convinced that the scheme of placing the highest powers of the state in church-wardens and constables and other such officers, guided by the prudence of litigious attorneys and jew-brokers, and set in action by shameless women of the lowest condition, by keepers of hotels, taverns and brothels, by pert apprentices, by clerks, shop-boys, hair-dressers, fiddlers and dancers of the stage (who in such a commonwealth as yours will in future overbear, as already they have overborne, the sober incapacity of dull uninstructed men, of useful but laborious occupations) can never be put into any shape, that might not be both disgraceful and destructive.
3. If monarchy should ever obtain an entire ascendancy in France, it will probably be.... the most completely arbitrary power that has ever appeared on earth.
France will be governed by the agitators in corporations, by societies in the towns formed of directors of assignats.... attornies, money-jobbers, speculators and adventurers, composing an ignoble

Voilà ce que Burke écrivait dès 1790 à l'aurore de la Révolution française[1]. L'année d'après, le peuple de Birmingham allait détruire les maisons des jacobins anglais, et les mineurs de Wednesbury sortaient en corps de leurs houillères pour venir aussi au secours « du roi et de l'Église ». Croisade contre croisade; l'Angleterre effarouchée était aussi fanatique que la France enthousiaste. Pitt déclarait qu'on ne pouvait « traiter avec une nation d'athées[2]. » Burke disait que la guerre était non entre un peuple et un peuple, mais « entre la propriété et la force. » La fureur de

---

oligarchy founded on the destruction of the crown, the church, the nobility, and the people.

1. The effect of liberty to individuals is that they may do what they please.... We ought to see what it will please them to do, before we risk congratulations which may be soon turned into complaints.... Strange chaos of levity and ferocity, monstrous tragicomic scene.... After I have read the list of the persons and descriptions elected into the Tiers-Etat, nothing which they afterwards did could appear astonishing. Of any practical experience in the state, not one man was to be found. The best were only men of theory. The majority was composed of practitioners in the law.... active chicaners.... obscure provincial advocates, stewards of petty local juridictions, country attornies, notaries, etc.

Ce qui choque et inquiète Burke au plus haut degré, c'est qu'on n'y voyait pas de représentants du *natural landed interest*.

Encore une phrase, car véritablement cette clairvoyance politique touche au génie.

Men are qualified for civil liberty in exact proportion to their disposition to put moral chains upon their own appetites.... Society cannot exist unless a controlling power upon will and appetite be placed somewhere, and the less of it there is within, the more there must be without. It is ordained in the eternal constitution of things that men of intemperate minds cannot be free. Their passions forge their fetters.

2. " The leading features of this government are the abolition of religion and the abolition of property. " (Tome II, 17. *Discours de*

l'exécration, de l'invective et de la destruction montait des deux parts commé un incendie¹. Ce n'était point le heurt de deux gouvernements, mais de deux civilisations et de deux doctrines. Les deux énormes machines, lancées de tout leur poids et de toute leur vitesse, s'étaient rencontrées face à face, non par hasard, mais par fatalité. Un âge entier de littérature et de philosophie avait amassé la houille qui remplissait leurs flancs et construit la voie qui dirigeait leur course. Dans ce tonnerre du choc, parmi ces bouillonnements de la vapeur ruisselante et brûlante, dans ces flammes rouges qui grincent autour des cuivres et tourbillonnent en grondant jusqu'au ciel, un spectateur attentif découvre encore l'espèce et l'accumulation de la force qui a fourni à un tel élan, disloqué de telles cuirasses et jonché le sol de pareils débris.

Pitt, 1795.) He desired the house to look at the state of religion in France and asked them if they would willingly treat with a nation of atheists. (*Ibid.*)

2. *Letter to a noble lord.* — *Letters on a regicide peace.*

CHAPITRE IV.

Addison.

I. Addison et Swift dans leur siècle. — En quoi ils se ressemblent et en quoi ils diffèrent.
II. L'homme. — Son éducation et sa culture. — Ses vers latins. — Son voyage en France et en Italie. — Son *Épître à lord Halifax*. — Ses *Remarques sur l'Italie*. — Son *Dialogue sur les médailles*. — Son poëme sur la *Campagne de Blenheim*. — Sa douceur et sa bonté. — Ses succès et son bonheur.
III. Son sérieux et sa raison. — Ses études solides et son observation exacte. — Sa connaissance des hommes et sa pratique des affaires. — Noblesse de son caractère et de sa conduite. — Élévation de sa morale et de sa religion. — Comment sa vie et son caractère ont contribué à l'agrément et à l'utilité de ses écrits.
IV. Le moraliste. — Ses essais sont tous moraux. — Contre la vie grossière, sensuelle ou mondaine. — Cette morale est pratique, et partant banale et décousue. — Comment elle s'appuie sur le raisonnement et le calcul. — Comment elle a pour but la satisfaction en ce monde, et le bonheur dans l'autre. — Mesquinerie spéculative de sa conception religieuse. — Excellence pratique de sa conception religieuse.
V. L'écrivain. — Conciliation de la morale et de l'élégance. — Quel style convient aux gens du monde. — Mérites de ce style. — Inconvénients de ce style. — Addison critique. — Son jugement sur *Paradis perdu*. — Accord de son art et de sa critique. — Limites de la critique et de l'art classiques. — Ce qui manque à l'éloquence d'Addison, de l'Anglais et du moraliste.
VI. La plaisanterie grave. — L'humour. — L'imagination sérieuse et

féconde. — *Sir Roger de Coverley.* — Le sentiment religieux et poétique. — *Vision de Mirza.* — Comment le fonds germanique subsiste sous la culture latine.

Dans cette vaste transformation des esprits qui occupe tout le dix-huitième siècle et donne à l'Angleterre son assiette politique et morale, deux hommes paraissent, supérieurs dans la politique et la morale, tous deux écrivains accomplis, les plus accomplis qu'on ait vus en Angleterre ; tous deux organes accrédités d'un parti, maîtres dans l'art de persuader ou de convaincre ; tous deux bornés dans la philosophie et dans l'art, incapables de considérer les sentiments d'une façon désintéressée, toujours appliqués à voir dans les choses des motifs d'approbation ou de blâme ; du reste différents jusqu'au contraste, l'un heureux, bienveillant, aimé, l'autre haï, haineux et le plus infortuné des hommes ; l'un partisan de la liberté et des plus nobles espérances de l'homme, l'autre avocat du parti rétrograde et détracteur acharné de la nature humaine ; l'un mesuré, délicat, ayant fourni le modèle des plus solides qualités anglaises, perfectionnées par la culture continentale ; l'autre effréné et terrible, ayant donné l'exemple des plus âpres instincts anglais, déployés sans limite ni règle, par tous les ravages et à travers tous les désespoirs. Pour pénétrer dans l'intérieur de cette civilisation et de ce peuple, il n'y a pas de meilleur moyen que de s'arrêter avec insistance sur Swift et sur Addison.

I

« Après une soirée passée avec Addison, dit Steele,
« j'ai souvent réfléchi que j'avais eu le plaisir de
« causer avec un proche parent de Térence ou de
« Catulle, qui avait tout leur esprit et tout leur na-
« turel, et par-dessus eux une invention et un agré-
« ment[1] plus exquis et plus délicieux qu'on ne vit
« jamais en personne. » Et Pope, rival d'Addison, et
rival aigri, ajoutait : « Sa conversation a quelque
« chose de plus charmant que tout ce que j'ai jamais
« vu en aucun homme. » Ces mots expriment tout le
talent d'Addison ; ses écrits sont des causeries, chefs-
d'œuvre de l'urbanité et de la raison anglaises ; presque tous les détails de son caractère et de sa vie
ont contribué à nourrir cette urbanité et cette raison.

Dès dix-sept ans, on le rencontre à l'Université
d'Oxford, studieux et calme, amateur de promenades
solitaires sous les rangées d'ormes et parmi les belles
prairies qui bordent la rive de la Cherwell. Dans le
fagot épineux de l'éducation scolaire, il choisit la seule
fleur, bien fanée sans doute, la versification latine,
mais qui, comparée à l'érudition, à la théologie, à la
logique du temps, est encore une fleur. Il célèbre en
strophes ou en hexamètres la paix de Ryswick ou le

---

1. *Humour.*

système du docteur Burnet; il compose de petits poëmes ingénieux sur les marionnettes, sur la guerre des pygmées et des grues; il apprend à louer et à badiner, en latin, il est vrai, mais avec tant de succès que ses vers le recommandent aux bienfaits des ministres et parviennent jusqu'à Boileau. En même temps il se pénètre des poëtes romains; il les sait par cœur, même les plus affectés, même Claudien et Prudence; tout à l'heure en Italie les citations vont pleuvoir de sa plume; de haut en bas, dans tous les coins et sur toutes les faces, sa mémoire est tapissée de vers latins. On sent qu'il en a l'amour, qu'il les scande avec volupté, qu'une belle césure le ravit, que toutes les délicatesses le touchent, que nulle nuance d'art ou d'émotion ne lui échappe, que son tact littéraire s'est raffiné et préparé pour goûter toutes les beautés de la pensée et des expressions. Ce penchant trop longtemps gardé est un signe de petit esprit, je l'avoue; on ne doit pas passer tant de temps à inventer des centons; Addison eût mieux fait d'élargir sa connaissance, d'étudier les prosateurs romains, les lettres grecques, l'antiquité chrétienne, l'Italie moderne, qu'il ne sait guère. Mais cette culture bornée, en le laissant moins fort, l'a rendu plus délicat. Il a formé son art en n'étudiant que les monuments de l'urbanité latine; il a pris le goût des élégances et de finesses, des réussites et des artifices de style; il est devenu attentif sur soi, correct, capable de savoir et de perfectionner sa propre langue. Dans les réminiscences calculées, dans les allusions heureuses, dans l'esprit discret de ses petits poëmes, je trouve d'avance plusieurs traits du *Spectator*.

Au sortir de l'Université, il voyagea longuement dans les deux pays les plus polis du monde, la France et l'Italie. Il vit à Paris, chez son ambassadeur, cette régulière et brillante société qui donna le ton à l'Europe ; il visita Boileau, Malebranche, contempla avec une curiosité un peu malicieuse les révérences des dames fardées et maniérées de Versailles, la grâce et les civilités presque fades des gentilshommes beaux parleurs et beaux danseurs. Il s'égaya de nos façons complimenteuses, et remarqua que chez nous un tailleur et un cordonnier en s'abordant se félicitaient de l'honneur qu'ils avaient de se saluer. En Italie, il admira les œuvres d'art et les loua dans une épître[1], dont l'enthousiasme est un peu froid, mais fort bien écrit[2]. Vous voyez qu'il eut la culture fine qu'on donne aujourd'hui aux jeunes gens du meilleur monde. Et ce ne furent point des amusements de badauds ou des tracasseries d'auberge qui l'occupèrent. Ses chers poëtes latins le suivaient partout ; il les avait relus avant de partir ; il récitait leurs vers dans les lieux dont ils font mention. « Je dois avouer, dit-il, qu'un « des principaux agréments que j'ai rencontrés dans

---

1. A lord Halifax, 1701.
2. Renowned in verse each shady thicket grows
    And every stream in heavenly numbers flows...
    Where the smooth chisel all its force has shown,
    And softened into flesh the rugged stone,
    Here pleasing airs my ravisht soul confound
    With circling notes and labyrinths of sound.

« mon voyage a été d'examiner les diverses descrip-
« tions en quelque sorte sur les lieux, de comparer
« la figure naturelle de la contrée avec les paysages
« que les poëtes nous en ont tracés[1]. » Ce sont les
plaisirs d'un gourmet en littérature ; rien de plus littéraire et de moins pédant que le récit qu'il en écrivit
au retour[2]. Bientôt cette curiosité raffinée et délicate
le conduisit aux médailles. « Il y a une parenté, dit-il,
entre elles et la poésie, » car elles servent à commenter
les anciens auteurs ; telle effigie des Grâces rend visible un vers d'Horace. Et à ce sujet il écrivit un fort
agréable dialogue, choisissant pour personnages des
gens bien élevés, « versés dans les parties les plus
« polies du savoir, et qui avaient voyagé dans les con-
« trées les plus civilisées de l'Europe. » Il mit la scène
« sur les bords de la Tamise, parmi les fraîches
« brises qui s'élèvent de la rivière et l'aimable mélange
« d'ombrages et de sources dont tout le pays abonde[3];»
puis, avec une gaieté tempérée et douce, il s'y moqua
des pédants, qui consument leur vie à disserter sur

---

1. I must confess it was not one of the least entertainments that I met with in travelling, to examine these several descriptions, as it were, upon the spot, and to compare the natural face of the country with the landscapes that the poets have given us of it.
2. *Remarques sur l'Italie.*
3. They were all three very well versed in the politer parts of learning, and had travelled into the most refined nations of Europe....
Their design was to pass away the heat of the summer among the fresh breezes that rise from the river, and the agreeable mixture of shades and fountains, in which the whole country naturally abounds.

la toge ou la chaussure romaine, mais indiqua en homme de goût et d'esprit les services que les médailles peuvent rendre à l'histoire et aux beaux-arts. Y eut-il jamais une meilleure éducation pour un lettré homme du monde? Depuis longtemps déjà il aboutissait à la poésie du monde, je veux dire aux vers corrects de commande et de compliment. Dans toute société polie on recherche l'ornement de la pensée; on lui veut de beaux habits rares, brillants, qui la distinguent des pensées vulgaires, et pour cela on lui impose la rime, la mesure, l'expression noble; on lui compose un magasin de termes choisis, de métaphores vérifiées, d'images convenues qui sont comme une garde-robe aristocratique dont elle doit s'empêtrer et se parer. Les gens d'esprit y sont tenus d'y faire des vers et dans un certain style, comme les autres y sont tenus d'y étaler des dentelles et sur certain patron. Addison revêtit ce costume et le porta avec correction et avec aisance, passant sans difficulté d'une habitude à une habitude semblable et des vers latins aux vers anglais. Son principal morceau, *la Campagne*[1], est un excellent modèle de style convenable et classique. Chaque vers est plein, achevé en lui-même, muni d'une antithèse habile, ou d'une bonne épithète, ou d'une figure abréviative. Les pays y ont leur nom noble : l'Italie s'appelle l'Ausonie, la mer Noire s'appelle la mer Scythique; il y a des montagnes de morts et un fracas d'éloquence autorisé par

1. Sur la victoire de Blenheim.

Lucien ; il y a de jolis tours d'adresse oratoire imités d'Ovide ; les canons sont désignés par des périphrases poétiques comme plus tard dans Delille[1]. Le poëme est une amplification officielle et décorative semblable à celle que Voltaire arrangea plus tard sur la victoire de Fontenoy. Addison fit mieux encore : il composa un opéra, une comédie, une tragédie fort admirée sur la mort de Caton. Ces exercices furent partout, au siècle dernier, un brevet d'entrée dans le beau style et dans le beau monde. Au sortir du collége, un jeune homme, du temps de Voltaire, devait faire sa tragédie, comme aujourd'hui il doit écrire un article d'économie politique ; c'était la preuve alors qu'il pouvait causer avec les dames, comme c'est la preuve aujourd'hui qu'il peut raisonner avec les hommes. Il apprenait l'art d'égayer, de toucher, de parler d'amour ; il sortait ainsi des études arides ou spéciales ; il savait choisir parmi les événements et les sentiments ceux qui peuvent intéresser ou plaire ; il était capable de tenir sa place dans la bonne compagnie, d'y être quelquefois agréable, de n'y être jamais choquant. Telle est la culture que ces ouvrages ont donnée à Addison ; peu importe qu'ils soient médiocres. Il y a manié

---

1. With floods of gore.... the rivers swell....
    Mountains of dead.
    Rows of hollow brass
Tube behind tube the dreadful entrance keep,
Whilst in their wombs ten thousand thunders sleep....
.... Here shattered walls, like broken rocks, from far
Rise up in hideous views, the guilt of war;
Whilst here the vine o'er hills of ruin climbs
Industrious to conceal great Bourbon's crimes.

les passions, le comique ; il a trouvé dans son opéra quelques peintures vives et riantes, dans sa tragédie quelques accents nobles ou attendrissants ; il est sorti du raisonnement et de la dissertation pure ; il s'est acquis l'art de rendre la morale sensible et la vérité parlante ; il a su donner une physionomie aux idées, et une physionomie attachante. Ainsi s'est formé l'écrivain achevé, au contact de l'urbanité antique et moderne, étrangère et nationale, par le spectacle des beaux-arts, la pratique du monde et l'étude du style, par le choix continu et délicat de tout ce qu'il y a d'agréable dans les choses et dans les hommes, dans la vie et dans l'art.

Sa politesse a reçu de son caractère un tour et un charme singulier. Elle n'était pas extérieure, simplement voulue et officielle ; elle venait du fond même. Il était doux et bon, d'une sensibilité fine, timide même jusqu'à rester muet et paraître lourd en nombreuse compagnie ou devant des étrangers, ne retrouvant sa verve que devant des amis intimes, et disant même qu'on ne peut bien causer, sinon à deux. Il ne pouvait souffrir la discussion âpre ; quand l'adversaire était intraitable, il faisait semblant de l'approuver, et, pour toute punition, l'enfonçait discrètement dans sa sottise. Il s'écartait volontiers des contestations politiques ; invité à les aborder dans son *Spectator*, il s'enfermait dans les matières inoffensives et générales qui peuvent intéresser tout le monde sans choquer personne. Il eût souffert de faire souffrir autrui. Quoique whig très-décidé et très-fidèle,

il resta modéré dans la polémique, et dans un temps où les vainqueurs tâchaient légalement d'assassiner ou de ruiner les vaincus, il se borna à montrer les fautes de raisonnement que faisaient les tories ou à railler courtoisement leurs préjugés. A Dublin, il alla le premier serrer la main de Swift, son grand adversaire tombé. Insulté aigrement par Dennis et par Pope, il refusa d'employer contre eux son crédit ou son esprit, et jusqu'au bout loua Pope. Rien de plus touchant, quand on a lu sa vie, que son *Essai sur la bonté;* on voit que sans s'en douter il parle de lui-même. « Les plus grands esprits, dit-il, que j'ai ren-
« contrés étaient des hommes éminents par leur hu-
« manité. Il n'y a point de société ni de conversation
« qui puisse subsister dans le monde sans bonté ou
« quelque autre chose qui en ait l'apparence et en
« tienne la place; pour cette raison, les hommes ont
« été forcés d'inventer une sorte de bienveillance qui
« est ce que nous désignons par le mot d'urbanité. »
Il vient ici d'expliquer involontairement sa grâce et son succès. Quelques lignes plus loin il ajoute : « La
« bonté naît avec nous; mais la santé, la prospérité
« et les bons traitements que nous recevons du monde
« contribuent beaucoup à l'entretenir[1]. » C'est encore

---

1. There is no society or conversation to be kept up in the world without good-nature or something which must bear its appearance, and supply its place. For this reason, mankind have been forced to invent a kind of artificial humanity, which is what we express by the word good-breeding.... The greatest wits I have conversed with are men eminent for their humanity.... Good-nature is generally born with us; health, prosperity, and kind treatment from the world are great cherishers of it, where they find it.

lui-même qu'il dévoile ici : il fut très-heureux, et son bonheur se répandit tout autour de lui en sentiments affectueux, en ménagements soutenus, en gaieté sereine. Dès le collége il est célèbre ; ses vers latins lui donnent une place de *fellow* à Oxford ; il y passe dix ans parmi des amusements graves et des études qui lui plaisent. Dès vingt-deux ans, Dryden, le prince de la littérature, le loue magnifiquement. Au sortir d'Oxford, les ministres lui font une pension de trois cents guinées pour achever son éducation et le préparer au service du public. Au retour de ses voyages, son poëme sur Blenheim le place au premier rang des whigs. Il devient député, secrétaire en chef dans le gouvernement d'Irlande, sous-secrétaire d'État, ministre. Les haines des partis l'épargnent ; dans la défaite universelle des whigs, il est réélu au Parlement ; dans la guerre furieuse des whigs et des tories, whigs et tories s'assemblent pour applaudir sa tragédie de *Caton;* les plus cruels pamphlétaires le respectent ; son honnêteté, son talent, semblent élevés d'un commun accord au-dessus des contestations. Il vit dans l'abondance, l'activité et les honneurs, sagement et utilement, parmi les admirations assidues et les affections soutenues d'amis savants et distingués qui ne peuvent se rassasier de sa conversation, parmi les applaudissements de tous les hommes vertueux et de tous les esprits cultivés de l'Angleterre. Si deux fois la chute de son parti semble abattre ou retarder sa fortune, il se tient debout sans beaucoup d'effort, par réflexion et sang-froid, préparé aux événements, acceptant la médiocrité, assis dans une tranquillité naturelle et acquise, s'accommodant aux hommes sans leur céder, respectueux envers les grands sans s'abaisser, exempt de révolte secrète et de souffrance intérieure. Ce sont là les sources de son talent; y en a-t-il de plus pures et de plus belles? y a-t-il quelque chose de plus engageant que la politesse et l'élégance du monde, sans la verve factice et les mensonges complimenteurs du monde ? Et chercherez-vous un entretien plus aimable que celui d'un homme heureux et bon, dont le savoir, le goût, l'esprit ne s'emploient que pour vous donner du plaisir ?

II

Ce plaisir vous sera utile. Votre interlocuteur est aussi grave que poli; il veut et peut vous instruire autant que vous amuser; son éducation a été aussi solide qu'élégante; il avoue même dans son *Spectator* qu'il aime mieux le ton sérieux que le ton plaisant. Il est naturellement réfléchi, silencieux, attentif. Il a étudié avec une conscience d'érudit et d'observateur les lettres, les hommes et les choses. Quand il a voyagé en Italie, ç'a été à la manière anglaise, notant les différences des mœurs, les particularités du sol, les bons et mauvais effets des divers gouvernements, s'approvisionnant de mémoires précis, de documents circonstanciés sur les impôts, les bâtiments, les minéraux, l'atmosphère, les ports, l'administration, et je ne sais combien d'autres sujets [1]. Un lord anglais qui passe en Hollande entre fort bien dans une boutique de fromages pour voir de ses yeux toutes les parties de la fabrication ; il revient, comme Addison, muni de chiffres exacts, de notes complètes ; ces amas de renseignements vérifiés sont le fondement du sens droit des Anglais. Addison y ajouta la pratique des affaires, ayant été tour à tour ou à la fois journaliste, député, homme d'État, mêlé de cœur et de main à tous les combats et à toutes les chances des partis. La simple éducation littéraire ne fait que de jolis causeurs, capables d'orner ou de publier des idées qu'ils n'ont pas et que les autres leur fournissent. Si les écrivains veulent inventer, il faut qu'ils regardent non les livres et les salons, mais les événements et les hommes ; la conversation des gens spéciaux leur est plus utile que l'étude des périodes parfaites ; ils ne penseront par eux-mêmes qu'autant qu'ils auront vécu ou agi. Addison sut agir et vivre. A lire ses rapports, ses lettres, ses discussions, on sent que la politique et le gouvernement lui ont donné la moitié de son esprit. Placer les gens, manier l'argent, interpréter la loi, démêler les motifs des hommes, prévoir les altérations de l'opinion publique, être forcé de juger juste, vite et vingt fois par jour, sur des intérêts présents et grands, sous la surveillance du public et l'espionnage des adversaires, voilà les aliments qui

---

1. Voir, par exemple, son chapitre sur la République de Saint-Marin.

ont nourri sa raison et soutenu ses entretiens; un tel homme pouvait juger et conseiller l'homme; ses jugements n'étaient pas des amplifications arrangées par un effort de tête, mais des observations contrôlées par l'expérience; on pouvait l'écouter en des sujets moraux, comme on écoute un physicien en des matières de physique; on le sentait autorisé et on se sentait instruit.

Au bout d'un peu de temps on se sentait meilleur; car on reconnaissait en lui dès l'abord une âme singulièrement élevée, très-pure, préoccupée de l'honnête jusqu'à en faire son souci constant et son plus cher plaisir. Il aimait naturellement les belles choses, la bonté et la justice, la science et la liberté. Dès sa première jeunesse, il s'était joint au parti libéral, et jusqu'au bout il y demeura, espérant bien de la raison et de la vertu humaines, marquant les misères où tombent les peuples qui avec leur indépendance abandonnent leur dignité[1]. Il suivait les hautes découvertes de la physique nouvelle pour rehausser encore

---

1. *Épitre à Halifax.*

O liberty, thou Goddess heavenly bright,
Profuse of bliss, and pregnant with delight,
Eternal pleasures in thy presence reign,
And smiling plenty leads thy wanton train....
'Tis liberty that crowns Britannia's isle,
And makes her barren rocks and her bleak mountains smile.

Sur la république de Saint-Marin :
Nothing can be a greater instance of the natural love that mankind has for liberty and of their aversion to an arbitrary government, than such a savage mountain covered with people, and the Campania of Rome, which lies in the same country, almost destitute of inhabitants.   (*Remarks on Italy*, Ed. Hurd, tome I, 406.)

l'idée qu'il avait de l'œuvre divine. Il aimait les grandes et graves émotions qui nous révèlent la noblesse de notre nature et l'infirmité de notre condition. Il employait tout son talent et tous ses écrits à nous donner le sentiment de ce que nous valons et de ce que nous devons être. Des deux tragédies qu'il fit ou médita, l'une était sur la mort de Caton, le plus vertueux des Romains ; l'autre sur celle de Socrate, le plus vertueux des Grecs : encore, à la fin de la première, il eut un scrupule, et de peur d'excuser le suicide, il donna à Caton un remords. Son opéra de *Rosamonde* s'achève par le conseil de préférer l'amour honnête aux joies défendues ; son *Spectator*, son *Tatler*, son *Guardian* sont les sermons d'un prédicateur laïque. Bien plus, il a pratiqué ses maximes. Lorsqu'il fut dans les emplois, son intégrité resta entière ; il servit les gens, souvent sans les connaître, toujours gratuitement, refusant les présents même déguisés. Lorsqu'il fut hors des emplois, sa loyauté resta entière ; il persévéra dans ses opinions et dans ses amitiés, sans aigreur ni bassesse, louant hardiment ses protecteurs tombés [1], ne craignant pas de s'exposer par là à perdre les seules ressources qu'il eût encore. Il était noble par nature, et il l'était aussi par raison. Il jugeait qu'il y a du bon sens à être honnête. Son premier soin, comme il le dit, était de ranger ses passions « du côté de la vérité. » Il s'était fait intérieurement un portrait de la créature raisonnable, et y

---

1. Par exemple, Halifax.

conformait sa conduite autant par réflexion que par instinct. Il appuyait chaque vertu sur un ordre de principes et de preuves. Sa logique nourrissait sa morale, et la rectitude de son esprit achevait la droiture de son cœur. Sa religion, tout anglaise, était pareille. Il appuyait sa foi sur une suite régulière de discussions historiques [1]; il établissait l'existence de Dieu par une suite régulière d'inductions morales; la démonstration minutieuse et solide était partout le guide et l'auteur de ses croyances et de ses émotions. Ainsi disposé, il aimait à concevoir Dieu comme le chef raisonnable du monde; il transformait les accidents et les nécessités en calculs et en directions; il voyait l'ordre et la Providence dans le conflit des choses, et sentait autour de lui la sagesse qu'il tâchait de mettre en lui-même. Il se confiait en Dieu, comme un être bon et juste qui se sent aux mains d'un être juste et bon; il vivait volontiers dans sa pensée et en sa présence, et songeait à l'avenir inconnu qui doit achever la nature humaine et accomplir l'ordre moral. Quand vint la fin, il repassa sa vie et se trouva on ne sait quel tort envers Gay; ce tort était bien léger sans doute, puisque Gay ne le soupçonnait pas. Addison le pria de venir auprès de son lit, et lui demanda pardon. Au moment de mourir, il voulut encore être utile, et fit approcher lord Warwick, son beau-fils, dont la légèreté l'avait inquiété plus d'une fois. Il était si faible que d'abord il

---

1. *Défense du christianisme.*

ne put parler. Le jeune homme, après avoir attendu un instant, lui dit : « Cher Monsieur, vous m'avez fait
« demander ; je crois, j'espère que vous avez quel-
« ques commandements à me donner ; je les tiendrai
« pour sacrés. » Le mourant, avec un effort, lui serra la main et répondit doucement : « Voyez dans quelle
« paix un chrétien peut mourir. » Un instant après, il expira.

III

« La grande et l'unique fin de ces considérations,
« dit Addison dans un numéro du *Spectator*, est de
« bannir le vice et l'ignorance du territoire de la
« Grande-Bretagne [1]. » Et il tient parole. Ses journaux sont tout moraux, conseils aux familles, réprimandes aux femmes légères, portrait de l'honnête homme, remèdes contre les passions, réflexions sur Dieu, la religion, la vie future. Je ne sais pas, ou plutôt je sais très-bien, quel succès aurait en France une gazette de sermons. En Angleterre, il fut extraordinaire, égal à celui des plus heureux romanciers modernes. Dans le désastre de toutes les Revues ruinées par l'impôt de la presse, le *Spectator* doubla son prix et resta debout. C'est qu'il offrait aux Anglais la peinture de la raison anglaise ; le talent et la doctrine se trouvaient conformes aux besoins du siècle et du pays.

1. The great and only end of these speculations is to banish vice and ignorance out of the territories of Great Britain.

Essayons de décrire cette raison qui peu à peu s'est dégagée du puritanisme et de sa rigidité, de la Restauration et de son carnaval. En même temps que la religion et l'État, l'esprit atteint son équilibre. Il conçoit la règle et discipline sa conduite ; il s'écarte de la vie excessive et s'établit dans la vie sensée ; il fuit la vie corporelle et prescrit la vie morale. Addison rejette avec dédain la grosse joie physique, le plaisir brutal du bruit et du mouvement [1]. « Est-il possible, » dit-il en parlant des farces et des assauts de grimaces, « que la nature humaine se réjouisse de sa honte, « prenne plaisir à voir sa propre figure tournée en « ridicule et travestie en des formes qui excitent « l'horreur et l'aversion? Il y a quelque chose de bas « et d'immoral à pouvoir supporter une telle vue [2]. » A plus forte raison s'élève-t-il contre la licence sans naïveté et la débauche systématique qui fut le goût et l'opprobre de la Restauration. Il écrit des articles entiers contre les jeunes gens à la mode, « sorte de vermine » qui remplit Londres de ses bâtards ; contre les séducteurs de profession, qui sont les « chevaliers errants » du vice. « Quand des gens de rang et d'im- « portance emploient leur vie à ces pratiques et à ces

---

1. I would leave it to the consideration of those who are the patrons of this monstrous trial of skill, whether or no they are not guilty, in some measure, of an affront to their species, in treating after this manner the Human Face Divine. (*Spectator*, n° 173.)

2. Is it possible that human nature can rejoice in its disgrace, and take pleasure in seeing its own figure turned to ridicule, and distorted into forms that raise horror and aversion? There is something disingenuous and immoral in the being able to bear such a sight.
(*Tatler*, n° 108.)

« poursuites criminelles, ils devraient considérer
« qu'il n'y a point d'homme si bas par sa condition et
« sa naissance au-dessous duquel leur infamie ne les
« dégrade[1]. » Il raille sévèrement les femmes qui
s'exposent aux tentations et qu'il appelle des salamandres : « Une salamandre est une sorte d'héroïne
« de chasteté qui marche sur le feu et vit au milieu
« des flammes sans être brûlée. Elle reçoit auprès de
« son lit un homme qui vient lui faire visite, joue
« avec lui toute une après-midi au piquet, se pro-
« mène avec lui deux ou trois heures au clair de la
« lune, devient familière avec un étranger dès la pre-
« mière vue, et n'a pas l'étroitesse d'esprit de regar-
« der si la personne à qui elle parle a des culottes ou
« des jupons[2]. » Il combat en prédicateur l'usage des
robes décolletées, et redemande gravement la chemisette et la décence des anciens jours : « La modes-
« tie donne à la jeune fille une beauté plus grande
« que la fleur de la jeunesse, répand sur l'épouse la
« dignité d'une matrone, et rétablit la veuve dans sa

1. When men of rank and figure pass away their lives in these criminal pursuits and practices, they ought to consider that they render themselves more vile and despicable than any innocent man can be, whatever low station his fortune or birth have placed him in.
(*Guardian*, n° 123.)

2. A salamander is a kind of heroine in chastity, that treads upon fire, and lives in the midst of flames, without being hurt. A salamander knows no distinction of sex in those she converses with, grows familiar with a stranger at first sight, and is not so narrow-spirited as to observe whether the person she talks to be in breeches or in petticoats. She admits a male visitant to her bed-side, plays with him a whole afternoon at picquette, walks with him two or three hours by moon-light. (*Spectator*, n° 198.)

« virginité¹. » Vous trouverez plus loin des semonces sur les mascarades qui finissent en rendez-vous ; des préceptes sur le nombre de verres qu'on peut boire et des plats qu'on peut manger ; des condamnations contre les libertins professeurs d'irréligion et de scandale ; toutes maximes aujourd'hui un peu plates, mais nouvelles et utiles, parce que Wycherley et Rochester avaient mis les maximes contraires en pratique et en crédit. La débauche passait pour française et de bel air ; c'est pourquoi Addison proscrit par surcroît toutes les frivolités françaises. Il se moque des femmes qui reçoivent les visiteurs à leur toilette et parlent haut au théâtre. « Rien ne les expose à de plus grands dan-
« gers que cette gaieté et cette vivacité d'humeur. La
« conversation et les manières des Français travaillent
« à rendre le sexe plus frivole ou (comme il leur
« plaît de l'appeler) plus éveillé que ne le permettent
« la vertu et la discrétion. Au contraire, le souci de
« toute femme honnête et sage doit être d'empêcher
« que son enjouement ne dégénère en légèreté². »

1. To prevent these saucy familiar glances, I would entreat my gentle readers to sew on their tuckers again, to retrieve the modesty of their characters, and not to imitate the nakedness but the innocence of their mother Eve.
In short, modesty gives the maid greater beauty than even the bloom of youth ; it bestows on the wife the dignity of the matron and reinstates the widow in her virginity.
(*Guardian*, n° 100, et *Spectator*, n°⁸ 204 et 224.)
2. There is nothing that exposes a woman to greater dangers than that gaiety and airiness of temper, which are natural to most of the sex. It should be therefore the concern of every wise and virtuous woman to keep this sprightliness from degenerating into

Vous voyez déjà dans ces reproches le portrait de la ménagère sensée, de l'honnête épouse anglaise, sédentaire et grave, tout occupée de son mari et de ses enfants. Addison revient à vingt reprises contre les manéges, les jolies enfances affectées, la coquetterie, les futilités des dames. Il ne peut souffrir les habitudes évaporées ou oisives. Il abonde en épigrammes développées contre les galanteries, les toilettes exagérées, les visites vaines [1]. Il écrit le journal satirique de l'homme qui va au club, apprend les nouvelles, bâille, regarde le baromètre, et croit son temps bien rempli. Il juge que notre temps est un capital, nos occupations des devoirs et notre vie une affaire.

Rien qu'une affaire. S'il se tient au-dessus de la vie sensuelle, il reste au-dessous de la vie philosophique. Sa morale, tout anglaise, se traîne toujours terre à terre, parmi les lieux communs, sans découvrir des principes, sans serrer des déductions. Les hautes et fines parties de l'esprit lui manquent. Il donne aux gens des conseils applicables, quelque consigne bien claire, justifiée par les événements d'hier, utile pour la journée de demain. Il remarque que les pères ne doivent point être inflexibles et que souvent ils se repentent lorsqu'ils ont poussé leurs enfants au désespoir. Il découvre que les mauvais livres sont pernicieux, parce que leur durée porte leur venin jusqu'aux

---

levity. On the contrary the whole discourse and behaviour of the French is to make the sex more fantastical, or (as they are pleased to term it) more awakened than is consistent either with virtue or discretion. (*Spectator*, n° 45.)

1. *Spectator*, 317 et 323

générations futures. Il console une femme qui a perdu son fiancé en lui représentant les infortunes de tant d'autres personnes qui souffrent en ce moment de plus grands maux. Son *Spectator* n'est qu'un manuel de l'honnête homme et ressemble souvent au *Parfait notaire*. C'est qu'il est tout pratique, occupé non à nous distraire, mais à nous corriger. Le consciencieux protestant, nourri de dissertations et de morale, demande un moniteur effectif, un guide ; il veut que sa lecture profite à sa conduite et que son journal lui suggère une résolution. A ce titre Addison prend des motifs partout. Il songe à la vie future, mais il n'oublie pas la vie présente ; il appuie la vertu sur l'intérêt bien entendu. Il ne pousse à bout aucun principe ; il les accepte tous, tels qu'on les trouve dans le domaine public, d'après leur bonté visible, ne tirant que leurs premières conséquences, évitant la puissante pression logique qui gâte tout, parce qu'elle exprime trop. Regardez-le établir une maxime, par exemple nous recommander la constance ; ses motifs sont de toute sorte et pêle-mêle : d'abord l'inconstance nous expose aux mépris ; ensuite elle nous met dans une inquiétude perpétuelle ; en outre, elle nous empêche le plus souvent d'atteindre notre but ; d'ailleurs elle est le grand trait de la condition humaine et mortelle : enfin elle est ce qu'il y a de plus contraire à la nature immuable de Dieu qui doit être notre modèle. Le tout est illustré à la fin par une citation de Dryden et des vers d'Horace. Ce mélange et ce décousu peignent bien l'esprit ordinaire qui reste au niveau de son auditoire, et l'esprit pratique qui sait maîtriser son auditoire. Addison persuade le public, parce qu'il puise aux sources publiques de croyance. Il est puissant parce qu'il est vulgaire, et utile parce qu'il est étroit.

Figurez-vous maintenant cet esprit moyen par excellence, tout occupé à découvrir de bons motifs d'action. Quel personnage réfléchi, toujours égal et digne ! Comme il est muni de résolutions et de maximes ! Tout ce qui est verve, instinct, inspiration, caprice, est en lui aboli ou discipliné. Il n'y a point de cas qui le surprenne ou l'emporte. Il est toujours préparé et à l'abri. Il l'est si bien qu'il semble un automate. Le raisonnement l'a figé et envahi. Voyez, par exemple, de quel style il nous met en garde contre l'hypocrisie involontaire, annonçant, expliquant, distinguant les moyens en ordinaires et en extraordinaires, se traînant en exordes, en préparations, en exposés de méthodes, en commémorations de la sainte Écriture [1]. Après six lignes de cette morale, un Français irait prendre l'air dans la rue. Que ferait-il, bon Dieu ! si pour l'exciter à la piété on l'avertissait [2] que l'omniscience et l'omniprésence de Dieu nous fournissent trois sortes de motifs, et si on lui développait démonstrativement ces trois sortes, la première, la seconde et la troisième ? Mettre partout le calcul, arriver avec des poids et des chiffres au milieu des passions vivantes, les étiqueter, les classer comme

1. *Spectator*, 397. — 2. *Ibid.*, 571.

des ballots, annoncer au public que l'inventaire est fait, le mener, comptes en main et par la seule vertu de la statistique, du côté de l'honneur et du devoir, voilà la morale chez Addison et en Angleterre. C'est une sorte de bon sens commercial appliqué aux intérêts de l'âme; un prédicateur là-bas n'est qu'un économiste en rabat, qui traite de la conscience comme des farines, et réfute le vice comme les prohibitions.

Rien de sublime ni de chimérique dans le but qu'il nous propose; tout y est pratique, c'est-à-dire bourgeois et sensé; il s'agit « d'être à l'aise ici-bas, et « heureux plus tard [1]. » *To be easy*, mot intraduisible, tout anglais, qui signifie l'état confortable de l'âme, état moyen de satisfaction calme, d'action approuvée et de conscience sereine. Addison le compose de travail et de fonctions viriles soigneusement et régulièrement accomplies. Il faut voir avec quelle complaisance il peint dans sir Roger et dans le Freeholder les sérieux contentements du citoyen et du propriétaire : « J'ai choisi ce titre de franc-tenancier,
« dit-il, parce qu'il est celui dont je me glorifie le
« plus, et qui rappelle le plus efficacement en mon
« esprit le bonheur du gouvernement sous lequel je
« vis. Comme franc-tenancier anglais, je n'hésiterais
« pas à prendre le pas sur un marquis français, et
« quand je vois un de mes compatriotes s'amuser
« dans son petit jardin à choux, je le regarde instinc-
« tivement comme un plus grand personnage que le

---

1. To be easy here and happy afterwards.

« propriétaire du plus riche vignoble en Champagne....
« Il y a un plaisir indicible à appeler une chose sa
« propriété. Une terre franche, quand elle ne se com-
« poserait que de neige et de glace, rend son maître
« heureux de sa possession et résolu pour sa dé-
« fense.... Je me considère comme un de ceux qui
« donnent leur consentement à toutes les lois qui
« passent. Un franc-tenancier, par la vertu de l'élec-
« tion, n'est éloigné que d'un degré du législateur, et
« par cette raison doit se lever pour la défense des
« lois qui sont jusqu'à un certain point son ou-
« vrage [1]. » Ce sont là tous les sentiments anglais,
composés de calcul et d'orgueil, énergiques et aus-
tères, et ce portrait s'achève par celui de l'homme
marié : « Rien n'est plus agréable au cœur de l'homme
« que le pouvoir ou la domination, et je me trouve
« largement partagé à cet égard, à titre de père de
« famille. Je suis perpétuellement occupé à donner
« des ordres, à prescrire des devoirs, à écouter des

---

[1] I have rather chosen this title than another, because it is what I most glory in, and most effectually calls to my mind the happiness of that government under which I live. As a British freeholder, I should not scruple taking place of a French Marquis ; and when I see one of my countrymen amusing himself in his little cabbage-garden, I naturally look upon him as a greater person than the owner of the richest vineyard in Champagne.... There is an unspeakable pleasure in calling anything one's own. A Freehold, though it be but in ice and snow, will make the owner pleased in the possession and stout in the defence of it.... I consider myself as one who give my consent to every law which passes.... A freeholder is but one remove from a legislator, and for that reason ought to stand up in the defence of those laws which are in some degree of his own making. (*Freeholder*, n° 1.)

« parties, à administrer la justice, à distribuer des
« récompenses et des punitions. Bref, je regarde
« ma famille comme un État patriarcal où je suis à la
« fois roi et prêtre.... Quand je vois mon petit peuple
« devant moi, je me réjouis d'avoir fourni des accrois-
« sements à mon espèce, à mon pays, à ma religion,
« en produisant un tel nombre de créatures raison-
« nables, de citoyens et de chrétiens. Je suis content
« de me voir ainsi perpétué; et comme il n'y a point
« de production comparable à celle d'une créature
« humaine, je suis plus fier d'avoir été l'occasion de
« dix productions aussi glorieuses, que si j'avais bâti
« à mes frais cent pyramides ou publié cent volumes
« du plus bel esprit et de la plus belle science [1]. » Si
maintenant vous prenez l'homme hors de sa terre et
de son ménage, seul à seul avec lui-même, dans les
moments d'oisiveté ou de rêverie, vous le trouverez
aussi positif. Il observe pour former sa raison et celle

---

1. Nothing is more gratifying to the mind of man than power or dominion; and this I think myself amply possessed of, as I am the father of a family. I am perpetually taken up in giving out orders, in prescribing duties, in hearing parties, in administering justice, and in distributing rewards and punishments.... I look upon my family as a patriarchal sovereignty in which I am myself both king and priest.... When I see my little troop before me, I rejoice in the additions I have made to my species, to my country, to my religion, in having produced such a number of reasonable creatures, citizens, and christians. I am pleased to see myself thus perpetuated; and as there is no production comparable to that of a human creature, I am more proud of having been the occasion of ten such glorious productions, than if I had built a hundred pyramids at my own expense, or published as many volumes of the finest wit and learning. (*Spectator*, n° 500.)

des autres; il s'approvisionne de morale; il veut tirer le meilleur parti de lui-même et de la vie. C'est pourquoi il songe à la mort. L'homme du Nord porte volontiers sa pensée vers la dissolution finale et l'obscur avenir. Addison choisit souvent pour lieu de promenade la sombre abbaye de Westminster, pleine de tombes. « Il se plaît à regarder les fosses qu'on creuse « et les fragments d'os et de crânes que roule chaque « pelletée de terre, » et considérant la multitude d'hommes de toute espèce qui maintenant confondus sous les pieds ne font plus qu'une poussière, il pense « au grand jour où tous les mortels, contemporains, « apparaîtront ensemble [1] » devant le juge, pour entrer dans l'éternité heureuse ou malheureuse qui les attend. Et tout de suite son émotion se transforme en méditations profitables. Au fond de sa morale est une balance qui pèse des quantités de bonheur. Il s'excite par des comparaisons mathématiques à préférer l'avenir au présent. Il essaye de se représenter, par des amas de chiffres, la disproportion de notre courte durée et de l'éternité infinie. Ainsi naît cette religion, œuvre du tempérament mélancolique et de la logique acquise, où l'homme, sorte de Hamlet calculateur, aspire à l'idéal en s'arrangeant une bonne

---

1. Upon my going into the church I entertained myself with the digging of a grave, and saw in every shovelful of it that was thrown up the fragment of a bone or skull intermixt with a kind of mouldering earth, that some time or other, had a place in the composition of a human body.... I consider that great day when we shall all of us be contemporaries and make our appearance together. (*Spectator*, n°ˢ 26 et 575.)

affaire et soutient ses sentiments de poëte par des additions de financier.

En pareil sujet, ces habitudes choquent. Il ne faut pas vouloir trop définir et prouver Dieu; la religion est plutôt une affaire de sentiment que de science; on la compromet quand on exige d'elle des démonstrations trop rigoureuses et des dogmes trop précis. C'est le cœur qui voit le ciel; si vous voulez m'y faire croire, comme vous me faites croire aux antipodes par des récits et des vraisemblances géographiques, j'y croirai mal ou je n'y croirai point. Addison n'a guère que des arguments de collége ou d'édification assez semblables à ceux de l'abbé Pluche, qui laissent les objections entrer par toutes leurs fentes, et qu'il ne faut prendre que comme des exercices de dialectique ou comme des sources d'émotion. Joignez-y des motifs d'intérêt et des calculs de prudence qui peuvent faire des recrues, mais non des convertis : voilà ses preuves. On trouve un fonds de grossièreté dans cette façon de traiter les choses divines, et on aime encore moins l'exactitude avec laquelle il explique Dieu, le réduisant à n'être qu'un homme agrandi. Cette netteté et cette étroitesse vont jusqu'à décrire le ciel. « Il est
« un endroit où la Divinité se dévoile par une gloire
« supérieure et visible. C'est là que, selon l'Écriture,
« les hiérarchies célestes et les légions innombrables
« des anges entourent perpétuellement le trône de
« Dieu de leurs alleluias et de leurs hymnes de
gloire.... Avec quel art doit être élevé le trône de
« Dieu ! Combien grande doit être la majesté d'un lieu

« où tout l'art de la création a été employé et que
« Dieu a choisi pour se manifester de la façon la plus
« magnifique ! Quelle doit être cette architecture
« élevée par la puissance infinie, sous la direction de la
« sagesse infinie¹ ! » De plus, l'endroit doit être très-
grand, et on y fait de la musique ; c'est un beau palais : probablement, n'est-ce pas, il y a des anti
chambres ? C'en est assez, je n'y veux point aller. —
La même précision littérale et lourde lui fait recher
cher quelle espèce de bonheur auront les élus². Ils
seront admis dans les conseils de la Providence et
comprendront toutes ses démarches « depuis le com-
« mencement jusqu'à la fin des temps. » De plus « il y
« a certainement dans les esprits une faculté par la-
« quelle ils se perçoivent les uns les autres, comme
« nos sens font des objets matériels, et il n'est pas
« douteux que nos âmes, quand elles seront délivrées
« de leurs corps ou placées dans des corps glorieux,
« pourront par cette faculté, en quelque partie de
« l'espace qu'elles résident, apercevoir toujours la

---

1. Though the Deity be thus essentially present through all the immensity of space, there is one part of it in which he discovers himself in a most transcendent and visible glory.... It is here where the glorified body of our Saviour resides, and where all the celestial hierarchies and the innumerable hosts of angels are represented as perpetually surrounding the seat of God with hallelujahs and hymns of praise..... With how much skill must the throne of God be erect-ed !... How great must be the majesty of that place, where the whole art of creation has been employed, and where God has chosen to show himself in the most magnificent manner ! What must be the architecture of infinite power under the direction of infinite wisdom! (*Spectator*, n°⁸ 580 et 531.)

2. *Spectator*, 237, 571, 600.

« présence divine¹. » Vous répugnez à cette philosophie si basse. Un mot d'Addison va la justifier et vous la faire entendre : « L'affaire du genre humain « dans cette vie, dit-il, est bien plutôt d'agir que de « savoir². » Or, une pareille philosophie est aussi utile dans l'action que plate dans la science. Toutes ses fautes en spéculation deviennent des mérites en pratique. Elle suit terre à terre la religion positive³ : quel appui pour elle que l'autorité d'une tradition ancienne, d'une institution nationale, d'un clergé établi, de cérémonies visibles, d'habitudes journalières ! Elle emploie pour arguments l'utilité publique, l'exemple des grands hommes, la grosse logique, l'interprétation littérale et les textes palpables ; quel meilleur moyen de gouverner la foule que de rabaisser les preuves jusqu'à la vulgarité de son intelligence et de ses besoins ! Elle humanise Dieu : n'est-ce pas la seule voie de le faire entendre ? Elle définit presque sensiblement la vie future : n'est-ce pas la seule voie pour la faire désirer ? La poésie des grandes inductions philosophiques est faible auprès de la persuasion intime enracinée par tant de descriptions positives et détaillées. Ainsi naît la piété active,

---

1. There is doubtless a faculty in spirits by which they apprehend one another, as our senses do material objects, and there is no doubt but our souls, when they are disembodied, or placed in glorified bodies, will, by this faculty, in whatever part of space they reside, be always sensible of the Divine Presence.
(*Spectator*, nᵒˢ 571, 237 et 600.)
2. The business of mankind in this life is rather to act than to know.
3. Tatler, 257.

et la religion ainsi faite double la trempe du ressort moral. Celle d'Addison est belle, tant elle est forte. L'énergie du sentiment sauve les misères du dogme. Sous ses dissertations on sent qu'il est ému ; les minuties, la pédanterie disparaissent. On ne voit plus en lui qu'une âme pénétrée jusqu'au fond d'adoration et de respect ; ce n'est plus un prédicateur qui aligne les attributs de Dieu et fait son métier de bon logicien : c'est un homme qui naturellement et par sa seule pente revient devant un spectacle auguste, en parcourt avec vénération tous les aspects, et ne le quitte que le cœur renouvelé ou confondu. Il n'y a pas jusqu'à des prescriptions de catéchisme que la sincérité de ses émotions ne rende respectables. Il demande des jours fixes de dévotion et de méditation qui puissent régulièrement nous rappeler à la pensée de notre Créateur et de notre foi. Il insère des prières dans ses feuilletons. Il interdit les jurons en nous recommandant d'avoir perpétuellement présente l'idée du souverain Maître. « Cet hommage habituel ban« nirait d'entre nous l'impiété à la mode qui consiste « à employer son nom dans les occasions les plus tri« viales.... Ce serait un affront pour la raison que « de mettre en lumière l'horreur et le sacrilége d'une « telle pratique [1]. » Un Français, au premier mot,

1. Such an habitual homage to the Supreme Being would in a particular manner banish from among us that prevailing impiety of using his name on the most trivial occasions.... What can we think of those who make use of so tremendous a name in the ordinary expressions of their anger, mirth, and most impertinent passions? Of those who admit it into the most familiar questions and assertions,

entendant qu'on lui défend de jurer, rirait peut-être : à ses yeux, c'est là une affaire de bon goût, non de morale. Mais s'il entendait Addison lui-même prononcer ce que je viens de traduire, il ne rirait plus.

IV

Ce n'est pas une petite affaire que de mettre la morale à la mode. Addison l'y mit, et elle y resta. Auparavant les gens honnêtes n'étaient point polis, et les gens polis n'étaient point honnêtes; la piété était fanatique et l'urbanité débauchée ; dans les mœurs, comme dans les lettres, on ne rencontrait que des puritains ou des libertins. Pour la première fois, Addison réconcilia le vertu avec l'élégance, enseigna le devoir en style accompli, et mit l'agrément au service de la raison.

« On rapporte de Socrate, dit-il, qu'il fit descendre
« la philosophie du ciel pour la loger parmi les
« hommes. Mon ambition sera qu'on dise de moi que
« j'ai fait sortir la philosophie des cabinets et des bi-
« bliothèques, des écoles et des colléges, pour l'in-
« staller dans les clubs et dans les assemblées, aux
« tables à thé et aux cafés. Ainsi je recommande fort
« particulièrement mes méditations à toutes les fa-

---

ludicrous phrases and works of humour? Not to mention those who violate it by solemn perjuries? It would be an affront to reason, to endeavour to set forth the horror and profaneness of such a practice

(*Spectator*, n° 535.)

« milles bien réglées, qui chaque matin réservent
« une heure au déjeuner de thé, pain et beurre, les
« engageant, pour leur bien, à se faire servir ponc-
« tuellement cette feuille, comme un appendice des
« cuillers et du plateau[1]. » Vous voyez ici un demi-
sourire ; une petite ironie est venue tempérer l'idée
sérieuse ; c'est l'accent d'un homme poli qui au premier signe d'ennui tourne, s'égaye, même à ses dépens, finement, et veut plaire. C'est partout l'accent
d'Addison.

Que d'art il faut pour plaire! D'abord l'art de se
faire entendre, du premier coup, toujours, jusqu'au
fond, sans peine pour le lecteur, sans réflexion, sans
attention! Figurez-vous des hommes du monde qui
lisent une page entre deux bouchées de gâteau[2], des
dames qui interrompent une phrase pour demander
l'heure du bal : trois mots spéciaux ou savants leur
feraient jeter le journal. Ils ne veulent que des termes
clairs, de l'usage commun, où l'esprit entre de pri-
mesaut comme dans les sentiers de la causerie ordinaire ; en effet, pour eux, la lecture n'est qu'une cau-

---

1. It was said of Socrates that he brought philosophy down from Heaven, to inhabit among men ; and I shall be ambitious to have it said of me that I have brought philosophy out of closets and libra-ries, schools and colleges, to dwell in clubs and assemblies, at tea-tables and in coffee-houses. I would therefore in a very particular manner recommend those my speculations to all well regulated fa-milies that set apart an hour in every morning for tea, and bread and butter; and would earnestly advise them for their good to order this paper to be punctually served up, and to be looked upon as a part of the tea equipage. (*Spectator*, n° 10.)

2. Bohea-rolls.

serie et meilleure que l'autre. Car le monde choisi raffine le langage. Il ne souffre point les hasards ni les à-peu-près de l'improvisation et de l'inexpérience. Il exige la science du style comme la science des façons. Il veut des mots exacts qui expriment les fines nuances de la pensée, et des mots mesurés qui écartent les impressions choquantes ou extrêmes. Il souhaite des phrases développées qui, lui présentant la même idée sous plusieurs faces, l'impriment aisément dans son esprit distrait. Il demande des alliances de mots qui, présentant une idée connue sous une forme piquante, l'enfoncent vivement dans son imagination distraite. Addison lui donne tout ce qu'il désire; ses écrits sont la pure source du style classique; jamais en Angleterre on n'a parlé de meilleur ton. Les ornements y abondent, et jamais la rhétorique n'y a part. Partout de justes oppositions qui ne servent qu'à la clarté et ne sont point trop prolongées; d'heureuses expressions aisément trouvées qui donnent aux choses un tour ingénieux et nouveau; des périodes harmonieuses où les sons coulent les uns dans les autres avec la diversité et la douceur d'un ruisseau calme; une veine féconde d'inventions et d'images où luit la plus aimable ironie. Pardonnez au traducteur qui essaye d'en donner un exemple dans cette moqueuse peinture du poëte et de ses libertés : « Il n'est pas contraint d'accompagner la Na-
« ture dans la lente démarche qui la mène d'une sai-
« son à l'autre, ou de suivre sa conduite dans la
« production successive des plantes et des fleurs. Il

« peut accumuler dans sa description toutes les beau-
« tés du printemps et de l'automne, et, pour être plus
« agréable, mettre tous les mois à contribution. Ses
« **rosiers**, ses **chèvrefeuilles**, ses **jasmins** fleuriront
« **ensemble**, et ses plates-bandes se couvriront en
« même temps d'**amarantes**, de **violettes** et de **lis**.
« Chez lui le sol n'est point réduit à certaines sortes
« de plantes; il convient également au chêne et au
« myrte, et s'accommode de lui-même aux produits
« de tous les climats. Ses orangers peuvent y croître
« sauvages; il y aura des myrtes dans chaque haie;
« s'il trouve bon d'avoir un bosquet d'aromates, il se
« procurera en un moment assez de soleil pour le
« voir lever. Si tout cela n'est point assez pour lui
« arranger un paysage agréable, il peut faire des es-
« pèces de fleurs nouvelles, aux parfums plus riches,
« aux couleurs plus puissantes que toutes celles qui
« croissent dans les jardins de la nature. Ses concerts
« d'oiseaux peuvent être aussi riches et aussi harmo-
« nieux, ses bois aussi épais et aussi sombres qu'il
« le désire. Une vaste perspective lui coûte aussi peu
« qu'une petite; il peut aussi aisément lancer ses cas-
« cades sur un précipice haut d'un demi-mille que
« sur un rocher de dix toises. Il a les vents à son
« choix, et peut conduire les cours sinueux de ses
« rivières par tous les détours variés qui charmeront
« le mieux l'imagination du lecteur [1]. » Je trouve

---

1. He is not obliged to attend her in the slow advances which she makes from one season to another, or to observe her conduct in the successive production of plants or flowers. He may draw into his

qu'Addison profite ici des droits qu'il accorde, et s'amuse, en nous expliquant comment on peut nous amuser. Tel est le ton charmant du monde. En lisant ces essais, on l'imagine encore plus aimable qu'il n'est; nulle prétention; jamais d'efforts; des ménagements infinis qu'on emploie sans le vouloir et qu'on obtient sans les demander; le don d'être enjoué et agréable; un badinage fin, des railleries sans aigreur, une gaieté soutenue; l'art de prendre en toute chose la fleur la plus épanouie et la plus fraîche, et de la respirer sans la froisser ni la ternir; la science, la politique, l'expérience, la morale apportant leurs plus beaux fruits, les parant, les offrant au moment choisi, promptes à se retirer dès que la conversation les a goûtés et avant qu'elle ne s'en lasse; les dames placées au premier

description all the beauties of the spring and autumn, and make the whole year contribute something to render it more agreeable. His rose-trees, woodbines, and jessamines may flower together and his beds be covered ad the same time with lilies, violets, and amaranths. His soil is not restrained to any particular set of plants, but is proper either for oaks or myrtles, and adapts itself to the produces of every climate. Oranges may grow wild in it; myrtles may be met with in every hedge; and if he thinks it proper to have a grove of spices, he can quickly command sun enough to raise it. If all this will not furnish out any agreeable scene, he can make several new species of flowers, with richer scents and higher colours, than any that grow in the gardens of nature. His concerts of birds may be as full and harmonious, and his woods as thick and gloomy as he pleases. He is at no more expense in a long vista than a short one, and can as easily throw his cascades from a precipice of half a mile high as from one of twenty yards. He has his choice of the winds and can turn the course of his rivers in all the variety of meanders that are most delightful to the reader's imagination.

(*Spectator*, n° 148.)

rang[1], arbitres des délicatesses, entourées d'hommages, achevant la politesse des hommes et l'éclat du monde par l'attrait de leurs toilettes, la finesse de leur esprit et la grâce de leurs sourires : voilà le spectacle intérieur où l'écrivain s'est formé et s'est complu.

V

Tant d'avantages ne vont point sans inconvénients. Les bienséances du monde, qui atténuent les expressions, émoussent le style ; à force de régler ce qui est primesautier et de tempérer ce qui est véhément, elles amènent le langage effacé et uniforme. Il ne faut point toujours vouloir plaire, surtout plaire à l'oreille. M. de Chateaubriand se glorifiait de n'avoir pas admis une seule élision dans le chant de Cymodocée ; tant pis pour Cymodocée. Pareillement, les commentateurs qui notent dans Addison le balancement des périodes lui font tort[2]. Ils expliquent ainsi pourquoi il ennuie un peu. La rotondité des phrases est un misérable mérite et nuit aux autres. Calculer les longues et les brèves, poursuivre partout l'euphonie, songer aux cadences finales, toutes ces re-

---

1. *Spectator*, 423, 265.
2. Voyez la jolie et minutieuse analyse de Hurd, la décomposition de la période, la proportion des longues et des brèves, l'étude des finales. — Un musicien ne ferait pas mieux.

(*Spectator*, n° 411.)

cherches classiques gâtent un écrivain. Chaque idée a son accent, et tout notre travail doit être de le rendre franc et simple sur notre papier comme il l'est dans notre esprit. Nous devons copier et noter notre pensée avec le flot d'émotions et d'images qui la soulèvent, sans autre souci que celui de l'exactitude et de la clarté. Une phrase vraie vaut cent périodes nombreuses; l'une est un document qui fixe pour toujours un mouvement du cœur ou des sens; l'autre est un joujou bon pour amuser des têtes vides de versificateurs; je donnerais vingt pages de Fléchier pour trois lignes de Saint-Simon. Le rhythme régulier mutile l'élan de l'invention naturelle; les nuances de la vision intérieure disparaissent; nous ne voyons plus une âme qui pense ou sent, mais des doigts qui scandent : la période continue ressemble aux ciseaux de La Quintinie, qui tondent tous les arbres en boule, sous prétexte de les orner. C'est pourquoi il y a quelque froideur dans le style d'Addison, quelque monotonie. Il a l'air de s'écouter parler. Il est trop modéré, trop correct. Ses histoires les plus touchantes, par exemple celle de Théodose et Constance, touchent médiocrement; qui aurait envie de pleurer en écoutant des périodes comme celle-ci? « Constance, sa-
« chant que la nouvelle de son mariage pouvait seule
« avoir poussé son amant à de telles extrémités, ne
« voulait pas recevoir de consolations; elle s'accusait
« elle-même à présent d'avoir si docilement prêté
« l'oreille à une proposition de mariage, et regar-
« dait son nouveau prétendant comme le meurtrier

« de Théodose ; bref, elle se résolut à souffrir les der-
« niers effets de la colère de son père plutôt que de
« se soumettre à un mariage qui lui paraissait si plein
« de crime et d'horreur[1]. » Est-ce ainsi qu'on peint
l'horreur et le crime ? Où sont les mouvements passionnés qu'Addison prétend peindre ? Ceci est raconté,
mais n'est point *vu*.

Au fond, le classique ne sait pas *voir*. Toujours mesuré et raisonnable, il s'occupe avant tout de proportionner et d'ordonner. Il a ses règles en poche et
les tire à tout propos. Il ne remonte pas à la source
du beau du premier coup, comme les vrais artistes,
par la violence et la lucidité de l'inspiration naturelle ;
il s'arrête dans les régions moyennes, parmi les préceptes, sous la conduite du goût et du sens commun.
C'est pour cela que la critique, chez Addison, est si
solide et si médiocre. Ceux qui cherchent des idées
feront bien de ne point lire son *Essai sur l'imagination*,
si vanté, si bien écrit, mais d'une philosophie si
écourtée, si ordinaire, toute rabaissée par l'intervention des causes finales. Son célèbre commentaire du
Paradis perdu ne vaut guère mieux que les dissertations de Batteux et du P. Bossu. Il y a tel endroit où

---

1. Constantia who knew that nothing but the report of her marriage could have driven him to such extremities, was not to be comforted ; she now accused herself for having so tamely given an ear to the proposal of a husband, and looked upon the new lover as the murderer of Theodosius. In short she resolved to suffer the utmost effects of her father's displeasure rather than to comply with a marriage which appeared to her so full of guilt and horror.
(*Spectator*, n° 164.)

il compare, presque sur la même ligne, Homère, Virgile et Ovide. C'est que le bel ajustement d'un poëme en est pour lui le premier mérite. Les purs classiques goûtent mieux l'arrangement et le bon ordre que la vérité naïve et la forte invention. Ils ont toujours en main leur manuel de poésie : si vous êtes conforme au patron établi, vous avez du génie; sinon, non. Addison, pour louer Milton, établit que, selon la règle du poëme épique, l'action du *Paradis* est une, complète et grande ; que les caractères y sont variés et d'un intérêt universel, que les sentiments y sont naturels, appropriés et élevés; que le style y est clair, diversifié et sublime : maintenant, vous pouvez admirer Milton; il a un certificat d'Aristote. Écoutez par exemple ces froides minuties de la dissertation classique : « Si j'avais suivi la méthode de M. Bossu dans « mon premier article sur Milton, j'aurais daté l'ac- « tion du *Paradis perdu* du discours de Raphaël « au cinquième livre[1]. » — « Quoique l'allégorie du « Péché et de la Mort puisse en quelque mesure être « excusée par sa beauté, je ne saurais admettre que « deux personnages d'une existence si chimérique « soient les acteurs convenables d'un poëme épique. » Plus loin il définit les machines poétiques, les conditions de leur structure, l'utilité de leur emploi. Il me semble voir un menuisier qui vérifie la construction

---

1. Hal I followed monsieur Bossu's method in my first paper on Milton, I should have dated the action of Paradise lost from the beginning of Raphael's speech in this book, etc.

(*Spectator*, n° 327.)

d'un escalier. Ne croyez pas que les choses artificielles le choquent ; au contraire, il les admire. Il trouve sublimes les tirades de Dieu le père et les politesses monarchiques dont se régalent les personnages de la Trinité. Les campements des anges, leurs habitudes de chapelle et de caserne, leurs disputes d'école, leur style de puritains aigres ou de royalistes dévots n'ont pour lui rien de faux ni de désagréable. La pédanterie d'Adam et ses prédications de ménage lui semblent convenir au pur état d'innocence. En effet, les classiques des deux derniers siècles n'ont jamais conçu l'esprit humain que comme cultivé. L'enfant, l'artiste, le barbare, l'inspiré leur échappent ; à plus forte raison tous les personnages qui sont au delà de l'homme : leur monde se réduit à la terre, et la terre au cabinet d'étude et au salon ; ils n'atteignent ni Dieu ni la nature, ou, s'ils y touchent, c'est pour transformer la nature en un jardin compassé et Dieu en un surveillant moral. Ils réduisent le génie à l'éloquence, la poésie au discours, le drame au dialogue. Ils mettent la beauté dans la raison, sorte de faculté moyenne, impropre à l'invention, puissante pour la règle, qui équilibre l'imagination comme la conduite, et qui institue le goût arbitre des lettres en même temps que la morale arbitre des actions. Ils écartent les jeux de mots, les grossièretés sensuelles, les écarts d'imagination, les invraisemblances, les atrocités et tout le mauvais bagage de Shakspeare[1] ; mais ils ne le sui-

---

1. *Spectator*, 39, 40, 58.

vent qu'à demi dans les profondes percées par lesquelles il entre au cœur de l'homme pour y dévoiler l'animal et le Dieu. Ils veulent bien être touchés, mais non renversés ; ils souffrent qu'on les frappe, mais ils exigent qu'on leur plaise. Plaire raisonnablement, voilà l'objet de leur littérature. Telle est la critique d'Addison, semblable à son art, née, comme son art, de l'urbanité classique, appropriée, comme son art, à la vie mondaine, ayant la même solidité et les mêmes limites parce qu'elle a les mêmes sources, qui sont la règle et l'agrément.

VI

Encore faut-il songer que nous sommes ici en Angleterre, et que bien des choses n'y sont point agréables à un Français. C'est en France que l'âge classique a rencontré sa perfection ; de sorte que, comparés à lui, ceux des autres pays manquent un peu de fini. Addison, si élégant chez lui, ne l'est point tout à fait pour nous. Auprès de Tillotson, c'est le plus charmant homme du monde. Auprès de Montesquieu, il n'est qu'à demi poli. Sa conversation n'est pas assez vive ; les promptes allures, les faciles changements de ton, le sourire aisé, vite effacé et vite repris, ne s'y rencontrent guère. Il se traîne en phrases longues et trop uniformes ; sa période est trop carrée ; on pourrait l'alléger de tout un bagage de mots inutiles. Il annonce ce qu'il va dire, il marque les divisions et

les subdivisions, il cite du latin, même du grec ; il étale et allonge indéfiniment l'enduit utile et pâteux de sa morale. Il ne craint pas d'être ennuyeux. C'est que devant des Anglais cela n'est pas à craindre. Des gens qui aiment les sermons démonstratifs longs de trois heures ne sont point difficiles en fait d'amusement. Souvenez-vous que là-bas les femmes vont par plaisir aux *meetings* et se divertissent à écouter pendant une demi-journée des discours sur l'ivrognerie ou sur l'échelle mobile ; ces patientes personnes n'exigent point que la conversation soit toujours alerte et piquante. Par suite, elles peuvent souffrir une politesse moins fine et des compliments moins déguisés. Quand Addison les salue, ce qui lui arrive souvent, c'est d'un air grave, et sa révérence est toujours accompagnée d'un avertissement ; voyez ce mot sur les toilettes trop éclatantes : « Je contemplai ce petit groupe
« bigarré avec autant de plaisir qu'une planche de
« tulipes, et je me demandai d'abord si ce n'était pas
« une ambassade de reines indiennes ; mais, les ayant
« regardées de face, je me détrompai à l'instant et je
« vis tant de beauté dans chaque visage que je les
« reconnus pour anglais ; nul autre pays n'eût pu
« produire de telles joues, de telles lèvres et de tels
« yeux[1]. » Dans cette raillerie discrète, tempérée par

---

[1] I looked with as much pleasure upon this little party-coloured assembly as upon a bed of tulips and did not know at first whether it might not be an embassy of Indian queens ; but upon my going about in the pit, and taking them in front, I was immediately undeceived and saw so much beauty in every face, that I found them all

une admiration presque officielle, vous apercevez la manière anglaise de traiter les femmes ; l'homme, vis-à-vis d'elles, est toujours un prédicateur laïque ; elles sont pour lui des enfants charmants ou des ménagères utiles, jamais des reines de salon ou des égales comme chez nous. Quand Addison veut ramener les dames légitimistes au parti protestant, il les traite presque en petites filles à qui on promet, si elles veulent être sages, de leur rendre leur poupée ou leur gâteau [1]. « Elles devraient réfléchir aux grandes « souffrances et aux persécutions auxquelles elles

---

to be English. Such eyes and lips, cheeks and foreheads could not be the growth of any other country. The complexion of their faces hindered me from observing any farther the colour of their hoods, though I could easily perceive by that unspeakable satisfaction which appeared in their looks, that their own thoughts were wholly taken up in those pretty ornaments they wore upon their heads. (*Spectator*, n° 265.)

1. They should first reflect on the great sufferings and persecutions to which they expose themselves by the obstinacy of their behaviour. They lose their elections in every club where they are set up for toasts. They are obliged by their principle to stick a patch on the most unbecoming side of their foreheads. They forego the advantage of the birthday suits.... They receive no benefit from the army, and are never the better for all the young fellows that wear hats and feathers. They are forced to live in the country and feed their chickens at the same time that they might show themselves at court and appear in brocade, if they behaved themselves well. In short what must go to the heart of every fine woman, they throw themselves quite out of the fashion.... A man is startled when he sees a pretty bosom heaving with such party-rage, as is disagreeable even in that sex, which is of a more coarse and rugged make. — And yet such is our misfortune, that we sometimes see a pair of stays ready to burst with sedition, and hear the most masculine passions exprest in the sweetest voices.... Where a great number of flowers grow, the ground at distance seems entirely covered with them, and

« s'exposent par l'opiniâtreté de leur conduite. Elles
« ne sont plus élues dans les clubs quand on nomme
« les belles dont on boit la santé ; elles sont obligées
« par leurs principes de se coller une mouche sur le
« côté du front où cela va le plus mal ; elles se con-
« damnent à perdre les toilettes du jour de naissance ;
« il ne leur sert de rien qu'il y ait une armée et tant
« de jeunes gens porteurs de chapeaux à plumes ;
« elles sont forcées de vivre à la campagne et de
« nourrir leurs poulets, juste dans le temps où elles
« auraient pu se montrer à la cour et étaler une robe
« de brocart, si elles voulaient se bien conduire.... Un
« homme est choqué de voir un beau sein soulevé par
« une rage politique qui est déplaisante même dans
« un sexe plus rude et plus âpre.... Et cependant nous
« avons souvent le chagrin de voir un corset près
« d'être rompu par l'effort d'une colère séditieuse, et
« d'entendre les passions les plus viriles exprimées
« par les plus douces voix.... » Mais, heureusement,
ce chagrin est rare ; « là où croissent un grand nom-
« bre de fleurs, la terre de loin en semble couverte ;
« on est obligé d'avancer et d'entrer, avant de distin-
« guer le petit nombre de mauvaises herbes qui ont
« poussé dans ce bel assemblage de couleurs. » Cette galanterie est trop posée ; on est un peu choqué de voir
une femme touchée de si près par des mains si réfléchies. C'est de l'urbanité de moraliste ; il a beau être

---

we must walk into it before we can distinguish the several weeds
that spring up in such a beautiful mass of colours.
(*Freeholder*, n⁰ˢ 4 et 26.)

bien élevé, il n'est point tout à fait aimable, et, si nous devons aller prendre de lui des leçons de pédagogie et de conduite, il pourra venir chercher près de nous des modèles de savoir-vivre et de conversation.

VII

Si le premier soin du Français en société est d'être aimable, celui de l'Anglais est de rester digne ; leur tempérament les porte à l'immobilité, comme le nôtre nous porte aux gestes ; et leur plaisanterie est aussi grave que la nôtre est gaie. Le rire chez eux est tout en dedans ; ils évitent de se livrer ; ils s'amusent silencieusement. Consentez à comprendre ce genre d'esprit, il finira par vous plaire. Quand le flegme est joint à la douceur, comme dans Addison, il est aussi agréable que piquant. On est charmé de rencontrer un homme enjoué et pourtant maître de lui-même. On est tout étonné de voir ensemble deux qualités aussi contraires. Chacune d'elles rehausse et tempère l'autre. On n'est point rebuté par l'âcreté venimeuse, comme dans Swift, ou par la bouffonnerie continue, comme dans Voltaire. On jouit avec une complaisance entière de la rare alliance qui assemble pour la première fois la tenue sérieuse et la bonne humeur. Lisez cette petite satire contre le mauvais goût du théâtre et du public[1].

---

[1]. There is nothing that of late years has afforded matter of greater amusement to the town than signior Nicolini's combat with a lion in the Haymarket, which has been very often exhibited to the

« Rien n'a plus amusé la ville, dans ces dernières
« années, que le combat du signor Nicolini contre un
« lion, à Haymarket, spectacle qui a été donné fort
« souvent, à la satisfaction générale de la noblesse
« haute et basse, dans le royaume de la Grande-
« Bretagne.... Le premier lion était un moucheur de
« chandelles, homme d'un naturel colérique et entêté
« qui outrepassait son rôle, et ne se laissait pas tuer
« aussi aisément qu'il l'aurait dû.... Le second lion
« était un tailleur par métier, appartenant au théâtre,
« et qui avait dans sa profession le renom d'homme
« doux et paisible. Si le premier était trop furieux,

general satisfaction of most of the nobility and gentry in the kingdom of Great Britain.... The first lion was a candle-snuffer, who being a fellow of testy, choleric temper, overdid his part, and would not suffer himself to be killed so easily as he ought to have done.... The second lion was a taylor by trade who belonged to the play-house, and had the character of a mild and peaceable man in his profession. If the former was too furious, this was too sheepish for his part; in so much that after a short modest walk upon the stage, he would fall at the first touch of Hydaspes, without grappling with him and giving him an opportunity of showing his variety of Italian tricks. It is said indeed that he once gave him a rip in his flesh-coloured doublet. But this was only to make work for himself, in his private character of a tailor.... The acting lion at present is, as, I am informed, a country gentleman who does it for his diversion, but desires his name may be concealed. He says very handsomely in his own excuse that he does not act for gain; that he indulges an innocent pleasure in it; and that it is better to pass away an evening in this manner than in gaming and drinking.... This gentleman's temper is made out of such a happy mixture of the mild and the choleric, that he outdoes both his predecessors, and has drawn together greater audiences than have been known in the memory of man.... In the mean time, I have related this combat of the lion to show what are at present the reigning entertainments of the politer part of Great Britain. (*Spectator*, n° 13.)

« celui-ci était trop mouton, tellement qu'après une
« courte et modeste promenade sur les planches, il
« se laissait tomber au premier attouchement d'Hy-
« daspe, sans lutter avec lui ou lui donner l'occasion
« de déployer toute la variété de ses postures ita-
« liennes. On dit, à la vérité, qu'un jour il lui fit une
« déchirure dans son pourpoint couleur de chair, mais
« c'était seulement pour se procurer de l'ouvrage et
« en sa qualité particulière de tailleur.... Le lion qui
« joue à présent est, à ce que j'apprends, un gentle-
« man de province qui fait cela pour son amusement,
« mais souhaite que son nom reste caché. Il allègue
« très-noblement comme excuse qu'il ne joue pas
« pour le gain ; qu'il se livre à un plaisir innocent ;
« qu'il vaut mieux passer sa soirée de cette façon qu'à
« jouer ou à boire.... Le caractère de ce gentleman
« est un si heureux mélange de douceur et de férocité
« qu'il surpasse ses deux prédécesseurs et attire de
« plus grandes foules de spectateurs qu'on n'en vit de
« mémoire d'homme.... J'ai raconté ce combat du
« lion pour montrer quels sont à présent les divertis-
« sements favoris des gens bien élevés de la Grande-
« Bretagne. »

Il y a beaucoup d'originalité dans cette gaieté grave.
En général, la singularité est dans le goût du pays ;
ils aiment à être frappés fortement par des contrastes.
Notre littérature leur semble effacée ; en revanche,
nous les trouvons souvent peu délicats. Tel numéro
du *Spectator* qui paraissait joli aux dames de Londres
eût choqué à Paris. Par exemple, Addison raconte en

manière de rêve la dissection du cerveau d'un élégant[1]:
« La glande pinéale, que plusieurs de nos philosophes
« modernes considèrent comme le siége de l'âme,
« exhalait une très-forte odeur de parfums et de
« fleur d'oranger. Elle était enfermée dans une sorte
« de substance cornée taillée en une infinité de petites
« facettes ou miroirs, lesquels étaient imperceptibles
« à l'œil nu ; de telle sorte que l'âme, s'il y en avait
« une là, avait dû passer tout son temps à contem-
« pler ses propres beautés. Nous observâmes un large
« ventricule, ou cavité, dans le sinciput, lequel était
« rempli de rubans, de dentelles et de broderies.
« Nous ne trouvâmes rien de remarquable dans l'œil,
« sinon que les *musculi amatorii*, ou, comme on peut
« traduire, les muscles qui lorgnent, étaient fort di-
« minués et altérés par l'usage, tandis que l'éléva-
« teur, c'est-à-dire le muscle qui tourne l'œil vers le
« ciel, ne paraissait pas avoir du tout servi. » Ces détails anatomiques, qui nous dégoûteraient, amusent

---

[1]. The pineal gland, which many of our modern philosophers suppose to be the seat of the soul, smelt very strong of essence and
orange-flower, and was encompassed with a kind of horny substance, cut into a thousand little faces or mirrors, which were im-
perceptible to the naked eye; in so much that the soul, if there had
been any here, must have been always taken up in contemplating
her own beauties. We observed a large antrum or cavity in the
sinciput that was filled with ribbonds, lace and embroidery.... We
did not find any thing very remarkable in the eye, saving only that
the *musculi amatorii*, or as we may translate it into English, the
ogling muscles, were very much worn, and decayed with use; whereas on the contrary the elevator or the muscle which turns the
eye towards heaven, did not appear to have been used at all.'
(*Spectator*, n° 375.)

un esprit positif ; la crudité n'est pour lui que de l'exactitude ; habitué aux images précises, il ne trouve point de mauvaise odeur dans le style médical. Addison n'a pas nos répugnances. Pour railler un vice, il se fait mathématicien, économiste, pédant, apothicaire. Les termes spéciaux l'amusent. Il institue une cour pour juger les crinolines, et condamne les jupons avec des formules de procédure. Il enseigne le maniement de l'éventail comme une charge en douze temps. Il dresse la liste des gens morts ou malades d'amour, et des causes ridicules qui les ont mis dans ce triste état. « William Simple, frappé à l'Opéra par « un regard adressé à un autre. — Sir Christopher « Crazy, baronnet, blessé par le frôlement d'un jupon » de baleine. — M. Courtly présentant à Flavia son « gant (qu'elle avait laissé tomber exprès), Flavia re- « çut le gant, et tua l'homme d'une révérence[1]. » D'autres statistiques, avec récapitulations et tables de chiffres, racontent l'histoire du saut de Leucade. « Aridœus, beau jeune homme d'Épire, amoureux de « Praxinoé, femme de Thespis, fut retiré sain et sauf, « hormis deux dents cassées et le nez qui fut un peu

---

1. William Simple, smitten at the Opera, by the glance of an eye that was aimed at one that stood by him.

Sir Christopher Crazy Bart., hurt by the brush of a whalebone petticoat.

Ned Courtly, presenting Flavia with her glove (which she had dropped on purpose), she received it and took away his life with a curtesy.

John Gosselin, having received a slight hurt from a pair of blue eyes, as he was making his escape was dispatched by a smile.

(*Spectator*, n° 377.)

« aplati. — Hipparchus, passionnément épris de sa
« femme qui aimait Bathylle, sauta et mourut de sa
« chute ; sur quoi la femme épousa son amant[1]. »
Vous voyez cette étrange façon de peindre les sottises
humaines : on l'appelle *humour*. Elle renferme un bon
sens incisif, l'habitude de se contenir, des façons
d'homme d'affaires, mais par-dessus tout un fonds
d'invention énergique. La race est moins fine, mais
plus forte, et les agréments qui contentent son esprit
et son goût ressemblent aux liqueurs qui conviennent
à son palais et à son estomac.

VIII

Cette puissante séve germanique crève, même chez
Addison, son enveloppe classique et latine. Il a beau
goûter l'art, il aime encore la nature. Son éducation,
qui l'a encombré de préceptes, n'a point détruit en lui
la virginité du sentiment vrai. Dans son voyage de
France, il a préféré la sauvagerie de Fontainebleau à
la correction de Versailles. Il s'affranchit des raffinements mondains pour louer la simplicité des vieilles
ballades nationales. Il fait comprendre au public les

---

1. Aridæus a beautiful youth of Epirus, in love with Praxi-
noe the wife of Thespis, escaped without damage saving only
that two of his foreteeth were struck out, and his nose a little
flatted.
 Hipparchus, being passionately fond of his own wife, who was
enamoured of Bathyllus, leaped and died of his fall; upon which his
wife married her gallant.   (*Spectator*, n° 233.)

images sublimes, les gigantesques passions, la profonde religion du *Paradis perdu*. Il est curieux de le voir, le compas à la main, bridé par Bossu, empêtré de raisonnements infinis et de phrases académiques, atteindre tout à coup, par la force de l'émotion naturelle, les hautes régions inexplorées où Milton est soulevé par l'inspiration de la foi et du génie. Ce n'est pas lui qui dira avec Voltaire que l'allégorie du Péché et de la Mort est bonne pour faire vomir les entrailles. Il y a en lui un fond d'imagination grandiose qui le rend insensible aux petites délicatesses de la civilisation mondaine. Il habite volontiers parmi les grandeurs et les étonnements de l'autre monde. Il est pénétré par la présence de l'invisible ; il a besoin de dépasser les intérêts et les espérances de la vie mesquine où nous rampons[1]. Cette source de croyance jaillit en lui de tous côtés ; en vain elle est enfermée dans le conduit régulier du dogme officiel ; les textes, les arguments dont elle se couvre laissent voir sa véritable origine. Elle part de l'imagination sérieuse et féconde qui ne peut se contenter que par la vue de l'*au delà*.

Une telle faculté occupe tout l'homme, et si l'on redescend dans l'examen des agréments littéraires, on l'aperçoit ici-bas comme en haut Rien de plus varié, de plus riche, chez Addison, que les tours et la mise en scène. La plus sèche morale se transforme sous sa main en peintures et en récits. Ce sont des

---

1. Voy. les trente derniers numéros du *Spectator*.

lettres de toutes sortes de personnages, ecclésiastiques, gens du peuple, hommes du monde, qui chacun gardent leur style et déguisent le conseil sous l'apparence d'un petit roman. C'est un ambassadeur de Bantam qui raille, à la façon de Montesquieu, les mensonges de la politesse européenne. Ce sont des contes grecs ou orientaux, des voyages imaginaires, la vision d'un voyant écossais, les Mémoires d'un rebelle, l'histoire des fourmis, les métamorphoses d'un singe, le journal d'un oisif, une promenade à Westminster, la généalogie de l'*humour*, les statuts des clubs ridicules ; bref une abondance intarissable de fictions agréables ou solides. Les plus nombreuses sont des allégories. On sent qu'il se plaît dans ce monde magnifique et fantastique ; c'est une sorte d'opéra qu'il se donne ; ses yeux ont besoin de contempler des couleurs. En voici une sur les religions, bien protestante, mais aussi éclatante qu'ingénieuse : l'agrément là-bas ne consiste point, comme chez nous, dans la vivacité et la variété des tons, mais dans la splendeur et la justesse de l'invention. « La « figure du milieu, qui attira d'abord les yeux de tout « le monde, et qui était beaucoup plus grande que les « autres, était une matrone habillée comme une dame « noble et âgée du temps de la reine Élisabeth. On « remarquait surtout dans son habillement le cha- « peau avec une couronne en clocher [1], l'écharpe plus

---

1. Voir les coiffures sous Élisabeth pour comprendre ces termes spéciaux.

« sombre que la martre, et le tablier de linon, plus
« blanc que l'hermine. Sa robe était du plus riche
« velours noir, et, juste à l'endroit du cœur, garnie
« de larges diamants d'un prix inestimable disposés
« en forme de croix. Son maintien respirait la dignité
« et la sérénité riante, et, quoique avancée en âge,
« son visage montrait tant d'animation et de vivacité,
« qu'elle paraissait à la fois âgée et immortelle. A sa
« vue, je sentis mon cœur touché de tant d'amour et
« de vénération, que les larmes coulèrent sur mes
« joues, et plus je la regardais, plus mon cœur se fon-
« dait en sentiments de tendresse et d'obéissance
« filiale. — A sa droite était assise une femme si cou-
« verte d'ornements que sa personne, son visage et
« ses mains en étaient presque entièrement cachés.
« Le peu qu'on pouvait voir de sa figure était fardé,
« et, ce qui me parut fort singulier, on y démêlait
« des sortes de rides artificielles.... Sa coiffure s'élevait
« fort haut par trois étages ou degrés distincts; ses
« vêtements étaient bigarrés de mille couleurs et
« brodés de croix en or, en argent, en soie. Elle
« n'avait rien sur elle, pas même un gant ou une pan-
« toufle qui ne fût marqué de ce signe; bien plus,
« elle en paraissait si superstitieusement éprise,
« qu'elle était assise les jambes croisées.... Un peu
« plus loin était la figure d'un homme qui regardait
« avec des yeux pleins d'horreur un bassin d'argent
« rempli d'eau. Comme j'observais dans son maintien
« quelque chose qui ressemblait à la folie, j'imaginai
« d'abord qu'il était là pour représenter cette sorte

« de démence que les médecins appellent hydro-
« phobie ; mais m'étant rappelé le but du spectacle,
« je revins à moi à l'instant, et conclus que c'était
« l'Anabaptisme [1]. » C'est au lecteur de deviner ce

1. The middle figure which immediately attracted the eyes of the whole company and was much bigger than the rest, was formed like a matron, dressed in the habit of an elderly woman of quality in Queen Elizabeth's days. The most remarkable parts of her dress were the beaver with the steeple crown, the scarf that was darker than sable, and the lawn apron that was whiter than hermine. Her gown was of the richest black velvet, and, just upon her heart, studded with large diamonds of an inestimable value disposed in the form of a cross. She bore an inexpressible cheerfulness and dignity in her aspect; and though she seemed in years, appeared with so much spirit and vivacity, as gave her at the same time an air of old age and immortality. I found my heart touched with so much love and reverence at the sight of her, that the tears ran down my face as I looked upon her; and still the more I looked upon her, the more my heart was melted with the sentiments of filial tenderness and duty. I discovered every moment something so charming in her figure that I could scarce take my eyes off it. — On its right hand there sat the figure of a woman so covered with ornaments, that her face, her body, and her hands were almost entirely hid under them. The little you could see of her face was painted; and what I thought very odd, had something in it like artificial wrinkles. But I was the less surprised at it, when I saw upon her forehead an old fashioned tower of gray hairs. Her hair-dress rose very high by three several stories or degrees. Her garments had a thousand colours in them and were embroidered with crosses in gold, silver, and silk; she had nothing on, so much as a glove or a slipper, which was not marked with this figure. Nay, so superstitiously fond did she appear of it, that she sat cross-legged.... The next to her was a figure which somewhat puzzled me. It was that of a man looking with horror in his eyes upon a silver bason filled with water. Observing something in his countenance that looked like lunacy, I fancied at first that he was to express that kind of distraction which the physicians call the hydrophobia. But considering what the intention of the show was, I immediately recollected myself and concluded it to be Anabaptism.

(*Tatler*, n° 257.)

que représentaient ces deux premières figures. Elles plairont plus à un anglican qu'à un catholique ; mais je crois qu'un catholique lui-même ne pourra s'empêcher de reconnaître l'abondance et la vivacité de la fiction.

La véritable imagination aboutit naturellement à l'invention des caractères. Car si vous vous figurez vivement une situation ou une action, vous verrez du même élan tout le réseau de ses attaches ; les passions et les facultés, tous les gestes et tous les sons de voix, tous les détails d'habillement, d'habitation, de société, qui en découlent, se lieront dans votre esprit, attireront leurs précédents et leurs suites ; et cette multitude d'idées, organisée lentement, se concentrera à la fin en un sentiment unique d'où jaillira, comme d'une source profonde, la peinture et l'histoire d'un personnage complet. Il y en a plusieurs dans Addison : l'observateur taciturne, William Honeycomb, le campagnard tory, sir Roger de Coverley, qui ne sont pas des thèses satiriques, comme celles de La Bruyère, mais de véritables individus semblables et parfois égaux aux personnages des grands romans contemporains. En effet, sans s'en douter, il invente le roman en même temps et de la même façon que ses voisins les plus illustres. Ses personnages sont pris sur le vif, dans les mœurs et les conditions du temps, longuement et minutieusement décrits dans toutes les parties de leur éducation et de leur entourage, avec la précision de l'observation positive, extraordinairement réels et anglais. Un chef-d'œuvre en même temps qu'un document d'histoire est sir Roger de Coverley, le gentilhomme de campagne, loyal serviteur de la Constitution et de l'Église, *justice of the peace*, patron de l'ecclésiastique, et dont le domaine montre en abrégé la structure du pays anglais. Ce domaine est un petit État, paternellement gouverné, mais gouverné. Sir Roger gourmande ses tenanciers, les passe en revue à l'église, sait leurs affaires, leur donne des avis, des secours, des ordres; il est respecté, obéi, aimé, parce qu'il vit avec eux, parce que la simplicité de ses goûts et de son éducation le met presque à leur niveau, parce qu'à titre de magistrat, d'ancien propriétaire, d'homme riche, de bienfaiteur et de voisin, il exerce une autorité morale et légale, utile et consacrée. Addison en même temps montre en lui le solide et singulier caractère anglais, bâti de cœur de chêne avec toutes les rugosités de l'écorce primitive, qui ne sait ni s'adoucir ni s'aplanir; un grand fond de bonté qui s'étend jusqu'aux bêtes, l'amour de la campagne et des occupations corporelles, le goût du commandement et de la discipline, le sentiment de la subordination et du respect, beaucoup de bon sens et peu de finesse, l'habitude d'étaler et d'installer en public ses particularités et ses bizarreries, sans souci du ridicule, sans pensée de bravade, uniquement parce qu'on ne reconnaît d'arbitre sur soi que soi-même. Puis cent traits qui peignent le temps : le manque de lecture, un reste de croyance aux sorcières, des façons de paysan et de chasseur, des ignorances d'esprit naïf ou arriéré. Sir Roger donne aux enfants qui répondent bien au catéchisme une Bible pour eux et un quartier de lard pour leur mère. Quand un verset lui plaît, il le chante une demi-minute encore après que la congrégation l'a fini. Il tue huit cochons gras à Noël, et envoie du boudin avec un paquet de cartes à chaque famille pauvre de la paroisse. Quand il va au théâtre, il munit ses gens de gourdins pour se garder des bandits qui, à son avis, doivent infecter Londres. Addison revient vingt fois sur son vieux chevalier, découvrant toujours quelque nouvel aspect de son caractère, observateur désintéressé de la nature humaine, curieusement assidu et perspicace, véritablement créateur, n'ayant plus qu'un pas à faire pour se lancer, comme Richardson et Fielding, dans la grande œuvre des lettres modernes, qui est le roman de mœurs.

IX

Au-dessus est la poésie. Elle a coulé, dans sa prose, mille fois plus sincère et plus belle que dans ses vers. De riches fantaisies orientales viennent s'y dérouler sans pétillement d'étincelles comme dans Voltaire, mais sous une sereine et abondante lumière qui fait ondoyer les plis réguliers de leur pourpre et de leur or. La musique des larges phrases cadencées et tranquilles promène doucement l'esprit parmi les magnificences et les enchantements romanesques, et le profond sentiment de la nature toujours jeune rappelle la quiétude fortunée de Spenser [1]. A travers les discrètes moqueries ou les intentions morales, on sent que son imagination est heureuse, qu'elle se plaît à contempler les balancements des forêts qui peuplent les montagnes, l'éternelle verdure des vallées que vivifient les sources fraîches, et les larges horizons qui ondulent au bord du ciel lointain. Les sentiments grands et simples viennent d'eux-mêmes se lier à ces nobles images, et leur harmonie mesurée compose un spectacle unique, digne de ravir le cœur d'un honnête homme par sa gravité et par sa douceur. Telle est cette vision de Mirza qu'il faut traduire presque en entier [2] : « Le cinquième jour de la lune,

---

1. *Histoire d'Abdallah*, *Histoire d'Hilpa*.
2. On the fifth day of the moon, which according to the custom of my forefathers I always keep holy, after having washed myself, and offered up my morning devotions, I ascended the high hills of Bagdad, in order to pass the rest of the day in meditation and prayer. As I was here airing myself on the tops of the mountains, I fell into a profound contemplation on the vanity of human life; and passing from one thought to another : Surely, said I, man is but a shadow and life a dream. Whilst I was thus musing, I cast my eyes towards the summit of a rock that was not far from me, where I discovered one in the habit of a shepherd, with a little musical instrument in his hand. As I looked upon him, he applied it to his lips, and began to play upon it. The sound of it was exceeding sweet, and wrought into a variety of tunes that were inexpressibly melodious, and altogether different from any thing I had ever heard. They put me in mind of those heavenly airs that are played to the departed souls of good men upon their first arrival in paradise, to wear out the impressions of the last agonies, and qualify them for the pleasures of that happy place. My heart melted away in secret raptures....
He then led me to the highest pinnacle of the rock, and placing me on the top of it : Cast thy eyes eastward, said he, and tell me what thou seest. — I see, said I, a huge valley, and a prodigious tide of

« étant monté sur les hautes collines de Bagdad, pour
« passer le reste du jour dans la méditation et dans
« la prière, je tombai en une profonde méditation sur
« la vanité de la vie humaine, et passant d'une pensée
« à l'autre : Sûrement, me dis-je, l'homme n'est
« qu'une ombre et la vie un songe. — Pendant que
« je rêvais ainsi, je jetai les yeux sur le sommet d'un
« roc qui n'était pas loin de moi, et j'y aperçus une
« figure en habit de berger, avec un instrument de
« musique à la main. Comme je le regardais, il porta
« l'instrument à ses lèvres et se mit à en jouer. Le
« son était infiniment doux et modulé en une variété
« de tons d'une mélodie inexprimable, tout à fait diffé-

water rolling through it. — The valley that thou seest, said he, is the vale of misery, and the tide of water that thou seest is part of the great tide of eternity. — What is the reason, said I, that the tide I see rises out of a thick mist at one end, and again loses itself in a thick mist at the other? — What thou seest, said he, is that portion of eternity which is called Time, measured out by the sun, and reaching from the beginning of the world to its consummation. Examine now, said he, this sea that is thus bounded with darkness at both ends, and tell me what thou discoverest in it. — I see a bridge, said I, standing in the midst of the tide. — The bridge thou seest, said he, is human life, consider it attentively. — Upon a more leisurely survey of it, I found that it consisted of threescore and ten entire arches, with several broken arches which added to those that were entire, made up the number about an hundred. As I was counting the arches, the genius told me that this bridge consisted at first of a thousand arches; but that a great flood swept away the rest, and left the bridge in the ruinous condition I now beheld it. But tell me further, said he, what thou discoverest on it. — I see multitudes of people passing over it, said I, and a black cloud hanging on each end of it. — As I looked more attentively, I saw several of the passengers dropping through the bridge, into the great tide that flowed underneath it; and upon further examination, perceived

« rente de ce que j'avais jamais entendu. Ils me firent
« penser à ces airs célestes qui accueillent les âmes
« envolées des justes à leur entrée dans le paradis
« pour effacer le souvenir de leur récente agonie et
« les préparer aux plaisirs de ce lieu bienheureux.
« Mon cœur se fondait dans un secret ravissement....
« Le Génie me conduisit alors vers la plus haute cime
« du roc et me posa sur le faîte. Jette tes yeux vers
« l'orient, me dit-il; et raconte-moi ce que tu vois.—
« Je vois, répondis-je, une large vallée et un prodi-

there were innumerable trap-doors that lay concealed in the bridge, which the passengers no sooner trod upon, but they fell through them into the tide and immediately disappeared. These hidden pitfalls were set very thick at the entrance of the bridge, so that throngs of people no sooner broke through the cloud, but many of them fell into them. They grew thinner towards the middle, but multiplied and lay closer together towards the end of the arches that were entire.

There were indeed some persons, but their number was very small, that continued a kind of hobbling march on the broken arches, but fell through one after another, being quite tired and spent with so long a walk.

I passed some time in the contemplation of this wonderful structure, and the great variety of objects which it presented. My heart was filled with a deep melancholy to see several dropping unexpectedly in the midst of mirth and jollity, and catching at every thing that stood by them to save themselves. Some were looking up towards the heavens in a thoughtful posture, and in the midst of a speculation stumbled and fell out of sight. Multitudes were very busy in the pursuit of bubbles that glittered in their eyes and danced before them; but often when they thought themselves within the reach of them, their footing failed and down they sunk. In this confusion of objects, I observed some with scimetars in their hands, and others with urinals, who ran to and fro upon the bridge, thrusting several persons on trap-doors which did not seem to lie in their way, and which they might have escaped, had they not been thus forced upon them.

CHAPITRE IV. ADDISON.

« gieux courant de mer qui roule à travers elle. —
« Considère maintenant, me dit-il, cette mer, qui à
« ses deux extrémités est bornée par des ténèbres, et
« dis-moi ce que tu y découvres. — Je vois, repris-
« je, un pont qui s'élève au milieu du courant. — Le
« pont que tu vois, me dit-il, est la vie humaine :
« considère-le attentivement. — L'ayant regardé plus
« à loisir, je vis qu'il consistait en soixante-dix ar-
« ches entières et en plusieurs arches rompues qui,
« avec les autres, faisaient environ cent. Comme je

I here fetched a deep sigh. Alas, said I, man was made in vain!
How is he given away to misery and mortality! tortured in life, and
swallowed up in death! — The genius being moved with compassion
towards me, bid me quit so uncomfortable a prospect : look no
more, said he, on man in the first stage of his existence, in his set-
ting out for eternity; but cast thine eye on that thick mist into
which the tide bears the several generations of mortals that fall into
it.—I directed my sight as I was ordered, and (whether or no the
good genius strengthened it with any supernatural force, or dissi-
pated part of the mist that was before too thick for the eye to pe-
netrate) I saw the valley opening at the further end, and spreading
forth into an immense ocean that had a huge rock of adamant run-
ning through the midst of it, and dividing it into two equal parts.
The clouds still rested on one half of it, insomuch that I could discover nothing in it : But the other appeared to me a vast ocean
planted with innumerable islands, that were covered with fruits and
flowers, and interwoven with a thousand little shining seas that ran
among them. I could see persons dressed in glorious habits with
garlands upon their heads, passing among the trees, lying down by
the sides of fountains, or resting on beds of flowers; and could hear
a confused harmony of singing birds, falling waters, human voices,
and musical instruments. Gladness grew in me upon the discovery
of so delightful a scene. I wished for the wings of an eagle, that
I might fly away to those happy seats; but the genius told me there
was no passage to them, except through the gates of death that I
saw opening every moment upon the bridge. The islands, said he,
that lie so fresh and green before thee, and with which the whole

« les comptais, le Génie me dit que ce pont était
« d'abord de mille arches, mais qu'une grande inon-
« dation avait balayé le reste, et l'avait laissé ruiné
« comme je le voyais maintenant. — Dis-moi encore,
« reprit-il, ce que tu y découvres. — Je vois, ré-
« pondis-je, une multitude de gens qui le traversent,
« et un nuage noir suspendu sur chacune de ses deux
« issues. — Puis, regardant plus attentivement, je vis
« plusieurs des voyageurs tomber au travers dans la
« grande marée qui conduit au-dessous, et je décou-
« vris bientôt qu'il y avait dans ce pont d'innom-
« brables trappes cachées, où l'on ne mettait le pied
« que pour s'enfoncer et disparaître à l'instant. Ces

face of the ocean appears spotted as far as thou canst see, are more in number than the sands on the sea shore; there are myriads of islands behind those which thou here discoverest, reaching farther than thine eye, or even thine imagination can extend itself. These are the mansions of good men after death, who according to the degree and kinds of virtue in which they excelled, are distributed among these several islands, which abound with pleasures of different kinds and degrees, suitable to the relishes and perfections of those who are settled in them; every island is a paradise accommodated to its respective inhabitants. Are not these, O Mirza, habitations worth contending for? Does life appear miserable, that gives the opportunities of earning such a reward? Is death to be feared, that will convey thee to so happy an existence? Think not man was made in vain, who has such an eternity reserved for him. — I gazed with inexpressible pleasure on these happy islands. At length, said I, show me now, I beseech thee, the secrets that lie hid under those dark clouds which cover the ocean on the other side of the rock of adamant. The genius making me no answer, I turned about to address myself to him a second time, but I found that he had left me; I then turned again to the vision which I had been so long contemplating; but instead of the rolling tide, the arched bridge, and the happy islands, I saw nothing but the long hollow valley of Bagdad, with oxen, sheep, and camels grazing upon the sides of it.

« piéges étaient très-serrés à l'entrée du pont, en
« sorte que des multitudes d'arrivants, à peine sortis
« du nuage, s'y engloutissaient dès l'abord. Ils de-
« venaient moins nombreux vers le milieu, mais se
« multipliaient et se pressaient en approchant des
« dernières arches complètes. Quelques voyageurs,
« à la vérité, mais leur nombre était bien petit, avan-
« çaient en clopinant jusque sur les arches rompues,
« mais tombaient tour à tour, au travers, épuisés
« comme ils étaient et accablés d'une si longue mar-
« che.... Mon cœur se remplit d'une profonde tristesse
« en voyant plusieurs des passants qui tombaient à
« l'improviste, au milieu de leur joie et de leurs
« éclats de rire, et s'accrochaient à tout ce qui était
« près d'eux pour se sauver. D'autres avaient les
« yeux vers le ciel, dans une attitude pensive, et au
« milieu de leur contemplation trébuchaient, et on ne
« les revoyait plus. Il y avait des multitudes affai-
« rées à la poursuite de babioles qui brillaient et dan-
« saient devant leurs yeux ; mais souvent, au moment
« où ils croyaient les saisir, le pied leur manquait, et
« ils étaient précipités.... Je poussai un profond sou-
« pir, et le Génie, touché de compassion, me dit de
« regarder vers cet épais brouillard dans lequel le
« courant portait les diverses générations de mortels
« engloutis. Je regardai, et mes yeux qu'il avait
« fortifiés virent que la vallée s'ouvrait à son extré-
« mité et s'étendait en un océan immense où s'allon-
« geait un roc énorme de diamant qui la divisait en
« deux parts. Les nuages reposaient encore sur une

« des deux moitiés, en sorte que de ce côté je ne pus
« rien découvrir; mais l'autre était un vaste océan
« semé d'îles innombrables : ces îles étaient couvertes
« de fruits et de fleurs, et entrecoupées de mille pe-
« tites mers brillantes qui serpentaient tout au tra-
« vers. J'y pus distinguer des personnages revêtus
« d'habits glorieux avec des couronnes sur leurs têtes,
« les uns passant parmi les arbres, d'autres couchés
« au bord des fontaines, d'autres reposant sur des
« lits de fleurs, et j'entendis une harmonie confuse
« de chants d'oiseaux, d'eaux murmurantes, de voix
« humaines et d'instruments mélodieux. — La joie
« entra dans mon cœur à la vue d'une apparition si
« délicieuse. Je souhaitai les ailes d'un aigle pour
« m'envoler jusqu'à ces demeures fortunées; mais
« le Génie me dit qu'on n'y pénétrait que par les
« portes de la mort que je voyais s'ouvrir à chaque
« instant sur le pont. — Ces îles, me dit-il, que tu
« vois si fraîches et si vertes et dont la face de l'Océan
« semble bigarrée aussi loin que tes regards portent,
« sont plus nombreuses que les grains de sable sur le
« rivage de la mer; il y en a des myriades derrière
« celles que tu découvres, au delà de ce que ton œil,
« et même de ce que ton imagination peut atteindre.
« Elles sont les demeures des hommes de bien après
« leur mort.... Ne sont-ce point là, ô Mirza, des asiles
« dont la possession mérite des efforts ? La vie sem-
« ble-t-elle misérable, lorsqu'elle fournit l'occasion
« de gagner une telle récompense ? Dois-tu craindre
« la mort qui te conduit vers une vie si heureuse ?

« Ne juge pas que l'homme ait été fait en vain,
« puisqu'une telle éternité lui a été réservée.—Je con-
« templai avec un plaisir inexprimable ces îles bien-
« heureuses. — Maintenant, dis-je au Génie, montre-
« moi, je t'en supplie, les secrets cachés derrière ces
« noirs nuages qui couvrent l'Océan de l'autre côté du
« roc de diamant. — Comme le Génie ne me répondait
« pas, je me tournai pour lui faire une seconde fois
« ma demande, mais je trouvai qu'il m'avait quitté.
« Je voulus revoir alors la vision que j'avais si long-
« temps contemplée. Mais au lieu de la marée rou-
« lante, du pont avec ses arches, et des îles heu-
« reuses, je ne vis rien que la longue vallée creuse
« de Bagdad avec les troupeaux de bœufs, de brebis
« et de chameaux qui paissaient sur ses deux flancs. »

Dans cette morale ornée, dans cette belle raison si correcte et si éloquente, dans cette imagination ingénieuse et noble, je trouve en abrégé tous les traits d'Addison. Ce sont les nuances anglaises qui distinguent leur âge classique du nôtre, une raison plus étroite et plus pratique, une urbanité plus poétique et moins éloquente, un fonds d'esprit plus inventif et plus riche, moins sociable et moins délicat.

FIN DU TROISIÈME VOLUME.

TABLE DES MATIÈRES

CONTENUES DANS LE TROISIÈME VOLUME.

LIVRE III.

L'AGE CLASSIQUE.

Chapitre I. — La Restauration.

§ 1. Les viveurs.

I. Les excès du puritanisme. — Comment ils amènent les excès du sensualisme.. 5
II. Peinture de ces mœurs par un étranger. — Les Mémoires de Grammont. — Différence de la débauche en France et en Angleterre.. 9
III. L'*Hudibras* de Butler. — Platitude de son comique et âpreté de sa rancune... 13
IV. Bassesses, cruautés, brutalités, débauches de la cour. — Rochester, sa vie, ses poëmes, son style, sa morale............... 17
V. Quelle est la philosophie qui convient à ces mœurs. — Hobbes, son esprit et son style. — Ses retranchements et ses découvertes. — Sa méthode mathématique. — En quoi il se rapproche de Descartes. — Sa morale, son esthétique, sa politique, sa logique, sa psychologie, sa métaphysique. — Esprit et objet de sa philosophie... 29
VI. Le théâtre. — Changement dans le goût et dans le public. —

L'auditoire avant la Restauration, et l'auditoire après la Restauration... 38
VII. Dryden. — Disparates de ses comédies. — Maladresse de ses indécences. — Comment il traduit l'*Amphitryon* de Molière.... 42
VIII. Wycherley. — Sa vie. — Son caractère. — Sa tristesse, son âpreté et son impudeur. — *L'Amour au bois*, *l'Épouse campagnarde*, *le Maître de danse*. — Peintures licencieuses et détails repoussants. — Son énergie et son réalisme. — Rôles d'Olivia et de Manly dans son *Plain dealer*. — Paroles de Milton....... 49

§ 2. Les mondains.

I. Apparition de la vie mondaine en Europe. — Ses conditions et ses causes. — Comment elle s'établit en Angleterre. — Les modes, les amusements, les conversations, les airs et les talents de salon... 65
II. Avénement de l'esprit classique en Europe. — Ses origines. — Ses caractères. — Différence de la conversation sous Élisabeth et sous Charles II... 69
III. Sir William Temple. — Sa vie, son caractère, son esprit, son style... 72
IV. Les écrivains à la mode. — Leur langage correct, leurs façons galantes. — Sir Charles Sedley, le comte de Dorset, Edmund Waller. — Ses sentiments et son style. — En quoi il est poli. — En quoi il n'est pas assez poli. — Culture du style. — Manque de poésie. — Caractère de la poésie et du style classiques et monarchiques.. 81
V. Sir John Denham. — Son poëme de *Cooper's Hill*. — Ampleur oratoire de ses vers. — Gravité anglaise de ses préoccupations morales. — Comment les gens du monde et les écrivains se modèlent alors sur la France................................... 92
VI. Les comiques. — Comparaison de ce théâtre et de celui de Molière. — L'ordre des idées dans Molière. — Les idées générales dans Molière. — Comment chez Molière l'odieux est dissimulé, quoique la vérité soit peinte. — Comment chez Molière l'honnête homme reste homme du monde. — Comment l'honnête homme de Molière est un modèle français............................... 98
VII. L'action. — Entre-croisement des intrigues. — Frivolité des intentions. — Âpreté des caractères. — Grossièreté des mœurs

— En quoi consiste le talent de Wycherley, Congrève, Vanbrugh et Farquhar. — Quels personnages ils peuvent composer.... 109
VIII. Les personnages naturels. — Le mari, sir John Brute, squire Sullen. — Le père, sir Tunbelly. — La jeune fille, miss Hoyden. — Le jeune garçon, squire Humphry. — Idée de la nature d'après ce théâtre.. 114
IX. Les personnages artificiels. — Les femmes du monde. — Miss Prue. — Lady Wishfort. — Lady Pliant. — Mistress Millamant. — — Les hommes du monde. Mirabell. — Idée de la société d'après ce théâtre. — Pourquoi cette culture et cette littérature n'ont pas produit d'œuvres durables. — En quoi elles sont opposées au caractère anglais. — Transformation du goût et des mœurs... 123
X. La prolongation de la comédie. — Sheridan. — Sa vie. — Son talent. — *L'École de médisance.* — Comment la comédie dégénère et s'éteint. — Cause de la décadence du théâtre en Europe et en Angleterre.. 144

Chapitre II. — Dryden.

I. Débuts de Dryden. — Fin de l'âge poétique. — Causes des décadences et des renaissances littéraires...................... 163
II. Sa famille. — Son éducation. — Ses études. — Ses lectures. — Ses habitudes. — Sa situation. — Son caractère. — Son public. — Ses amitiés. — Ses querelles. — Concordance de sa vie et de son talent... 165
III. Les théâtres rouverts et transformés. — Le nouveau public et le goût nouveau. — Théories dramatiques de Dryden. — Son jugement sur l'ancien théâtre anglais. — Son jugement sur le nouveau théâtre français. — Son œuvre composite. — Disparates de son théâtre. — *L'Amour tyrannique.* — Grossièretés de ses personnages. — *L'Empereur des Indes, Aurengzèbe, Almanzor.* 169
IV. Style de ce théâtre. — Le vers rimé. — La diction fleurie. — Les tirades pédantesques. — Désaccord du style classique et des événements romantiques. — Comment Dryden reprend et gâte les inventions de Shakspeare et de Milton. — Pourquoi ce drame n'a pas abouti... 187
V. Mérites de ce drame. — Personnages d'Antoine, d'Octavie et de Ventidius — Otway. — Sa vie. — Ses œuvres. — *L'Orpheline, Venise sauvée.*... 197

VI. Dryden écrivain. — Espèce; portée, limites de son esprit. — Sa maladresse dans la flatterie et les gravelures. — Sa pesanteur dans la dissertation et la discussion. — Sa vigueur et son honnêteté foncière... 217

VII. Comment la littérature en Angleterre a son emploi dans la politique et la religion. — Poëmes politiques de Dryden : *Absalon et Achitophel, la Médaille.* — Poëmes religieux de Dryden : *Religio Laici, la Biche et la Panthère.* — Apreté et virulence de ces poëmes. — *Mac Flecnoe*.................................... 227

VIII. Apparition de l'art d'écrire. — Différence entre la forme d'esprit de l'âge artistique et la forme d'esprit de l'âge classique. — Procédés de Dryden. — La diction soutenue et oratoire.. 236

IX. Manque d'idées générales en cet âge et dans cet esprit. — Ses traductions. — Ses remaniements. — Ses imitations. — Ses contes et ses épîtres. — Ses défauts. — Ses mérites. — Sérieux de son caractère, élans de son inspiration, accès d'éloquence poétique. — *Ode pour la fête de sainte Cécile*........................ 240

X. Fin de Dryden. — Ses misères. — Sa pauvreté. — En quoi son œuvre est incomplète. — Sa mort............................. 251

Chapitre III. — La Révolution.

I. La révolution morale au dix-huitième siècle. — Elle accompagne la révolution politique.. 254

II. Brutalité du peuple. — Le gin. — Les émeutes. — Corruption des grands. — Les mœurs politiques. — Trahisons sous Guillaume et Anne. — Vénalité sous Walpole et Bute. — Les mœurs privées. — Les viveurs. — Les athées. — *Lettres de lord Chesterfield.* — Sa politesse et sa morale. — *L'Opéra du Gueux*, par Gay. — Ses élégances et sa satire................................. 255

III. Principes de la civilisation en France et en Angleterre. — La conversation en France. Comment elle aboutit à une révolution. — Le sens moral en Angleterre. Comment il aboutit à une réforme. 269

IV. La religion. — Les apparences visibles. — Le sentiment profond. — Comment la religion est populaire. — Comment elle est vivante. — Les ariens. — Les méthodistes........................ 277

V. La chaire. — Médiocrité et efficacité de la prédication. — Tillotson. — Sa lourdeur et sa solidité. — Barrow. — Son abondance et sa minutie. — South. — Son âcreté et son énergie. — Comparaison des prédicateurs en France et en Angleterre. 287

VI. La théologie. — Comparaison de l'apologétique en France et en Angleterre. — Sherlock, Stillingfleet, Clarke. — La théologie n'est pas spéculative, mais morale. — Les plus grands esprits se rangent du côté du christianisme. — Impuissance de la philosophie spéculative. — Berkeley, Newton, Locke, Hume, Reid. — Développement de la philosophie morale. — Smith, Butler, Price, Hutcheson......... 304

VII. La constitution. — Le sentiment du droit. — *Traité du gouvernement*, par Locke. — La théorie du droit personnel est acceptée. — Comment le tempérament, l'orgueil et l'intérêt la soutiennent. — La théorie du droit personnel est appliquée. — Comment les élections, les journaux, les tribunaux la mettent en pratique. 313

VIII. La tribune. — Énergie et rudesse de cette éloquence. — Lord Chatam. — Junius. — Fox. — Sheridan. — Pitt. — Burke... 322

IX. Issue du travail du siècle. — Transformation économique et morale. — Comparaison des portraits de Reynolds et de ceux de Lely. — Doctrines et tendances contraires en France et en Angleterre. — Les révolutionnaires et les conservateurs. — Jugement de Burke et du peuple anglais sur la Révolution française.. 341

Chapitre IV. — Addison.

I. Addison et Swift dans leur siècle. — En quoi ils se ressemblent et en quoi ils diffèrent.................................. 355

II. L'homme. — Son éducation et sa culture. — Ses vers latins. — Son voyage en France et en Italie. — Son *Épître à lord Halifax*. — Ses *Remarques sur l'Italie*. — Son *Dialogue sur les médailles*. — Son poëme sur la *Campagne de Blenheim*. — Sa douceur et sa bonté. — Ses succès et son bonheur................... 356

III. Son sérieux et sa raison. — Ses études solides et son observation exacte. — Sa connaissance des hommes et sa pratique des affaires. — Noblesse de son caractère et de sa conduite. — Élévation de sa morale et de sa religion. — Comment sa vie et son caractère ont contribué à l'agrément et à l'utilité de ses écrits.......... 365

IV. Le moraliste. — Ses essais sont tous moraux. — Contre la vie grossière, sensuelle ou mondaine. — Cette morale est pratique, et partant banale et décousue. — Comment elle s'appuie sur le raisonnement et le calcul. — Comment elle a pour but la satisfaction en ce monde, et le bonheur dans l'autre. — Mesquinerie spéculative de sa conception religieuse. — Excellente pratique de sa conception religieuse 370

V. L'écrivain. — Conciliation de la morale et de l'élégance. — Quel style convient aux gens du monde. — Mérites de ce style. — Inconvénients de ce style. — Addison critique. — Son jugement sur le *Paradis perdu*. — Accord de son art et de sa critique. — Limites de la critique et de l'art classiques. — Ce qui manque à l'éloquence d'Addison, de l'Anglais et du moraliste 385

VI. La plaisanterie grave. — L'humour. — L'imagination sérieuse et féconde. — *Sir Roger de Coverley*. — Le sentiment religieux et poétique. — *Vision de Mirza*. — Comment le fonds germanique subsiste sous la culture latine........................... 395

FIN DE LA TABLE.

www.ingramcontent.com/pod-product-compliance
Lightning Source LLC
Chambersburg PA
CBHW050919230426
43666CB00010B/2249